管理会计与成本管理

王晨光　鲍金玲　王颂杰　主编

北方文艺出版社

哈尔滨

图书在版编目（CIP）数据

管理会计与成本管理 / 王晨光，鲍金玲，王颂杰主编. -- 哈尔滨：北方文艺出版社，2024.12. -- ISBN 978-7-5317-6510-3

I. F234.3; F275.3

中国国家版本馆CIP数据核字第2024KY4020号

管理会计与成本管理
GUANLI KUAIJI YU CHENGBEN GUANLI

作　　者/ 王晨光　鲍金玲　王颂杰	
责任编辑/李　鑫	封面设计/文轩
出版发行/北方文艺出版社	邮　编/150008
发行电话/（0451）86825533	经　销/新华书店
地　　址/哈尔滨市南岗区宣庆小区1号楼	网　址/www.bfwy.com
印　　刷/廊坊市瀚源印刷有限公司	开　本/710mm×1000mm　1/16
字　　数/350千	印　张/18.25
版　　次/2024年12月第1版	印　次/2024年12月第1次印刷
书　　号/ISBN 978-7-5317-6510-3	定　价/95.00元

管理会计与成本管理
编委会

主　编　王晨光　鲍金玲　王颂杰　张画眉
　　　副主编　白旭佳

前　言

在当今复杂多变的商业环境中，财务管理作为企业运营的核心，其重要性日益凸显。从基础的会计操作到高层次的战略决策，财务管理的每一个细节都影响着企业的生死存亡。本书旨在为读者提供一个全面、系统、实用的财务管理知识体系，帮助企业及个人在激烈的市场竞争中立于不败之地。

本书共分为十三章，内容涵盖了财会管理与成本控制的各个方面，从基础的会计要素、财务报表的编制与解读，到高级的税务筹划、内控管理、财务风险管理等，每一章节都深入浅出地讲解了相关领域的核心知识与实践技巧。

第一章详细阐述了会计要素、会计等式、财务报表的编制与解读等基础知识，为读者打下坚实的财会理论基础。会计作为商业语言，其准确性和规范性对于企业的决策至关重要。因此，本章特别强调了会计循环与账务处理流程的重要性，以及会计估计与假设、会计准则与法规在实务中的应用。

第二章深入探讨了财务管理的目标与原则、资本结构与融资决策、投资决策与风险管理等核心内容。本章不仅介绍了财务管理的基本理论，还结合实际案例，详细分析了如何运用这些理论来指导企业的财务实践，实现企业的长期发展目标。

第三章将视角拓宽至宏观经济环境，探讨了其对企业运营的影响，以及如何进行市场分析与竞争策略的制定。同时，还介绍了企业经营预测的方法与技巧，以及经营决策的分析与评价方法，帮助读者在复杂的市场环境中做出明智的决策。

第四至第六章详细阐述了成本控制的定义、目标、重要性以及成本分类与成本行为的分析。同时，还介绍了成本控制的基本原则与方法，以及成本预算与计划的编制、监控与调整机制。通过这些章节的学习，读者将能够全面掌握成本控制的核心技能，为企业的持续盈利打下坚实的基础。

第七至第八章深入探讨了税收制度与企业税务筹划的关系，以及增值税、所得税等主要税种的管理策略。同时，还介绍了税务风险与合规性管理的方法与实践，以及税务筹划的基本原则与技巧。通过这些内容的学习，读者将能够有效提升企业的税务管理水平，降低税务风险。

第九章详细介绍了内控管理的定义、目标与原则，以及内控管理的基本要素与框架构建。同时，还探讨了内控管理体系的实施与运行维护方法，以及内控管理在企业运营中的作用与价值。通过这些内容的学习，读者将能够建立健全的内控管理体系，提升企业的整体管理水平。

第十章深入剖析了财务风险的识别、评估与监控方法，以及财务风险的控制与防范策略。同时，还通过案例分析的方式，展示了财务风险应对策略的实际应用效果。通过这些内容的学习，读者将能够有效提升企业的财务风险管理能力，保障企业的稳健发展。

第十一章详细介绍了管理会计报告的种类与编制技巧，以及管理会计信息系统的构建与应用实践。同时，还探讨了大数据与人工智能在管理会计中的应用前景，以及管理会计报告与信息系统的优化改进方向。通过这些内容的学习，读者将能够充分利用现代信息技术提升企业的财务管理效率。

第十二章详细介绍了绩效评价体系的构建与实施策略，以及激励机制的设计与优化方法。同时，还探讨了绩效评价与激励机制的整合应用实践，以及面临的挑战与应对策略。通过这些内容的学习，读者将能够建立有效的绩效评价与激励机制，激发员工的积极性和创造力。

第十三章展望了管理会计与成本管理的未来趋势，探讨了创新路径与发展方向。同时，还分析了数字化与智能化对管理会计的深刻影响与变革，以及可持续发展视角下的管理会计与成本管理策略。通过这些内容的学习，读者将能够把握财务管理领域的最新动态和发展趋势，为企业的未来发展做好充分准备。

总之，本书是一本全面、系统、实用的财务管理工具书。它不仅涵盖了财会管理与成本控制的各个方面，还结合了大量的实际案例和最新研究成果，为读者提供了一个全面而深入的财务管理知识体系。无论是初学者还是有一定经验的财务管理人员，都可以从中获得宝贵的知识和实践经验。我们相信，通过本书的学习，读者将能够全面提升自己的财务管理能力，为企业的持续发展和个人职业生涯的成功打下坚实的基础。

目 录

第一章 财会基础 ... 1
- 第一节 会计要素与会计等式 ... 1
- 第二节 财务报表的编制与解读 ... 5
- 第三节 会计循环与账务处理流程 ... 8
- 第四节 会计估计与假设的运用 ... 11
- 第五节 会计准则与法规的遵守 ... 13

第二章 财务管理基础 ... 17
- 第一节 财务管理的目标与原则 ... 17
- 第二节 资本结构与融资决策 ... 20
- 第三节 投资决策与风险管理 ... 22
- 第四节 财务分析与评价 ... 25

第三章 经济运营分析 ... 27
- 第一节 宏观经济环境对企业运营的影响 ... 27
- 第二节 市场分析与竞争策略的制定 ... 29
- 第三节 经营预测的方法与技巧 ... 33
- 第四节 经营决策的分析与评价 ... 38
- 第五节 经济运营中的风险管理 ... 42

第四章 成本控制概述 ... 46
- 第一节 成本控制的定义、目标与重要性 ... 46
- 第二节 成本分类与成本行为的分析 ... 50
- 第三节 成本控制的基本原则与方法 ... 53
- 第四节 成本控制的策略与实践 ... 56

第五章 成本分析与核算 ... 62
- 第一节 成本性态分析与变动成本法 ... 62
- 第二节 作业成本法与成本动因的分析 ... 64
- 第三节 成本差异的分析与控制 ... 67

第四节　成本核算的流程与方法 72
第六章　成本预算与计划 75
　　第一节　成本预算的编制方法与技巧 75
　　第二节　成本计划的制订与实施策略 80
　　第三节　成本预算的监控与调整机制 83
　　第四节　成本预算与计划的执行效果评价 86
　　第五节　成本预算与计划的优化改进 92
第七章　税务管理基础 97
　　第一节　税收制度与企业税务筹划的关系 97
　　第二节　增值税、所得税等主要税种的管理策略 103
　　第三节　税务风险与合规性管理的方法与实践 108
　　第四节　税务筹划的基本原则与技巧 114
第八章　税务筹划与避税策略 118
　　第一节　税务筹划的深入解析与策略制定 118
　　第二节　避税与反避税的技巧与实践 122
　　第三节　税务筹划的案例分析与启示 126
　　第四节　税务筹划的风险管理与合规性考量 131
第九章　内控管理 137
　　第一节　内控管理的定义、目标与原则 137
　　第二节　内控管理的基本要素与框架构建 144
　　第三节　内控管理体系的实施与运行维护 147
　　第四节　内控管理在企业运营中的作用与价值 149
　　第五节　内控管理的挑战与应对策略 151
第十章　财务风险管理 154
　　第一节　财务风险的识别与监控 154
　　第二节　财务风险的控制与防范策略 158
　　第三节　财务风险应对策略的案例分析 162
　　第四节　财务风险管理与企业可持续发展的关系 163
第十一章　管理会计报告与信息系统 166
　　第一节　管理会计报告的种类与编制技巧 166
　　第二节　管理会计信息系统的构建与应用实践 171

第三节　大数据与人工智能在管理会计中的应用探索 177
　　第四节　管理会计报告与信息系统的优化改进方向 180
第十二章　绩效评价与激励机制 187
　　第一节　绩效评价体系的构建与实施策略 187
　　第二节　激励机制的设计与优化方法 193
　　第三节　绩效评价与激励机制的整合应用实践 197
　　第四节　绩效评价与激励机制的挑战与应对策略 202
第十三章　管理会计与成本管理的未来趋势 210
　　第一节　管理会计与成本管理的创新路径与发展方向 210
　　第二节　数字化与智能化对管理会计的深刻影响与变革 215
　　第三节　可持续发展视角下的管理会计与成本管理策略 219
参考文献 228

第一章 财会基础

第一节 会计要素与会计等式

一、会计要素概述

会计要素是构成会计报表的基本单位,是对会计对象进行的基本分类,是会计核算对象的具体化。我国《企业会计准则》将会计要素划分为资产、负债、所有者权益(或股东权益)、收入、费用和利润六类,其中,资产、负债和所有者权益三项会计要素主要反映企业的财务状况,收入、费用和利润三项会计要素主要反映企业的经营成果。

(一)资产的定义与分类

1. 资产的定义

资产是指企业过去的交易或者事项形成的、由企业拥有或者控制的、预期会给企业带来经济利益的资源。

资产具有以下特征:首先,它是由企业过去的交易或事项所形成的,这意味着资产不是基于未来的预期或计划,而是有实际的历史交易或事项作为支撑。其次,资产是企业拥有或控制的资源,这强调了企业对资产的所有权或控制权,无论是直接拥有还是通过其他方式控制。最后,资产预期会给企业带来经济利益,这是资产最为关键的特征,也是企业持有资产的根本目的。

2. 资产的分类

按耗用期限的长短,资产可分为流动资产和长期资产。流动资产是指那些预计在一年内或一个营业周期内能够被消耗、售出或转换为现金的资产,如现金、存货和应收账款等。长期资产则是指那些耗用期限超过一年或一个营业周期的资产,如固定资产、无形资产和长期投资等。

(二)负债的定义与分类

1. 负债的定义

负债是指企业过去的交易或者事项形成的、预期会导致经济利益流出企业的现时义务。

负债具有以下特征：首先，它是由企业过去的交易或事项所形成的，这意味着负债不是基于未来的预期或计划，而是有实际的历史交易或事项作为支撑。其次，负债是企业承担的现时义务，这强调了企业必须履行其偿债责任。最后，负债预期会导致经济利益流出企业，这是负债最为关键的特征，也是企业承担负债的根本代价。

2. 负债的分类

按偿还速度或偿还时间长短，负债可分为流动负债和长期负债。流动负债是指那些预计在一年内或一个营业周期内需要偿还的债务，如短期借款、应付账款等。长期负债则是指那些偿还期限超过一年或一个营业周期的债务，如长期借款、应付债券等。

（三）所有者权益（或股东权益）的定义与构成

1. 所有者权益的定义

所有者权益是企业资产的剩余部分，在扣除所有负债后，由企业的所有者（即股东）享有。它既包括所有者投入企业的资本，也包括企业在经营过程中形成的留存收益。

2. 所有者权益的构成

所有者权益通常由实收资本（或股本）、资本公积、盈余公积和未分配利润等构成。实收资本（或股本）是所有者投入企业的资本部分；资本公积主要包括资本溢价或股本溢价等；盈余公积是企业从税后利润中提取的用于特定用途的资金；未分配利润则是企业尚未分配给所有者的利润部分。

（四）收入、费用和利润的定义及其关系

1. 收入的定义

收入是指企业在日常活动中形成的、会导致所有者权益增加的、与所有者投入资本无关的经济利益的总流入。收入的特征包括：来源于企业的日常活动；会导致所有者权益的增加；与所有者投入资本无关。

2. 费用的定义

费用是指企业在日常活动中发生的、会导致所有者权益减少的、与向所有者分配利润无关的经济利益的总流出。费用的特征包括：来源于企业的日常活动；会导致所有者权益的减少；与向所有者分配利润无关。

3. 利润的定义

利润是指企业在一定会计期间的经营成果，包括收入减去费用后的净额、直接计入当期利润的利得和损失等。利润的计算公式为：利润=收入－费用。这一公式反映了企业的经营成果和盈利能力。

4. 收入、费用和利润之间的关系

收入、费用和利润之间的关系可以通过收入减去费用等于利润这一等式来反映。这一关系在企业财务管理中具有重要体现：首先，它是编制利润表的基础，为企业提供了反映经营成果的重要财务报表；其次，它反映了企业的盈利能力，是企业评价经营状况和发展潜力的重要指标；最后，它为企业制定经营策略、进行财务决策提供了重要依据。

二、会计等式

会计等式，又称会计方程式、会计平衡公式、会计恒等式，是在会计核算中反映各个会计要素经济关系利用数学公式即数量关系的数学表达式。它是各会计主体设置账户进行复式记账和编制会计报表的理论依据。

（一）基本会计等式

基本会计等式，即"资产=负债+所有者权益"，是会计学的基石，它揭示了企业经济活动的本质和会计要素之间的内在联系。

1. 等式的经济含义

基本会计等式表明，企业的资产，无论其形态如何，其来源可以归结为两部分：一部分是投资者（包括国家）投入的资金，即所有者权益；另一部分是企业向债权人借入的资金，即负债。这一等式体现了资产与权益（包括所有者权益和债权人权益）之间的相互依存关系。没有无资产的权益，也没有无权益的资产，它们在经济总额上必然是相等的。

2. 等式在会计核算中的地位

基本会计等式是会计复式记账、会计核算和编制会计报表的理论依据。在复式记账法下，每一笔经济业务的发生都会引起至少两个会计要素项目的数量发生同额变动，从而保持会计等式的平衡。这一等式也是企业加强经济核算、提高经济效益的重要工具，它要求企业在经营过程中时刻关注资产与权益的变动情况，以便做出合理的经济决策。

（二）扩展会计等式

扩展会计等式，即"资产=负债+所有者权益+（收入－费用）"，是在基本会计等式的基础上，进一步考虑了企业在经营过程中发生的收入和费用对资产和权益的影响。

1. 等式的经济含义

扩展会计等式揭示了企业资产、负债、所有者权益、收入和费用之间的内在联系。它表明，企业在经营过程中会不断发生各种费用，这些费用会从收入中扣除，形成利润。在不考虑利润分配的情况下，利润会留归企业，表现为所有者权益的增加。因此，会计等式可以进一步扩展为包括利润在内的形式。

2. 等式在会计核算中的作用

扩展会计等式是复式记账法、试算平衡和编制资产负债表的重要理论依据。在复式记账法下，每一笔经济业务的发生都会引起会计等式中至少两个要素项目的数量发生同额变动。通过试算平衡，企业可以检验会计等式是否保持平衡，从而确保会计核算的准确性。同时，扩展会计等式也为编制资产负债表提供了重要的指导，要求企业在编制资产负债表时，必须按照会计等式所揭示的经济关系进行列报。

（三）会计等式在经济业务中的应用与变化的全面分析

会计等式在经济业务中的应用与变化是会计学的重要内容之一。以下是对这一问题的全面分析。

1. 经济业务对会计等式的影响

经济业务的发生会引起会计要素之间的数量关系发生变动。但是，无论经济业务如何复杂多变，都不会破坏会计等式的平衡关系。这是因为每一项经济业务发生后，都必然会引起会计等式中至少两个要素项目的数量发生同额变动。这种变动可能是同增、同减或此增彼减的形式，但无论如何变动，都会保持会计等式的平衡。

2. 会计等式在经济业务中的具体应用

会计等式在经济业务中的具体应用主要体现在以下几个方面：首先，在复式记账法下，每一笔经济业务的发生都会引起会计等式中相关要素项目的数量发生同额变动。其次，在试算平衡过程中，企业会通过检验会计等式是否保持平衡来确保会计核算的准确性。最后，在编制会计报表时，企业会按照会计等式所揭示的经济关系进行列报和披露。

3. 会计等式变化的意义与启示

会计等式在经济业务中的变化具有重要的意义和启示。首先，它要求企业在经营过程中时刻关注会计要素之间的数量关系变动情况，以便及时做出合理的经济决策。其次，会计等式的变化也为企业提供了评价经营状况和发展潜力的重要依据。通过分析和比较会计等式的变化情况，企业可以了解自身的财务状况、经营成果和盈利能力等方面的信息，进而制定更加合理的经营策略和发展规划。最后，会计等式的变化还提醒企业要加强内部控制和风险管理，确保会计信息的真实性和准确性，以维护企业的经济利益和社会形象。

第二节 财务报表的编制与解读

一、财务报表概述

财务报表是企业财务状况、经营成果和现金流量的结构性表述,是反映企业财务状况的重要工具,也是投资者、债权人、政府及其他有关各方了解企业财务状况、经营成果和现金流量情况的主要途径。

(一)财务报表的组成

财务报表主要由资产负债表、利润表、现金流量表等部分组成,它们各自承担着不同的反映企业财务状况和经营成果的任务。

1. 资产负债表

资产负债表是反映企业在某一特定日期(如月末、季末、年末)财务状况的报表,它提供了企业资产、负债和所有者权益的总额及其结构。

2. 利润表

利润表是反映企业在一定期间(如月份、年度)内经营成果的报表,它揭示了企业收入、成本和利润的形成过程。

3. 现金流量表

现金流量表是反映企业在一定期间内现金流入和流出情况的报表,它帮助使用者了解企业现金的来源和使用情况。

(二)财务报表的编制目的与原则

财务报表的编制目的在于提供企业财务状况、经营成果和现金流量的信息,以满足投资者、债权人、政府等利益相关者的决策需要。在编制财务报表时,应遵循以下原则:

1. 真实性原则

财务报表应真实反映企业的财务状况和经营成果,不得虚构或隐瞒重要事实。

2. 完整性原则

财务报表应全面反映企业的财务状况和经营成果,不得遗漏重要信息。

3. 及时性原则

财务报表应及时编制和披露,以便利益相关者及时了解企业的财务状况和经营成果。

4. 清晰性原则

财务报表应清晰易懂,便于利益相关者理解和使用。

二、资产负债表的编制与解读

（一）资产负债表的格式与内容

资产负债表通常采用账户式结构，分为左右两方。左方为资产项目，按资产的流动性大小排列；右方为负债及所有者权益项目，一般按求偿权先后顺序排列。资产负债表的内容主要包括资产、负债和所有者权益三大部分。

（二）资产负债表的编制步骤

资产负债表的编制主要包括以下步骤：

1. 根据审核无误的原始凭证编制记账凭证。
2. 根据记账凭证登记各种明细分类账。
3. 月末，根据全月记账凭证汇总，编制记账凭证汇总表，据以登记总账。
4. 结账、对账，确保账簿记录正确无误。
5. 根据总账账户余额编制资产负债表。

（三）资产负债表的解读与分析

解读资产负债表时，应关注以下几个方面：

1. 资产的总额和结构：了解企业资产的规模和分布情况。
2. 负债的总额和结构：了解企业负债的规模和偿还顺序。
3. 所有者权益的总额和结构：了解企业所有者权益的规模和构成。
4. 资产的流动性：分析企业资产的变现能力和偿债能力。
5. 负债的偿还期限：分析企业负债的短期和长期偿还压力。

通过分析资产负债表，可以评价企业的财务状况、偿债能力和经营风险，为投资者的决策提供重要依据。

三、利润表的编制与解读

（一）利润表的格式与内容

利润表通常采用多步式结构，分为营业收入、营业利润、利润总额和净利润等部分。利润表的内容主要包括收入、成本和利润三大部分。

（二）利润表的编制步骤

利润表的编制主要包括以下步骤：

1. 根据审核无误的原始凭证编制记账凭证。
2. 根据记账凭证登记各种明细分类账，包括收入、成本、费用等账户。
3. 月末，根据全月记账凭证汇总，编制记账凭证汇总表，据以登记总账。

4. 结账、对账，确保账簿记录正确无误。

5. 根据总账账户余额编制利润表。

（三）利润表的解读与分析

解读利润表时，应关注以下几个方面：

1. 收入的来源和构成：了解企业收入的规模和来源渠道。

2. 成本的构成和变动：分析企业成本的构成和变动趋势。

3. 利润的形成和分配：了解企业利润的形成过程和分配情况。

4. 利润的质量：分析企业利润的稳定性和可持续性。

通过分析利润表，可以评价企业的经营成果、盈利能力和经营风险，为投资者的决策提供重要依据。

四、现金流量表的编制与解读

（一）现金流量表的格式与内容

现金流量表通常采用报告式结构，分为经营活动产生的现金流量、投资活动产生的现金流量和筹资活动产生的现金流量等部分。现金流量表的内容主要包括现金流入、现金流出和现金净流量三大部分。

（二）现金流量表的编制步骤

现金流量表的编制主要包括以下步骤：

1. 根据审核无误的原始凭证编制记账凭证。

2. 根据记账凭证登记各种明细分类账，包括现金、银行存款等账户。

3. 月末，根据全月记账凭证汇总，编制记账凭证汇总表，据以登记总账。

4. 结账、对账，确保账簿记录正确无误。

5. 根据总账账户余额和明细账户记录编制现金流量表。

（三）现金流量表的解读与分析

解读现金流量表时，应关注以下几个方面：

1. 现金流入的来源和构成：了解企业现金流入的规模和来源渠道。

2. 现金流出的构成和变动：分析企业现金流出的构成和变动趋势。

3. 现金净流量的形成和分配：了解企业现金净流量的形成过程和分配情况。

4. 现金流量的质量：分析企业现金流量的稳定性和可持续性。

通过分析现金流量表，可以评价企业的现金生成能力、偿债能力和支付能力，为投资者的决策提供重要依据。

第三节　会计循环与账务处理流程

一、会计循环概述

会计循环，作为企业财务管理中的核心环节，涉及一系列有序、系统的步骤和流程，旨在确保企业财务信息的准确性和完整性。它不仅关乎企业内部的财务决策，还与外部利益相关者的决策息息相关。

（一）会计循环的步骤与流程

会计循环的步骤与流程可以概括为以下几个关键环节：

1. 交易事项的识别与记录：会计循环的起始点是识别并记录企业发生的所有交易事项，如销售、采购、支付等。这一步骤要求会计人员对交易事项进行准确的分类和初步的记录。

2. 日记账的编制：在识别并记录交易事项后，会计人员需根据交易的类型和性质，将其记入相应的日记账中，如现金日记账、银行存款日记账等。这一步骤有助于对交易事项进行进一步的分类和整理。

3. 分类账的登记：日记账中的交易事项需要被进一步分类并记入分类账中，如销售账、采购账、费用账等。分类账的登记有助于更详细地反映企业的财务状况和经营成果。

4. 试算平衡表的编制：在分类账登记完毕后，会计人员需要编制试算平衡表，以检查分类账的登记是否正确，确保借方和贷方的金额相等。

5. 调整分录的编制：在试算平衡表的基础上，会计人员需要编制调整分录，以反映那些尚未在分类账中记录的交易事项或需要调整的交易事项，如折旧、摊销等。

6. 财务报表的编制：会计人员需要根据调整后的分类账编制财务报表，包括资产负债表、利润表和现金流量表等，以全面反映企业的财务状况、经营成果和现金流量。

（二）会计循环在企业管理中的作用

会计循环在企业管理中发挥着至关重要的作用，主要体现在以下几个方面：

1. 提供决策依据

通过会计循环，企业能够生成准确、完整的财务信息，为管理层提供决策依据。这些信息有助于管理层了解企业的财务状况和经营成果，从而做出更明智的决策。

2. 保障资产安全

会计循环中的记录和核对步骤有助于确保企业资产的安全和完整。通过定期盘点和核对资产，企业可以及时发现并解决资产流失或损坏的问题。

3. 促进内部控制

会计循环的实施有助于企业建立和完善内部控制体系。通过明确的流程和规范的操作，企业可以降低财务风险和经营风险，提高整体运营效率。

4. 满足外部监管要求

企业需要按照相关法律法规和监管要求编制和披露财务信息。通过会计循环，企业可以确保财务信息的准确性和合规性，满足外部监管机构的要求。

5. 提升企业形象与信誉

准确、透明的财务信息有助于提升企业的形象和信誉。通过会计循环生成的财务报表，外部利益相关者可以了解企业的财务状况和经营成果，从而对企业做出更积极的评价。

二、账务处理流程

账务处理流程涉及从原始凭证的审核与填制到财务报表的编制与审核等一系列有序、系统的操作。这一流程旨在确保企业财务信息的准确性和合规性。

（一）原始凭证的审核与填制

原始凭证，作为企业交易事项的直接证据，承载着企业经济活动的重要信息。它们包括但不限于发票、收据、合同、银行对账单等。在账务处理流程中，原始凭证的审核与填制是首要且至关重要的环节。

1. 原始凭证的审核

审核原始凭证是确保企业财务信息准确性和合规性的第一步。审核过程主要包括对原始凭证的真实性、合法性和完整性的核查。真实性审核要求确认原始凭证所反映的交易事项是否真实发生，是否存在虚构或伪造的情况。合法性审核则关注原始凭证是否符合国家法律法规和企业内部规章制度的要求，如发票是否符合税法规定，合同是否经过合法程序签订等。完整性审核则要求原始凭证的内容必须完整，包括交易事项的日期、双方信息、金额、交易性质等，以确保能够全面反映交易事项的实际情况。

2. 原始凭证的填制

在审核无误后，根据原始凭证的内容填制相应的记账凭证是账务处理流程的关键步骤。记账凭证是后续账务处理的直接依据，因此其填制必须准确无误。填制过程中，需要确保记账凭证的内容与原始凭证一致，包括交易事项的日期、摘要、金额、会计科目等。同时，还需要注意记账凭证的编号和附件的完整性，以便后续查找和核对。

（二）记账凭证的编制与审核

记账凭证是根据原始凭证填制的，用于详细记录企业交易事项的重要文档。在账务处理流程中，记账凭证的编制与审核是确保账务处理准确性的关键环节。

1. 记账凭证的编制

编制记账凭证时，会计人员需要仔细核对原始凭证的内容，确保记账凭证的每一项都与原始凭证相符。在编制过程中，会计人员还需要遵循一定的规则和格式，以确保记账凭证的清晰和易查。例如，记账凭证的摘要应简明扼要地反映交易事项的主要内容，金额应准确无误地填写在相应的会计科目下等。

2. 记账凭证的审核

记账凭证编制完成后，还需要进行严格的审核。审核的目的是确保记账凭证的内容准确无误，符合相关法规和会计准则的要求。审核过程中，需要对记账凭证的每一项进行仔细核对。如果发现错误或不符合要求的地方，应及时进行更正或补充。

（三）账簿的登记与核对

账簿是企业账务信息的重要载体，记录着企业交易事项的详细信息。在账务处理流程中，账簿的登记与核对是保障账务信息清晰与准确的重要环节。

1. 账簿的登记

根据审核无误的记账凭证，会计人员需要将其登记到相应的账簿中。这包括现金日记账、银行存款日记账、分类账等。在登记过程中，需要遵循一定的规则和格式，以确保账务信息的清晰和易查。例如，现金日记账需要按照交易事项的日期顺序进行登记，银行存款日记账需要按照银行对账单的顺序进行登记等。同时，还需要注意账簿的页码和摘要的填写，以便后续查找和核对。

2. 账簿的核对

账簿登记完成后，还需要定期进行核对。核对的目的是确保账簿记录的正确性和完整性。核对过程中，需要对账簿的每一项进行仔细核对，包括交易事项的日期、摘要、金额等。同时，还需要关注账簿的页码和摘要的填写是否规范。如果发现错误或不符合要求的地方，应及时进行更正或补充。

（四）财务报表的编制与审核

财务报表是企业财务状况与经营成果的重要展现方式。在账务处理流程的最后阶段，财务报表的编制与审核是至关重要的环节。

1. 财务报表的编制

编制财务报表时，会计人员需要根据账簿记录的信息进行汇总和整理。这包括资产负债表、利润表和现金流量表等。在编制过程中，需要遵循相关法规和会计准则的要求，以确保财务报表的准确性和合规性。例如，资产负债表需要按照资产、负债和所有者权益的顺序进行排列，利润表需要按照收入、费用和利润的顺序进行排列等。同时，还需要注意财务报表的格式和内容的完整性，以便外部利益相关者能够清晰地了解企业的财务状况和经营成果。

2. 财务报表的审核

财务报表编制完成后，还需要进行严格的审核。审核的目的是确保财务报表的准确无误并符合相关要求。审核过程中，需要对财务报表的每一项进行仔细核对，包括资产、负债、所有者权益、收入、费用和利润等。同时，还需要关注财务报表的格式和内容的完整性。如果发现错误或不符合要求的地方，应及时进行更正或补充。

第四节 会计估计与假设的运用

一、会计估计的概念与运用

在会计实践中，由于经济活动的复杂性和不确定性，许多交易或事项的结果难以精确计量，这就需要会计人员运用专业知识和经验进行合理估计。会计估计作为会计核算的重要组成部分，对于确保财务报表的准确性和完整性具有重要意义。

（一）会计估计的定义

会计估计是指企业对结果不确定的交易或事项以最近可利用的信息为基础所作出的判断。这种判断通常涉及对资产、负债、收入、费用等会计要素的计量，以及对未来现金流量的预测。

（二）会计估计的步骤

会计估计一般遵循以下步骤：

1. 收集信息：会计人员首先需要收集与估计事项相关的各种信息，包括历史数据、市场趋势、政策法规等。

2. 分析判断：在收集信息的基础上，会计人员运用专业知识和经验进行分析判断，确定合理的估计方法。

3. 实施估计：根据选定的估计方法，对交易或事项的结果进行估计，并记录在会计账簿中。

4. 披露信息：在财务报表中充分披露会计估计的依据、方法、结果及可能的风险，以提高报表的透明度和可理解性。

（三）会计估计在实务中的应用

会计估计在实务中的应用非常广泛，主要包括以下方面：

1. 坏账准备

企业根据应收账款的账龄、客户信用状况等因素，估计可能发生的坏账损失，并计提相应的坏账准备。

2. 存货跌价准备

当存货的可变现净值低于其成本时，企业需计提存货跌价准备，以反映存货的真实价值。

3. 固定资产折旧

企业根据固定资产的性质和使用情况，估计其使用寿命和残值，并采用合理的折旧方法计提折旧费用。

4. 或有事项

对于未来可能发生的或有事项，如未决诉讼、担保责任等，企业需根据当前可获取的信息进行合理估计，并在财务报表中予以披露。

二、会计假设的概念与运用

会计假设是会计理论的重要组成部分，是组织会计核算工作应当明确的前提条件。它们为会计确认、计量、记录和报告提供了基础框架。

（一）会计假设的定义与分类

会计假设，即会计基本假设，是指会计人员对会计核算所处的变化不定的环境和某些不确定的因素，根据客观的、正常的情况或趋势所做的合乎情理的判断。一般来说，会计假设包括会计主体、持续经营、会计分期和货币计量四个方面：

1. 会计主体

会计主体指会计工作服务的特定单位或组织，界定了会计确认、计量和报告的空间范围。

2. 持续经营

持续经营指会计主体的生产经营活动将无期限持续下去，在可以预见的将来不会倒闭进行结算。这一假设为会计确认、计量和报告提供了稳定的基础。

3. 会计分期

为了定期提供会计信息，将企业的生产经营活动划分为若干连续、相等的期间。这一假设有助于反映企业在不同时期的财务状况和经营成果。

4. 货币计量

货币计量指会计确认、计量和报告以货币为主要计量单位。这一假设简化了会计信息的表达形式，提高了会计信息的可比性。

（二）会计假设在会计处理中的作用

会计假设在会计处理中发挥着至关重要的作用，主要体现在以下几个方面：

1. 提供理论基础

会计假设为会计核算提供了基本前提和理论基础，确保了会计工作的规范性和一致性。

2. 简化会计处理

通过设定合理的假设条件，会计假设简化了会计信息的表达形式和处理流程，提高了会计工作的效率。

3. 增强信息可比性

在统一的假设条件下进行会计核算和报告，有助于增强不同企业之间会计信息的可比性，为投资者、债权人等利益相关者提供更有价值的决策依据。

第五节　会计准则与法规的遵守

一、会计准则概述

会计准则是规范会计行为、确保会计信息质量的重要标准，对于维护市场经济秩序、促进企业发展具有重要意义。

（一）会计准则的定义与意义

1. 会计准则的定义

会计准则是对会计行为进行规范的一系列标准和原则，它涵盖了会计工作的各个方面，包括会计确认、计量、记录和报告等。这些准则的制定，基于长期的会计实践经验和对会计未来发展的深入思考，旨在确保会计信息的可靠性和有用性。

2. 会计准则的意义

会计准则的制定和实施，对于维护市场经济秩序和促进企业发展具有重要意义。它有助于规范企业的会计行为，提高会计信息的透明度和可信度，从而增强投资者、债权人等利益相关者的信心。同时，会计准则还可以为企业提供一个公平、公正的竞争环境，有助于市场的健康发展和企业的长期稳定。

（二）会计准则的体系与内容

会计准则体系包括基本准则、具体准则和应用指南三个层次。这一体系的建立，旨在为会计人员提供一个全面、系统的会计规范框架，以确保会计信息的准确性和可靠性。

1. 基本准则

基本准则是会计准则体系的基石，它规定了会计的基本假设、基本原则和基本方法。基本假设是会计工作的前提和基础，如会计主体假设、持续经营假设等。基本原则是会计工作的指导思想和行为准则，如真实性原则、准确性原则等。基本方法则是会计工作的具体手段和技术，如历史成本法、公允价值法等。

2. 具体准则

具体准则是对基本准则的进一步细化和解释，它针对不同类型的交易和事项提供了具体的会计处理指导。具体准则的制定，旨在确保会计人员在面对各种复杂的交易和事项时，能够有明确的处理依据和标准。这些准则涵盖了会计确认、计量、记录和报告等各个方面，为会计人员提供了全面的操作指南。

3. 应用指南

应用指南是对具体准则的补充和说明，它为会计人员提供了更为详细的操作指南。应用指南的制定，旨在帮助会计人员更好地理解和应用具体准则，确保会计处理的准确性和一致性。这些指南通常包括具体的操作步骤、案例分析、问题解答等内容，为会计人员提供了实用的参考工具。

（三）会计准则在国际上的比较与借鉴

1. 会计准则的国际差异

由于不同国家和地区的经济环境、法律制度、文化传统等存在差异，因此其会计准则体系也存在一定的差异。例如，一些国家注重历史成本法，而另一些国家则倾向于使用公允价值法。这些差异的存在，给跨国经济活动和国际合作带来了一定的挑战。

2. 会计准则的国际趋同

尽管不同国家和地区的会计准则存在差异，但随着全球化的加速和跨国经济活动的增多，会计准则的国际趋同成为大势所趋。国际趋同有助于减少跨国经济活动中的会计障碍，提高会计信息的国际可比性和认可度。为了实现这一目标，许多国家和地区都在努力借鉴和采纳国际财务报告准则（IFRS）等国际标准。

3. 我国会计准则的制定与修订

在制定和修订会计准则的过程中，我国充分借鉴了 IFRS 等国际标准。这一做法有助于提高我国会计信息的国际可比性和认可度，促进跨国经济活动和国际合作的发展。

同时，我国也注重结合自身的经济环境和法律制度等实际情况，制定适合本国的会计准则体系。这一做法既体现了国际趋同的趋势，也保留了本国的特色。

二、会计法规概述

会计法规是确保会计准则得以有效实施的法律基础，对于规范会计行为、维护会计秩序具有重要作用。

（一）会计法规的定义与层次

1. 会计法规的定义

会计法规是由国家立法机关或行政机关制定的，旨在规范会计行为、确保会计信息质量的法律、法规、规章等规范性文件的总称。这些规范性文件包括《会计法》《企业会计准则》等，它们共同构成了会计法规的完整体系。会计法规的制定，旨在通过法律手段对会计行为进行约束和规范，以确保会计信息的真实性、准确性、完整性和及时性。

2. 会计法规的层次

会计法规主要包括法律、法规、规章三个层次。法律是由全国人民代表大会或其常务委员会制定的，具有最高的法律效力；法规是由国务院或其部门制定的，其法律效力仅次于法律；规章则是由地方人民政府或其部门制定的，其法律效力相对较低。

这种层次性的设置，既体现了国家对会计工作的统一管理和要求，也充分考虑了不同地区的经济环境和实际情况。不同层次的会计法规的制定和实施，可以更加有效地规范会计行为，提高会计信息质量，促进市场经济的健康发展。

（二）会计法规的制定与执行

1. 会计法规的制定

会计法规的制定是一个严谨且有序的过程，它主要包括立项、起草、审查、发布等多个环节。在立项阶段，需要明确会计法规的制定目的、依据和主要内容；在起草阶段，需要组织专业人员进行深入的调研和论证，以确保会计法规的科学性和可操作性；在审查阶段，需要由相关部门和专家对会计法规进行严格的审查和修改，以确保其合法性和合规性；在发布阶段，需要将会计法规正式对外发布，并明确其生效时间和实施要求。

2. 会计法规的执行

会计法规的执行是由企业、会计师事务所等会计主体负责的。在执行过程中，会计主体需要建立完善的内部控制制度，明确会计处理流程和信息披露要求，确保会计工作的规范化和标准化。

（三）会计法规的遵守与监管

1. 会计法规的遵守

会计法规的遵守是会计主体的基本义务。他们需要按照会计法规的要求进行会计处理和信息披露，确保会计信息的真实性和准确性。同时，会计主体还需要加强对会计人员的培训和管理，提高他们的专业素养和法律意识。只有这样，才能确保会计主体能够严格遵守会计法规，履行好自己的职责和义务。

2. 会计法规的监管

为了确保会计法规的有效执行，国家设立了专门的监管机构对会计主体的遵守情况进行监督和检查。这些监管机构包括财政部门、审计部门、税务部门等，他们通过定期或不定期的检查、审计等方式，确保会计主体严格遵守会计法规。

三、会计准则与法规遵守中的常见问题与应对措施

在会计准则与法规的遵守过程中，企业可能会遇到各种问题。这些问题的存在不仅影响到企业会计信息的质量和合规性，更对企业的经济利益和声誉造成损害。因此，企业需要采取相应的应对措施来解决这些问题。

1. 会计准则的复杂性和多样性导致的问题

由于会计准则的复杂性和多样性，会计人员可能难以准确理解和应用。这是企业在遵守会计准则与法规过程中常见的问题之一。为了解决这个问题，企业需要加强对会计准则的培训和学习，提高会计人员的专业能力和职业素养。企业可以定期组织会计准则的培训课程，邀请专业人士进行讲解和指导，帮助会计人员更好地理解和应用会计准则。

2. 利益驱动或管理不善导致的问题

由于利益驱动或管理不善，企业可能存在违规操作或信息披露不实的情况。这是企业在遵守会计准则与法规过程中另一个严重的问题。为了解决这个问题，企业需要建立健全的内部控制和审计制度，确保会计处理的合规性和准确性。同时，企业还需要加强对违规行为的惩处力度，形成有效的威慑和约束机制。企业可以设立专门的内部审计部门或聘请外部审计机构对企业的会计处理和信息披露进行定期或不定期的审计和检查，及时发现和纠正存在的问题。

第二章 财务管理基础

第一节 财务管理的目标与原则

一、财务管理的目标

财务管理作为企业管理的核心组成部分,其目标直接关联到企业的长期发展和市场竞争力。明确并追求合理的财务管理目标,对于优化企业资源配置、提升企业价值以及实现可持续发展具有重要意义。财务管理的主要目标如下。

(一)企业价值最大化

1. 内涵与重要性

企业价值最大化是指通过财务管理活动,使企业整体价值达到最大。这一目标不仅关注当前的盈利状况,更注重企业的未来发展潜力和市场竞争力。

实现企业价值最大化有助于提升企业在资本市场上的吸引力,为企业的长期发展奠定坚实基础。

2. 实现路径

(1)制定科学的投资策略:企业应基于市场趋势和自身资源状况,制定具有前瞻性和可行性的投资策略,确保资金的有效利用和回报的最大化。

(2)合理配置资源:优化资源配置,确保资金、人才、技术等关键要素能够流向最具潜力的业务领域,提升企业的整体运营效率。

(3)提高资产利用效率:通过精细化管理,减少资产闲置和浪费,提高资产周转率和利用效率,从而增加企业的现金流和盈利能力。

(4)优化资本结构:在保持财务稳健的前提下,通过合理的债务融资和股权融资,降低资本成本,提升企业整体价值。

(二)股东财富最大化

1. 内涵与重要性

股东财富最大化是指通过财务管理活动,使股东所拥有的财富达到最大。这一目标主要关注股东的投资回报和资本增值。

在股份制企业中，股东财富最大化是财务管理的重要目标之一，它直接关系到股东的切身利益和企业的长期稳定发展。

2. 实现路径

（1）制定合理的利润分配政策：确保股东能够获得稳定的投资回报，同时考虑企业的长远发展需求，实现股东利益与企业利益的平衡。

（2）积极寻求资本增值途径：通过股票发行、并购重组等方式，扩大企业规模，提高市场份额，从而提升股东的资本价值。

（3）优化资本结构：在保持财务稳健的前提下，通过合理的融资策略降低资本成本，提高股东的投资回报率。

（三）相关者利益最大化

1. 内涵与重要性

相关者利益最大化是指通过财务管理活动，使企业相关者的利益达到最大。这一目标强调在追求企业利益的同时，也要关注其他利益相关者的利益。

实现相关者利益最大化有助于构建和谐的企业生态环境，提升企业的社会形象和品牌价值。

2. 实现路径

（1）建立与相关者的良好合作关系：通过公平、透明的商业行为，建立与债权人、员工、供应商、客户等利益相关者的长期合作关系。

（2）履行社会责任：积极参与社会公益事业，关注环境保护、社区发展等社会问题，提升企业的社会责任感和品牌形象。

（3）共享企业发展成果：在确保企业持续发展的前提下，通过合理的利润分配、员工福利提升、供应商合作优惠等方式，让利益相关者共享企业发展的成果。

二、财务管理的原则

财务管理的原则是指导企业进行财务决策和管理的基本准则。遵循这些原则，可以帮助企业优化资源配置，提高资金利用效率，实现财务管理目标。财务管理的主要原则如下。

（一）系统原则

1. 内涵与重要性

系统原则强调在进行财务管理时，应将企业视为一个由多个相互关联的部分组成的整体系统。

这一原则要求企业在制定财务决策时，必须综合考虑内外部环境、市场状况、竞争格局等多方面因素，确保决策的科学性和合理性。

2. 实践应用

（1）建立完善的财务管理体系：明确各部门的职责和权限，确保财务信息的准确性和及时性，为科学决策提供支持。

（2）注重跨部门沟通与协作：通过定期召开部门间会议、建立信息共享平台等方式，促进部门之间的沟通与协作，共同推动财务管理目标的实现。

（3）强化信息收集与传递：建立完善的信息收集和传递机制，确保企业能够及时掌握市场动态和竞争对手信息，为制定科学的财务决策提供依据。

（二）现金收支平衡原则

1. 内涵与重要性

现金收支平衡原则强调企业在进行财务管理时，必须确保现金流入与流出的平衡，以维持企业的正常运营和发展。

这一原则要求企业合理安排资金收付时间，避免资金短缺或闲置现象的发生，保证企业的财务稳健。

2. 实践应用

（1）制订合理的现金流量计划：根据企业的业务需求和市场状况，制订合理的现金流量计划，确保资金的有序流动。

（2）加强应收账款和存货的管理：通过优化收款流程、加强存货周转等方式，提高资金的回收速度和利用效率。

（3）建立完善的资金管理制度：明确资金的审批、使用、监管等流程，确保资金的合理使用和有效监管。

（三）成本、收益、风险权衡原则

1. 内涵与重要性

成本、收益、风险权衡原则强调在进行财务决策时，要综合考虑成本、收益和风险之间的关系，寻求三者之间的最佳平衡点。

这一原则要求企业在追求收益的同时，也要关注成本和风险的控制，确保企业的长期稳定发展。

2. 实践应用

（1）建立完善的成本控制体系：通过优化生产流程、降低采购成本等方式，降低不必要的开支，提高企业的盈利能力。

（2）注重风险评估和管理：建立完善的风险评估机制，对潜在风险进行识别和评估，并制定合理的风险应对策略。

（3）建立完善的财务分析和决策机制：通过对不同投资方案的比较和分析，选择成本效益最优、风险可控的方案进行实施。

第二节　资本结构与融资决策

一、资本结构理论

资本结构理论是财务管理领域的重要组成部分，它研究的是企业资本构成及其比例关系对企业价值及总资本成本率的影响。资本结构理论的发展经历了从早期理论到现代理论的演变，为企业融资决策提供了重要的理论支撑。

（一）早期资本结构理论

早期资本结构理论主要包括净收益理论、净营业收益理论和传统理论。净收益理论认为，债务融资可以降低企业的综合资金成本，因为债务成本通常低于股权成本。因此，随着负债比率的提高，企业的综合资金成本会降低，企业价值会增加。然而，这一理论忽略了财务风险的影响。净营业收益理论则认为，资本结构与企业价值无关，因为虽然债务融资可以降低债务成本，但同时也会增加权益资本的成本，两者相抵消后，企业的综合资金成本保持不变。传统理论则介于两者之间，认为适度负债有利于企业价值的提升，但负债过多会增加财务风险。

（二）现代资本结构理论

现代资本结构理论在继承和发展早期理论的基础上，提出了更为完善和复杂的理论框架，主要包括MM定理、权衡理论和代理成本理论等。

1. MM定理

MM定理由莫迪利安尼和米勒提出，其基本观点是在没有企业和个人所得税的情况下，企业的价值与资本结构无关。但在考虑所得税因素后，由于利息支出具有抵税作用，负债融资可以降低企业的综合资金成本，从而提高企业价值。因此，在存在所得税的情况下，企业的负债比率越高，其价值越大。

2. 权衡理论

权衡理论是对MM定理的进一步扩展和修正。该理论认为，虽然负债融资可以降低企业综合资金成本并提高企业价值，但随着负债比率的提高，企业的财务风险也会增加。

当负债比率过高时，财务危机成本和代理成本会上升，从而抵消负债融资带来的好处。因此，企业应权衡负债融资的利弊，寻求最佳资本结构。

3. 代理成本理论

代理成本理论关注资本结构对企业内部治理结构的影响。该理论认为，由于所有权与经营权的分离，经理人员可能会追求自身利益而损害股东利益。负债融资可以作为一种担保机制，促使经理人员努力工作并减少个人享受，从而降低代理成本。但同时，负债融资也可能导致另一种代理成本，即债权人监督成本。因此，企业应根据自身情况选择合适的资本结构以平衡代理成本。

二、融资决策

融资决策是企业财务管理中的关键环节，它关系到企业的资金筹集、使用和管理。合理的融资决策有助于优化企业资本结构、降低融资成本并提高企业价值。

（一）融资方式

企业融资方式多种多样，主要包括股权融资、债权融资和混合融资等。

1. 股权融资

股权融资是指企业通过发行股票等方式筹集资金。这种融资方式不需要还本付息，但股东会分享企业的盈利和增长。股权融资的优点在于可以为企业提供长期稳定的资金来源，并增强企业的资本实力。然而，股权融资也会稀释原有股东的股权比例，并可能增加企业的代理成本。

2. 债权融资

债权融资是指企业通过发行债券或向银行借款等方式筹集资金。这种融资方式需要企业按期还本付息，但债权人不参与企业的经营管理。债权融资的优点在于融资成本相对较低，且具有税盾效应。然而，债权融资也会增加企业的财务风险和财务压力。

3. 混合融资

混合融资是指企业同时采用股权融资和债权融资等多种方式筹集资金。这种融资方式可以综合利用各种融资方式的优点，平衡融资成本与风险。然而，混合融资也需要企业具备较高的财务管理能力和风险控制能力。

（二）融资成本与风险

融资成本和风险是企业融资决策中需要重点考虑的因素。融资成本是指企业为筹集资金所支付的费用和代价，包括利息、股息、手续费等。融资成本的高低直接影响企业的盈利能力和市场竞争力。因此，在进行融资决策时，企业应综合考虑各种融资方式的成本，选择成本较低的融资方式。

融资风险则是指企业在融资过程中可能面临的各种不确定性因素，如市场风险、信用风险、流动性风险等。这些风险可能导致企业融资成本上升、融资难度加大甚至融资失败。因此，在进行融资决策时，企业应充分评估各种融资方式的风险，并制定相应的风险应对措施。

（三）融资策略与资本结构优化

融资策略和资本结构优化是企业融资决策的重要内容。融资策略是指企业根据自身情况和市场环境制订的融资计划和方案。合理的融资策略应综合考虑企业的融资需求、融资成本、融资风险以及投资者的偏好等因素，以实现企业价值最大化。

资本结构优化则是指企业在融资过程中不断调整和优化资本结构，以实现最佳的资本结构和最低的综合资金成本。资本结构优化需要考虑企业的负债比率、债务期限结构、股权结构等多个方面。通过优化资本结构，企业可以平衡融资成本与风险，提高盈利能力和市场竞争力。

在实践中，企业应根据自身情况和市场环境灵活制定融资策略和资本结构优化方案。例如，在市场需求旺盛、企业盈利能力强的情况下，企业可以适当增加负债比率以利用财务杠杆效应；在市场需求疲软、企业盈利能力下降的情况下，则应降低负债比率以降低财务风险。同时，企业还应关注资本市场的动态变化和政策法规的调整情况，及时调整融资策略和资本结构优化方案以适应市场变化。

第三节 投资决策与风险管理

一、投资决策

投资决策是企业或个人在资金配置过程中至关重要的环节，它直接关系到企业未来的发展方向和经济效益。在进行投资决策时，科学合理地评估投资项目并构建有效的投资组合，是实现投资目标的关键。

（一）投资项目的评估方法

1. NPV（净现值）法

NPV 法是一种常用的投资决策分析方法，其核心在于将项目未来各期的现金流折现到当前时点，并与初始投资成本进行比较。若 NPV 大于 0，说明项目在经济上可行，投资有盈利；若 NPV 小于 0，则表明项目在经济上不可行，投资将亏损。NPV 法充分考虑了资金的时间价值，是评估长期投资项目的重要工具。

2. IRR（内含报酬率）法

IRR 法通过计算使项目未来现金流现值等于初始投资成本的贴现率，来衡量项目的盈利能力。IRR 越高，说明项目的盈利能力越强。在多个项目比较时，通常选择 IRR 较高的项目进行投资。IRR 法同样考虑了资金的时间价值，且易于理解，是投资决策中常用的方法之一。

3. PI（获利指数）法

PI 法是通过计算项目未来现金流现值与初始投资成本的比值来评估项目的。若 PI 大于 1，表示项目未来现金流现值超过初始投资成本，项目可行；若 PI 小于 1，则表明项目不可行。PI 法直观反映了企业投资的盈利能力，有助于投资者在不同项目间进行比较和选择。

（二）投资组合理论与应用

投资组合理论强调通过合理配置不同类型的资产来降低整体投资风险并追求最大化收益。该理论的核心观点在于不同资产之间的风险与收益存在差异性，且资产之间具有一定的相关性。因此，通过构建多元化的投资组合，可以有效分散风险，提高投资组合的整体表现。

1. 资产配置

根据投资者的风险偏好和投资目标，将资金分配到不同的资产类别中，如股票、债券、现金及等价物、房地产等。资产配置是构建投资组合的第一步，也是决定投资组合整体风险与收益特征的关键因素。

2. 风险分散

通过在不同类型的资产之间进行配置，可以实现风险的分散。当某一类资产表现不佳时，其他资产可能表现良好，从而抵消部分损失，降低整体投资组合的风险水平。

3. 有效边界

有效边界是指在给定风险水平下，能够获得最大化收益的投资组合集合。投资者应根据自己的风险偏好，在有效边界上选择合适的投资组合，以实现风险与收益的最佳平衡。

4. 投资组合优化

通过数学模型和计算方法，对投资组合进行优化，以在给定风险水平下获得最大化收益。投资组合优化可以帮助投资者在众多投资选择中做出科学合理的决策，提高投资决策的准确性和效率。

二、风险管理

风险管理是企业经营活动中不可或缺的一部分，它涉及对潜在风险的识别、评估、监控和应对，以确保企业目标的实现和资产的安全。

（一）风险识别与评估

风险识别与评估是风险管理的起点和基础。通过收集和分析相关信息，识别出企业可能面临的各种风险，并对其进行量化评估，确定风险的发生几率和影响程度。风险识别的方法包括历史数据分析、专家判断、头脑风暴等；风险评估则通常采用定性和定量相结合的方式进行。

（二）风险应对策略

针对已识别的风险，企业需要制定相应的应对策略，以降低风险的发生几率和影响程度。常见的风险应对策略包括以下几种。

1. 风险规避

通过改变计划或行动方案来避免潜在风险的发生。例如，企业可以放弃高风险的投资项目，选择更为稳健的投资方向。

2. 风险降低

采取措施降低风险的发生几率和影响程度。例如，通过加强内部控制、提高员工技能水平等方式来降低操作风险。

3. 风险分担

通过合同、保险等方式将风险转移给第三方承担。例如，企业可以购买财产保险来分担自然灾害等不可预见风险带来的损失。

4. 风险承受

在风险无法规避、降低或分担的情况下，企业需做好承受风险的准备。这包括制订应急计划、储备足够的资源以应对可能的风险事件等。

（三）风险管理与企业价值创造

有效的风险管理能够为企业创造价值。首先，通过识别和评估潜在风险，企业可以及时采取措施加以应对，避免或减少损失的发生，从而保护企业的资产安全。其次，通过合理配置资源和优化投资组合，企业可以降低整体投资风险并提高收益水平，进而提升企业价值。

第四节　财务分析与评价

一、财务分析

财务分析是企业管理中的重要环节，它通过对企业财务报表的深入研究，揭示企业的财务状况、经营成果和现金流量情况，为企业的决策提供有力依据。财务分析主要包括财务报表分析和财务状况的综合分析两个方面。

（一）财务报表分析

财务报表分析是财务分析的基础，它主要通过对企业财务报表中的数据进行比率分析、趋势分析和垂直分析等方法，来揭示企业的财务状况和经营成果。

1. 比率分析

比率分析是通过计算财务报表中各项目之间的比率，来评估企业的财务状况和经营成果。常见的比率包括流动比率、速动比率、资产负债率、净资产收益率等。这些比率可以帮助企业了解自己的偿债能力、盈利能力、资产结构等方面的情况。

2. 趋势分析

趋势分析是通过比较企业连续几个时期的财务报表，来分析企业财务状况和经营成果的变化趋势。趋势分析可以帮助企业了解自己的财务状况和经营成果是否稳定，是否存在潜在的风险或机会。

3. 垂直分析

垂直分析是将财务报表中的某一项目与其总体进行比较，以揭示该项目在总体中的地位和重要性。垂直分析可以帮助企业了解自己的收入、成本、费用等项目的构成和比例，从而更好地控制成本和费用，提高盈利能力。

（二）财务状况的综合分析

财务状况的综合分析是在财务报表分析的基础上，进一步对企业的财务状况进行全面、系统的评价。常见的财务状况综合分析方法包括杜邦分析体系和沃尔评分法。

1. 杜邦分析体系

杜邦分析体系是一种综合性的财务分析体系，它通过将企业的净资产收益率分解为多个财务指标，来揭示企业的盈利能力、资产周转能力和偿债能力等方面的情况。杜邦分析体系可以帮助企业全面了解自己的财务状况，发现潜在的问题或机会。

2. 沃尔评分法

沃尔评分法是一种将企业的财务比率进行标准化处理，并进行综合评分的方法。沃尔评分法可以通过对企业的盈利能力、偿债能力、成长能力等方面进行评分，来全面评价企业的财务状况。这种方法可以帮助企业了解自己的财务状况在行业中的位置，以及与其他企业的差距。

二、财务评价

财务评价是在财务分析的基础上，对企业的财务状况和经营成果进行进一步的评价和预测。财务评价主要包括企业绩效评价和企业价值评估两个方面。

（一）企业绩效评价

企业绩效评价是通过对企业的盈利能力、营运能力、偿债能力和成长能力等方面进行评价，来揭示企业的经营状况和发展潜力。

1. 盈利能力

盈利能力是企业绩效评价的重要指标之一，它主要通过计算企业的净利润率、净资产收益率等指标来评估企业的盈利能力。

2. 营运能力

营运能力是企业经营效率的重要体现，它主要通过计算企业的存货周转率、应收账款周转率等指标来评估企业的营运能力。

3. 偿债能力

偿债能力是企业偿还债务的能力，它主要通过计算企业的流动比率、速动比率等指标来评估企业的偿债能力。

4. 成长能力

成长能力是企业未来发展的潜力，它主要通过计算企业的营业收入增长率、净利润增长率等指标来评估企业的成长能力。

（二）企业价值评估

企业价值评估是通过对企业的未来现金流量进行预测和折现，来评估企业的价值。常见的企业价值评估方法包括现金流折现法和相对价值法。

1. 现金流折现法

现金流折现法是通过预测企业未来的现金流量，并将其折现到当前时点，来评估企业的价值。这种方法考虑了资金的时间价值，能够较为准确地评估企业的价值。

2. 相对价值法

相对价值法是通过比较企业与同行业其他企业的市盈率、市净率等指标，来评估企业的价值。这种方法简单易行，但需要考虑同行业其他企业的可比性。

第三章 经济运营分析

第一节 宏观经济环境对企业运营的影响

一、宏观经济环境的构成

宏观经济环境是影响企业运营和发展的外部总体环境,它涵盖了多个方面,包括宏观经济政策的制定与执行、经济周期的波动等。这些因素直接或间接地作用于企业,对企业的战略规划、市场定位、生产运营等产生深远影响。

(一)宏观经济政策

宏观经济政策是国家或政府有意识、有计划地运用各种政策工具对宏观经济运行进行调节和控制的手段。这些政策工具主要包括财政政策和货币政策。财政政策通过调整政府支出和税收来影响总需求,进而实现经济增长、物价稳定等宏观经济目标。例如,当经济衰退时,政府可以增加支出、减少税收以刺激总需求,促进经济增长。货币政策则通过调整货币供应量和利率来影响市场流动性,进而影响经济增长和物价水平。例如,当通货膨胀压力上升时,中央银行可以提高利率、减少货币供应量以抑制物价上涨。这些宏观经济政策直接影响市场供求关系、利率水平、税收负担等,进而作用于企业的运营环境。因此,企业需要密切关注宏观经济政策的变化,以便及时调整经营策略,适应外部环境的变化。

(二)经济周期

经济周期是市场经济中经济活动呈现的周期性波动。一个完整的经济周期包括繁荣、衰退、萧条和复苏四个阶段。在经济繁荣期,市场需求旺盛,企业盈利能力增强;而在经济衰退和萧条期,市场需求萎缩,企业可能面临经营困难。因此,经济周期的波动对企业运营产生显著影响。企业需要根据经济周期的变化灵活调整产能、生产计划和市场策略,以适应市场需求的变化。

(三)经济指标

经济指标是衡量宏观经济状况的重要工具,包括国内生产总值(GDP)、消费者价格指数(CPI)、生产者价格指数(PPI)等。GDP 是衡量一个国家或地区经济总量的核心指标，其增长趋势反映了整体经济活动的变化。CPI 是衡量通货膨胀水平的重要指标，其变化直接影响消费者的购买力和企业的生产成本。PPI 则反映了生产环节的价格水平变化，对企业生产成本和盈利能力产生重要影响。这些经济指标的变化为企业提供了判断宏观经济形势和制定经营策略的重要依据。

二、宏观经济指标的分析与应用

宏观经济指标不仅为政府制定政策提供依据，也为企业决策提供了重要的参考。

（一）GDP 的理解与应用

1. GDP 的增长趋势对企业决策的影响

GDP 的增长趋势可以反映市场需求的变化趋势。当 GDP 增长时，通常意味着整体经济活动增加，市场需求扩大。企业可以据此判断市场的发展趋势，从而制定相应的市场拓展和战略规划。例如，如果 GDP 持续增长，企业可能会考虑增加投资、扩大生产规模或进入新的市场领域。相反，如果 GDP 增长放缓或出现负增长，企业可能需要调整策略，减少投资，优化成本结构，以应对潜在的市场需求下降。

2. GDP 的构成情况对企业决策的影响

GDP 的构成情况有助于企业了解不同行业的发展状况和市场潜力。通过分析 GDP 的构成，企业可以判断哪些行业处于增长阶段，哪些行业可能面临衰退。这有助于企业做出更明智的投资和资源配置决策。例如，如果服务业在 GDP 中的占比持续增长，企业可能会考虑增加对服务业的投资或转型为服务型业务。相反，如果制造业占比下降，企业可能需要考虑减少对该领域的投资或寻找替代业务。

（二）CPI 的理解与应用

1. CPI 的变化趋势对企业定价决策的影响

CPI 的上涨意味着通货膨胀压力加大，企业可能面临成本上升的压力。为了保持盈利能力，企业可能需要调整产品价格以转嫁成本上涨的压力。然而，涨价策略需要谨慎实施，以免损害消费者购买力和市场份额。相反，如果 CPI 下降，企业可能会考虑降低产品价格以吸引更多消费者并提高市场份额。

2. CPI 的变化趋势对企业成本控制的影响

CPI 的变化也会影响企业的成本控制策略。当 CPI 上涨时，企业需要密切关注原材料、劳动力等成本的变化情况，并采取相应的成本控制措施。例如，企业可以通过谈判降低采购成本、提高生产效率或寻找替代原材料来降低成本。而当 CPI 下降时，企业可以利用这一时机进行库存积压、长期采购合同等策略以降低未来成本。

（三）PPI 的理解与应用

1. PPI 的变化趋势对企业成本控制的影响

PPI 的上涨意味着企业生产成本上升，这可能对企业的盈利能力造成压力。为了应对成本上涨，企业可能需要寻求替代原材料、改进生产工艺或提高生产效率以降低成本。此外，企业还可以通过与供应商谈判、优化采购策略等方式来降低原材料成本。而当 PPI 下降时，企业可以利用这一时机进行库存积压、长期采购合同等策略以降低未来成本并提高盈利能力。

2. PPI 的变化趋势对企业采购决策的影响

PPI 的变化也会影响企业的采购决策。当 PPI 上涨时，企业可能需要重新评估其采购策略并寻找更具成本效益的供应商或原材料替代品。此外，企业还可以通过集中采购、长期合作等方式来降低采购成本并稳定供应链。而当 PPI 下降时，企业可以利用这一时机进行大量采购以储备原材料并降低未来生产成本。

第二节 市场分析与竞争策略的制定

一、市场需求的调研与预测

市场需求是企业制定市场战略和竞争策略的基础，深入了解并准确预测市场需求的变化趋势，对于企业的生存和发展至关重要。

（一）市场需求的调研

1. 调研内容与方法

市场需求的调研内容应全面而深入，涵盖市场规模、市场份额、消费者偏好、购买行为等多个方面。企业可以通过问卷调查、访谈、市场调研公司等方式进行调研。其中，问卷调查是一种常用且有效的方式，可以针对大量消费者进行快速、高效的数据收集；访谈则可以更深入地了解消费者的具体需求和偏好，以及他们对产品或服务的看法和建议；市场调研公司则可以提供专业的市场调研服务，为企业提供更全面、更深入的市场信息。

2. 调研过程中的关键点

在进行市场需求调研时，企业需要关注以下几个关键点：

（1）目标市场的界定。企业需要明确自己的产品或服务所针对的消费者群体，以便更有针对性地进行市场调研和数据分析。

（2）消费者需求的多样性。不同消费者群体可能有不同的需求和偏好，企业需要充分了解并考虑这些差异，以便更好地满足消费者的需求。

（3）市场需求的动态性。市场需求会随着时间、经济环境、社会文化等因素的变化而变化，企业需要密切关注市场动态，及时调整自己的市场战略和竞争策略。

3. 调研数据的分析与应用

完成市场调研后，企业需要对收集到的数据和信息进行分析和处理。通过分析市场规模、市场份额、消费者偏好等数据，企业可以更深入地了解市场需求的现状和未来趋势。

（二）市场需求的预测

1. 预测方法的选择与应用

在进行市场需求预测时，企业可以选择多种方法，如趋势外推法、因果分析法等。趋势外推法是根据历史数据的趋势来预测未来市场需求的方法，适用于市场需求具有明显趋势性的情况；因果分析法则是通过分析影响市场需求的因素来预测未来市场需求的方法，适用于市场需求受到多种因素影响的情况。企业可以根据实际情况选择适合的预测方法，并进行合理的应用。

2. 考虑多种因素的综合影响

在进行市场需求预测时，企业需要考虑多种因素的综合影响。除了历史数据和行业趋势外，企业还需要关注经济增长率、人口结构变化、消费者收入水平、政策环境等因素对市场需求的影响。例如，经济增长率的提高可能会带来市场需求的增加；人口结构的变化可能会影响某些产品或服务的需求；消费者收入水平的提高可能会带来对高端产品或服务的需求增加等。企业需要综合考虑这些因素，以便更准确地预测未来市场需求。

3. 提高预测准确性的策略

为了提高市场需求预测的准确性，企业可以采取以下策略：一是建立科学、系统的预测模型和方法体系，确保预测过程的规范性和准确性；二是加强市场调研和数据分析工作，收集更多、更全面的市场信息和数据；三是关注市场动态和行业趋势，及时调整预测模型和方法；四是采用情景分析法等方法，考虑多种可能的市场情景并制定相应的应对策略；五是加强与相关机构和专家的合作与交流，借鉴他们的经验和知识来提高预测的准确性。

4. 预测结果的应用与调整

完成市场需求预测后，企业需要将预测结果应用于市场战略和竞争策略的制定中。通过预测结果的分析和应用，企业可以更准确地把握市场机遇和挑战，制定更有效的市场战略和竞争策略。

二、竞争对手的分析与定位

在激烈的市场竞争中，企业为了生存和发展，必须深入了解竞争对手的情况，并明确自身在市场中的竞争定位。这是制定有效竞争策略的关键。

（一）竞争对手的识别与评估

1. 竞争对手的识别

竞争对手的识别是企业进行竞争分析的第一步。在复杂多变的市场环境中，企业需要通过多种途径了解市场上的竞争态势，识别出同类型产品或服务的主要提供者。市场调研是一个重要的手段，通过收集和分析市场上的信息，企业可以了解竞争对手的基本情况，包括其产品、服务、市场份额等。此外，行业报告也是识别竞争对手的重要途径，行业报告通常会对市场上的主要企业进行排名和介绍，为企业提供有价值的参考信息。

2. 竞争对手的评估

在识别出竞争对手后，企业需要对它们进行深入的评估。评估的内容包括竞争对手的市场份额、产品质量、价格策略、营销手段等多个方面。市场份额可以反映竞争对手在市场上的实力和地位，产品质量和价格策略则是竞争对手产品竞争力的重要体现，而营销手段则反映了竞争对手在市场推广方面的能力和策略。通过全面评估竞争对手，企业可以更准确地了解其在市场上的优势和劣势，为制定竞争策略提供依据。

（二）企业在市场中的竞争定位

1. 竞争定位的概念与意义

企业在市场中的竞争定位是指企业在目标市场中相对于竞争对手所占据的位置。一个明确的竞争定位有助于企业树立独特的品牌形象和市场地位，从而吸引目标消费者并抵御竞争对手的进攻。竞争定位是企业制定市场竞争策略的基础，它决定了企业将如何与竞争对手进行差异化竞争，以及如何在目标市场中获得消费者的认可和青睐。

2. 影响竞争定位的因素

企业在进行竞争定位时，需要考虑多个因素。首先是产品或服务的差异化程度，这是企业竞争定位的核心。企业需要评估自己的产品或服务在质量、功能、价格等方面与竞争对手的差异，并确定这些差异是否足以吸引目标消费者。其次是目标市场的细分情况，不同的细分市场具有不同的需求和偏好，企业需要选择与自己产品或服务相匹配的细分市场进行定位。最后是消费者的需求和偏好，企业需要深入了解目标消费者的需求和偏好，以便更好地满足他们的需求并赢得他们的忠诚。

三、竞争策略的制定与实施

在激烈的市场竞争中，企业为了保持领先地位并实现可持续发展，必须基于市场需求和竞争对手的分析结果，制定并实施有效的竞争策略。竞争策略的制定与实施是一个动态的过程，需要根据市场变化和企业实际情况进行调整和优化。

（一）差异化策略

差异化策略是企业通过提供独特的产品或服务来满足消费者的特殊需求，从而在竞争中脱颖而出的策略。差异化策略的核心在于创造与众不同的价值主张，使消费者愿意为这种独特性支付溢价。

1. 产品差异化

产品差异化是差异化策略的重要组成部分。企业可以通过注重产品设计和创新，提供具有独特功能和外观的产品来实现产品差异化。例如，苹果公司的 iPhone 手机就以其独特的设计、强大的功能和出色的用户体验在市场上脱颖而出，成为消费者追捧的对象。

2. 服务差异化

除了产品本身，企业还可以通过提供更加贴心和个性化的服务体验来实现差异化。例如，一些高端汽车品牌不仅提供高质量的汽车产品，还为消费者提供定制化的购车服务、售后服务以及一系列增值服务，从而提升了品牌形象和消费者忠诚度。

3. 品牌形象差异化

品牌形象差异化是通过塑造独特的品牌文化和价值观来吸引目标消费者。例如，可口可乐公司以其独特的品牌形象和广告宣传，成功地将自己与竞争对手区分开来，成为全球知名的饮料品牌。

（二）成本领先策略

成本领先策略是企业通过降低成本来提高竞争力并获得更大的市场份额的策略。成本领先策略的关键在于实现规模经济、优化生产流程、降低采购成本等方面。

1. 实现规模经济

企业可以通过扩大生产规模来降低单位产品的固定成本。例如，汽车制造企业通过建设大型生产基地和采用自动化生产线，可以显著提高生产效率并降低生产成本。

2. 优化生产流程

优化生产流程是降低成本的重要手段。企业可以通过引进先进的生产设备和技术、改善生产工艺、提高生产效率等方式来降低变动成本。例如，一些制造企业通过采用精益生产模式，成功降低了废品率和生产成本。

3. 降低采购成本

采购成本是企业成本的重要组成部分。企业可以通过与供应商建立长期合作关系、采用集中采购策略、优化库存管理等方式来降低采购成本。例如，一些大型连锁超市通过与供应商建立紧密的合作关系，成功降低了商品采购成本并提高了盈利能力。

（三）竞争策略的调整与优化

市场环境和竞争态势是不断变化的，因此，企业需要及时调整和优化竞争策略以适应新的市场情况。

1. 监测市场变化

企业需要密切关注市场需求、竞争对手动态、政策环境等方面的变化。例如，企业可以建立市场情报系统，收集和分析市场数据，以便及时发现市场机会和潜在威胁。通过监测市场变化，企业可以及时调整竞争策略以应对市场挑战。

2. 评估策略效果

企业需要对当前竞争策略的实施效果进行评估。这包括评估策略在提高市场份额、增强品牌竞争力、提高盈利能力等方面的表现。通过评估策略效果，企业可以了解策略的有效性并发现存在的问题和不足。

3. 调整策略方向

根据市场变化和策略效果评估结果，企业需要及时调整竞争策略的方向和重点。例如，如果市场需求发生变化导致原有差异化策略失效，企业可以考虑转向成本领先策略或探索新的差异化点。通过调整策略方向，企业可以更好地适应市场变化并保持竞争优势。

4. 优化策略执行

在调整策略方向后，企业还需要对策略执行过程进行优化以确保其有效实施。这包括加强内部管理、提高员工素质、优化资源配置等多个方面。例如，企业可以加强员工培训和提高员工技能水平，以确保员工能够更好地执行新的竞争策略；同时，企业还可以优化资源配置，将更多的资源投入到关键领域和关键环节，以提高策略执行的效果和效率。

第三节 经营预测的方法与技巧

一、经营预测的基本概念与重要性

经营预测作为企业管理的重要组成部分，发挥着至关重要的作用。它不仅是对企业未来经营状况和发展趋势的预先估计和推断，更是企业制定战略规划、优化资源配置、降低经营风险和提高市场竞争力的关键依据。

（一）预测在企业决策中的作用

1. 提供决策依据

经营预测通过对企业未来的市场环境、销售状况、成本结构、利润水平等进行科学预测和分析，为企业决策提供了重要的参考依据。这些预测结果有助于企业了解市场趋势，把握发展机遇，从而制定出更加合理的发展规划和市场策略。例如，通过对未来市场需求的预测，企业可以决定是否需要扩大产能、开发新产品或进入新的市场领域。

2. 优化资源配置

经营预测使企业能够预见未来的经营状况，从而更加合理地配置资源。企业可以根据预测结果调整生产计划、库存水平、人员配置等，以确保资源的有效利用和最大化效益。通过预测，企业可以避免资源过剩或短缺的情况，降低库存成本和人力成本，提高整体运营效率。

3. 降低经营风险

经营预测有助于企业识别潜在的经营风险，并采取相应的预防措施。通过对未来市场环境、竞争对手动态以及政策法规等方面的预测，企业可以及时发现可能面临的威胁和挑战，从而提前制定应对策略。这有助于企业降低市场风险、信用风险、法律风险等，保障企业的稳健发展。

4. 提高市场竞争力

经营预测使企业能够更加准确地把握市场机遇，制定出更具竞争力的市场策略。通过对消费者需求、竞争对手策略以及市场趋势的预测，企业可以开发出更符合市场需求的产品和服务，提高市场占有率。同时，预测还可以帮助企业优化定价策略、营销渠道和促销活动，进一步提升市场竞争力。

（二）预测的准确性与可靠性评估

1. 准确性的评估

准确性是评估预测结果质量的重要标准之一。为了提高预测的准确性，企业需要采取以下措施：

（1）采用科学的预测方法和技术。企业应选择适合自身特点和市场环境的预测方法，如时间序列分析、回归分析、神经网络模型等。这些方法应基于历史数据和现有信息，运用统计学和数据分析技术，对未来进行科学推断。

（2）确保数据的真实性和完整性。预测的准确性很大程度上取决于输入数据的质量。

因此，企业应确保所收集的数据真实可靠，没有遗漏或错误。同时，企业还需要对数据进行清洗和整理，以提高数据的一致性和准确性。

（3）考虑多种可能的影响因素和不确定性因素。市场环境是复杂多变的，预测时需要考虑多种可能的影响因素，如政策变化、竞争对手策略调整、消费者需求变化等。同时，还需要考虑不确定性因素，如自然灾害、经济波动等，这些因素可能对预测结果产生重大影响。

2. 可靠性的评估

可靠性是评估预测结果质量的一个重要标准。为了提高预测的可靠性，企业需要采取以下措施：

（1）建立稳定的预测模型。企业应选择经过验证的、具有稳定性的预测模型进行预测。同时，还需要对模型进行定期更新和维护，以确保其能够适应市场环境的变化。

（2）进行多次预测并验证结果。为了提高预测的可靠性，企业可以进行多次预测，并对预测结果进行比较和分析。通过验证预测结果的稳定性和一致性，可以评估预测的可靠性程度。

（3）考虑预测结果的敏感性。预测结果可能受到多种因素的影响，企业需要分析这些因素对预测结果的敏感性。通过了解哪些因素对预测结果产生较大影响，企业可以更加准确地评估预测的可靠性，并在必要时对预测结果进行修正。

二、常用的经营预测方法

经营预测作为企业管理的关键环节，其准确性和可靠性对于企业的决策和发展至关重要。在实践中，经营预测方法主要分为定性预测和定量预测两大类。

（一）定性预测方法

定性预测方法主要依赖于人的经验和主观判断，在缺乏历史数据或数据不够准确的情况下尤为适用。这类方法能够充分利用专家的知识和经验，挖掘非量化信息，为决策提供有力支持。以下是几种常用的定性预测方法。

1. 德尔菲法

德尔菲法是一种通过多轮函询收集专家意见并进行预测的方法。其核心在于匿名性和多轮反馈机制。专家们在不受干扰的情况下独立发表意见，并通过多轮反馈和修正逐渐达成共识。这种方法有效避免了群体决策的弊端，如权威影响、从众心理等，使得预测结果更加准确。德尔菲法在长期规划、技术预测、市场潜力评估等方面具有广泛应用。

2. 专家判断法

专家判断法直接邀请相关领域的专家进行预测和判断。这种方法依赖于专家的专业知识和经验，能够针对特定领域或行业进行深入分析。专家判断法在医学、法律、金融等领域具有广泛应用。

除了德尔菲法和专家判断法之外，还有其他定性预测方法，如头脑风暴法、趋势外推法等。

（二）定量预测方法

定量预测方法主要基于历史数据和统计模型进行预测，适用于数据量充足且数据质量较高的情况。这类方法能够充分利用历史数据的信息价值，通过数学模型和统计方法揭示数据背后的规律和趋势。以下是几种常用的定量预测方法。

1. 时间序列分析

时间序列分析是一种通过分析时间序列数据来预测未来趋势的方法。它基于时间序列的连续性和相关性原理，利用历史数据建立预测模型，并通过模型推断未来的数据点。时间序列分析在销售额预测、产量预测、股票价格预测等方面具有广泛应用。例如，在销售额预测中，可以通过分析历史销售额数据的时间序列特征，建立时间序列模型来预测未来的销售额趋势。

2. 回归分析

回归分析是一种通过分析自变量和因变量之间的关系来预测因变量未来值的方法。它基于统计学原理，利用历史数据建立回归模型，并通过模型预测未来的因变量值。回归分析在成本与产量关系预测、销售额与广告投入关系预测等方面具有广泛应用。例如，在成本与产量关系预测中，可以通过分析历史成本和产量数据之间的线性或非线性关系，建立回归模型来预测未来的成本趋势。

除了时间序列分析和回归分析之外，还有其他定量预测方法，如神经网络模型、灰色预测模型等。

三、经营预测的技巧与注意事项

经营预测作为企业决策的重要依据，其准确性和可靠性对于企业的长期发展至关重要。然而，进行有效的经营预测并非易事，需要企业在数据选择、处理以及预测结果的解读与应用等方面掌握一定的技巧和注意事项。

（一）数据的选择与处理

数据是经营预测的基础，其质量和可用性直接影响预测结果的准确性和可靠性。因此，企业在进行经营预测时，必须高度重视数据的选择与处理环节。

1. 数据的选择

在选择数据时，企业应确保数据的真实性、完整性和代表性。真实性是指数据必须反映实际状况，避免使用虚假或伪造的数据；完整性是指数据应包含所有必要的信息，避免缺失或遗漏；代表性则是指数据应具有广泛的覆盖面和代表性，能够真实反映企业的经营状况和市场环境。为了确保数据的真实性、完整性和代表性，企业应建立完善的数据收集、整理和验证机制，对数据进行严格的筛选和审核。

2. 数据的处理

在选择好数据后，企业还需要对数据进行预处理，以提高数据的质量和可用性。预处理包括数据清洗、转换和归一化等步骤。数据清洗是指去除数据中的噪声、异常值和重复项，确保数据的准确性和一致性；数据转换则是将数据从一种形式转换为另一种形式，以适应预测模型的需求；数据归一化则是将数据缩放到一个统一的范围内，以提高预测模型的稳定性和准确性。通过预处理，企业可以进一步提高数据的质量和可用性，为后续的预测分析奠定坚实的基础。

（二）预测结果的解读与应用

预测结果的解读与应用是经营预测的最终目的。企业需要关注预测值的置信区间和误差范围，了解预测的准确性和可靠性，并将预测结果与实际状况进行对比和分析，以制定相应的调整和优化措施。

1. 预测结果的解读

在解读预测结果时，企业应关注预测值的置信区间和误差范围。置信区间是指预测值在一定几率下的波动范围，它反映了预测的准确性和可靠性。误差范围则是指预测值与实际值之间的差异程度，它可以帮助企业了解预测的偏差和不确定性。通过关注置信区间和误差范围，企业可以对预测结果有一个全面、客观的认识，为后续的应用提供有力的支持。

2. 预测结果的应用

在应用预测结果时，企业需要将其与企业的实际需求和战略目标相结合。这意味着企业应根据预测结果来制定合理的发展规划和市场策略，以实现企业的长期发展和竞争优势。同时，企业还需要将预测结果与实际状况进行对比和分析，找出差异和原因，并采取相应的措施进行调整和优化。例如，如果预测结果显示未来市场需求将大幅增长，企业可以考虑扩大产能、增加投资或开发新产品来满足市场需求。如果预测结果显示未来成本将上升，企业可以采取措施降低成本、提高生产效率或寻找替代供应商来应对挑战。

第四节 经营决策的分析与评价

经营决策是企业管理的核心环节，它涉及企业未来发展的方向、目标和路径选择。一个科学的经营决策过程需要综合考虑多种因素，运用合适的分析方法，并对决策结果进行有效的评价。

一、经营决策的类型与流程

（一）经营决策的类型

经营决策可以根据其涉及的范围和影响程度划分为不同的类型。主要包括战略决策、管理决策和业务决策。这三种类型的决策在企业经营中各有其独特的作用和重要性。

1. 战略决策

战略决策是关乎企业长远发展的重大决策，它涉及企业的市场定位、产品开发方向、企业并购等核心问题。这类决策对企业的影响深远，一旦做出，往往需要投入大量的资源和时间进行实施。因此，战略决策需要高层管理者深入思考和周密规划，确保决策的科学性和可行性。在制定战略决策时，企业需要全面分析市场环境、竞争对手以及自身的资源和能力，以确保决策能够符合企业的长期发展目标。

2. 管理决策

管理决策是针对企业日常运营和管理过程中的具体问题而制定的决策。这类决策旨在确保企业日常运营的顺利进行，包括生产计划、人员配置、预算分配等。管理决策的制定需要考虑企业的实际运营情况，以及市场环境的变化和竞争对手的动态。通过科学的管理决策，企业可以优化资源配置，提高运营效率，从而增强企业的市场竞争力。

3. 业务决策

业务决策是针对企业具体业务活动而制定的决策，它直接影响企业的市场表现和客户关系。这类决策包括销售策略、客户服务政策、产品价格等。在制定业务决策时，企业需要深入了解市场需求和客户行为，以确保决策能够符合市场趋势和客户期望。同时，业务决策还需要考虑企业的资源和能力，以确保决策的可行性和实施效果。

（二）决策的制定与实施过程

一个科学的经营决策制定与实施过程是企业成功的关键。这个过程应包括以下几个步骤：问题识别与定义、信息收集与分析、方案制定与评估、决策制定以及实施与监控。

1. 问题识别与定义

问题识别与定义是决策制定过程的起点。在这个阶段，企业需要明确需要决策的问题，对问题进行深入的剖析和定义。这包括确定问题的性质、范围和影响程度，以及识别问题的关键因素和利益相关者。通过明确问题，企业可以为后续的决策制定提供清晰的方向和重点。

2. 信息收集与分析

信息收集与分析是决策制定过程的基础。在这个阶段，企业需要收集与决策相关的各种信息，包括市场数据、竞争对手情况、企业内部资源等。这些信息可以帮助企业更好地了解市场环境和竞争态势，以及自身的优势和劣势。通过对信息的深入分析，企业可以识别出问题的根源和关键因素，为后续的方案制订提供有力的支持。

3. 方案制订与评估

方案制订与评估是决策制定过程的核心环节。在这个阶段，企业需要基于信息收集和分析的结果，制订多个可能的解决方案。这些方案应该涵盖不同的策略和方法，以应对问题的不同方面。然后，企业需要对每个方案进行评估和比较，考虑其可行性、成本效益、风险等因素。通过评估和比较，企业可以选择最优的方案作为最终的决策。

4. 决策制定

决策制定是决策过程的关键步骤。在这个阶段，企业需要根据方案评估的结果，选择最优的方案作为最终的决策。这个决策应该符合企业的长期发展目标，能够解决当前的问题。同时，决策还需要考虑企业的资源和能力，以确保其实施的可行性和效果。

5. 实施与监控

实施与监控是决策过程的最后阶段，也是至关重要的环节。在这个阶段，企业需要将决策转化为具体的行动计划，明确实施的时间表、责任人和资源需求。然后，企业需要监控实施过程，确保决策的有效执行。这包括跟踪实施进度、评估实施效果、及时调整计划等。通过实施与监控，企业可以确保决策能够落地生根，产生实际的效益。

二、决策分析方法的应用

（一）决策分析方法概述

在经营决策的过程中，运用合适的分析方法对于决策者来说至关重要。它能够帮助决策者更加科学、系统地制定决策，避免盲目和随意的决策行为。常用的决策分析方法包括决策树、决策矩阵和 SWOT 分析等，这些方法各有特点，适用于不同的决策场景。

1. 决策树

决策树是一种通过图形方式表示决策问题及其可能结果的分析方法。它能够帮助决策者清晰地展示不同决策路径下的可能结果和几率，使得决策者能够更加直观地比较和选择最优的决策路径。决策树的构建过程需要决策者对决策问题进行深入的分析和拆解，明确各个决策节点和可能的结果，以及它们之间的逻辑关系。

2. 决策矩阵

决策矩阵是一种通过量化评分来比较不同方案优劣的分析方法。它适用于需要综合考虑多个因素和目标的决策问题。在构建决策矩阵时，决策者需要明确各个因素和目标的重要性，并对不同方案在各个因素和目标上的表现进行量化评分。通过决策矩阵的计算和比较，决策者可以更加客观地选择最优的方案。

3. SWOT 分析

SWOT 分析是一种对企业内部优势和劣势以及外部环境的机会和威胁进行全面的分析的方法。它能够帮助企业明确自身的竞争地位和市场机会，为制定战略决策提供有力的支持。SWOT 分析的过程需要企业收集和分析大量的市场信息和内部数据，以准确地识别自身的优势和劣势，以及面临的机会和威胁。

（二）分析方法的适用场景

不同的分析方法具有不同的优势和适用场景，因此需要根据决策问题的具体特点和需求进行考虑。

1. 决策树

决策树能够帮助决策者更加全面地考虑各种可能性和风险，避免遗漏和忽视重要的决策因素。

例如，在制定产品开发策略时，企业可以利用决策树分析不同开发方向、投资规模和市场预期下的可能结果和收益。通过比较不同决策路径的期望收益和风险，企业可以选择最优的产品开发策略。

2. 决策矩阵

决策矩阵能够帮助决策者避免主观偏见和偏好对决策结果的影响，提高决策的客观性和准确性。

例如，在选择供应商时，企业可以利用决策矩阵综合考虑价格、质量、交货期、服务等因素，对不同供应商进行量化评分和比较。通过决策矩阵的计算和排序，企业可以选择最优的供应商合作方案。

3. SWOT 分析

SWOT 分析能够帮助企业更加深入地了解自身的实力和市场环境，为制定科学、可行的战略决策提供依据。

例如，在制定市场进入策略时，企业可以利用 SWOT 分析评估自身的品牌实力、技术优势、市场份额等内部优势，以及市场环境、竞争对手、政策法规等外部机会和威胁。通过 SWOT 分析的结果，企业可以制定更加符合自身实力和市场环境的市场进入策略。

三、决策评价的标准与指标

（一）决策的效益评估

决策效益评估是衡量决策成功与否的重要标准，它涉及对决策实施后所产生的各种效益进行全面、系统的分析和评价。效益评估不仅关注经济效益，还涵盖社会效益和环境效益等多个方面，以确保决策的全面性和可持续性。

1. 经济效益评估

经济效益是决策效益评估的核心内容之一。它主要关注决策实施后对企业或组织经济状况的改善程度，包括收入、成本、利润等关键经济指标的变化。在进行经济效益评估时，需要收集决策实施前后的经济数据，进行对比分析，以评估决策的盈利能力和投资回报率。具体而言，可以通过计算决策实施后的收入增长率、成本降低率、利润率等指标，来衡量决策对经济状况的改善效果。如果决策实施后，这些关键经济指标呈现出积极的变化趋势，那么可以认为该决策在经济效益方面是成功的。

2. 社会效益评估

社会效益是决策效益评估的重要方面。社会效益主要关注决策对社会整体福祉的改善程度，包括对社会公平、正义、稳定等方面的贡献。在进行社会效益评估时，需要考虑决策对社会各阶层、各群体的影响，以及是否符合社会公共利益和长远发展目标。例如，如果一项决策能够促进就业、改善民生、增强社会凝聚力，那么可以认为该决策在社会效益方面是积极的。

3. 环境效益评估

随着环境保护意识的日益增强，环境效益也成为决策效益评估的重要内容。环境效益主要关注决策对自然环境的影响，以及是否符合可持续发展的要求。在进行环境效益评估时，需要考虑决策对生态环境、资源利用、气候变化等方面的影响，并评估其长期和短期的环境效应。如果决策能够促进资源的节约和循环利用，减少污染物排放，保护生态环境，那么可以认为该决策在环境效益方面是可行的。

（二）决策的风险与不确定性分析

在决策过程中，风险和不确定性是不可避免的因素。对决策进行风险与不确定性分析是评价决策质量的重要方面。它涉及对潜在的风险因素进行识别、评估，并对不确定性因素进行考虑和分析。

1. 风险因素识别与评估

风险因素识别是风险分析的第一步，它涉及对可能影响决策实施和效果的各种潜在风险进行识别和分类。这些风险因素包括市场风险、技术风险、政策风险等。在识别风险因素后，需要对它们进行评估，以确定其可能性和影响程度。评估方法可以采用定性分析和定量分析相结合的方式，如概率分析、敏感性分析等。通过风险因素识别与评估，决策者可以更加清晰地了解决策所面临的风险和挑战。

2. 不确定性因素分析

不确定性因素是指那些在决策过程中难以准确预测和控制的因素。它们包括市场需求的变化、政策环境的调整、技术进步的速度等。不确定性因素对决策的影响是复杂而多变的，因此需要进行深入的分析和考虑。在分析不确定性因素时，可以采用情景分析、模拟分析等方法，以探索不同情境下决策的可能结果和潜在风险。通过不确定性分析，决策者可以更加全面地了解决策的可能后果和潜在风险。

第五节　经济运营中的风险管理

在经济运营中，企业面临着多种风险，这些风险会对其财务状况、运营效率和声誉造成严重影响。因此，企业必须建立一套有效的风险管理体系，以识别、评估、应对和持续改进风险管理过程。

一、风险的识别与评估

（一）企业面临的主要风险类型

1. 市场风险

市场风险是企业最常遇到的风险之一。市场需求的波动、竞争态势的加剧以及价格的波动等都可能对企业的运营产生深远影响。市场风险可能直接影响企业的销售额、市场份额以及盈利能力。例如，当市场需求突然下降时，企业可能面临库存积压、销售下滑的困境；而当竞争加剧时，企业可能需要投入更多的营销费用来维护其市场份额，这都会对企业的盈利能力造成压力。

2. 信用风险

在企业的日常运营中,与客户和供应商的合作关系是至关重要的。然而,这种关系也带来了信用风险。客户可能无法按时支付货款,导致企业的收入减少;而供应商可能无法按时交付原材料,影响企业的生产进度和交货期。这种信用风险的存在,要求企业在与客户和供应商的合作中保持高度的警惕和风险管理意识。

3. 操作风险

企业的生产过程是一个复杂的系统工程,其中涉及设备、人员、流程等多个环节。任何一个环节的失误都可能导致整个生产过程的中断或产品质量的问题。操作风险包括设备故障、人为错误、质量问题等,这些都可能导致生产中断、成本上升或产品质量下降,进而影响企业的市场声誉和客户满意度。

4. 财务风险

企业的财务状况是其运营的基础。然而,财务风险的存在会对企业的资金链、偿债能力和投资决策产生重大影响。例如,企业的资本结构不合理可能导致其资金链紧张;融资能力的下降可能影响企业的扩张计划;而错误的投资决策则可能导致企业的投资损失和盈利能力下降。

5. 法规风险

在法律法规日益完善的今天,企业面临着越来越多的法规风险。法律法规的变化、合规性要求等都可能对企业产生重大影响。例如,新的环保法规可能导致企业需要投入更多的资金进行环保改造;而违反法律法规则可能导致企业面临法律诉讼、罚款或声誉损失。

(二)风险评估的方法与工具

面对如此多的风险,企业需要借助科学的方法和工具。

1. 概率与影响分析

概率与影响分析是一种定量的风险评估方法。它通过评估风险发生的可能性和潜在影响来确定风险的优先级。具体来说,企业可以为每个风险分配一个概率值和一个影响值,然后将这两个值相乘得到风险评分。根据风险评分的高低,企业可以确定哪些风险是优先需要关注的。

2. 敏感性分析

敏感性分析是一种用于评估特定变量变化对企业盈利能力影响的方法。通过这种方法,企业可以识别出哪些变量对盈利能力最为敏感,并采取相应的风险管理措施来降低这些变量的影响。例如，如果企业发现产品价格对其盈利能力非常敏感，那么就会采取定价策略或成本控制措施来降低产品价格波动的影响。

3. 情景分析

情景分析是一种模拟未来情景来评估风险的方法。通过构建多个可能的未来情景，并分析每个情景下企业的财务状况和运营结果，企业可以识别出潜在的风险和机遇。这种方法特别适用于评估长期风险或战略风险，因为它可以帮助企业考虑未来可能的变化和不确定性。

4. 风险管理软件

随着信息技术的发展，现代风险管理软件已经成为企业风险评估的重要工具。这些软件通常包含数据库、分析工具和报告功能，使企业能够更全面地了解风险状况并制定相应的应对策略。通过使用风险管理软件，企业可以更加高效地进行风险评估和监控，及时发现并应对潜在的风险。

二、风险管理的持续改进

（一）风险管理体系的建立与完善

为了持续改进风险管理过程，建立一套完善的风险管理体系至关重要。这一体系不仅能够帮助企业有效应对潜在风险，还能提升企业的整体竞争力和可持续发展能力。

1. 风险管理政策的明确与制定

风险管理政策是企业风险管理的基石，它明确了企业的风险管理目标、原则和职责分配。在制定风险管理政策时，企业应首先明确其风险管理的总体目标，如保障企业资产安全、提高运营效率、降低潜在损失等。同时，政策中还应确立风险管理的原则，如全面性、及时性、有效性等，以确保风险管理工作的有序进行。

2. 风险管理流程的规范与实施

风险管理流程是企业进行风险管理的具体步骤和方法，它包括风险的识别、评估、应对和监控等环节。在风险识别阶段，企业应运用多种方法和技术，如 SWOT 分析、PEST 分析等，全面识别企业面临的各种潜在风险。在风险评估阶段，企业应对已识别的风险进行定量和定性的评估，以确定风险的严重性和可能性。在风险应对阶段，企业应根据风险评估的结果，制定相应的风险应对策略，如风险规避、风险降低、风险转移等。在风险监控阶段，企业应建立有效的监控机制，对风险的变化进行实时跟踪和预警。

3. 风险管理组织结构的构建与优化

风险管理组织结构是企业进行风险管理的组织保障。企业应建立专门的风险管理部门或指定负责风险管理的团队成员,并确保他们具备相应的专业知识和技能。风险管理部门或团队应负责全面协调企业的风险管理工作,包括制定风险管理政策、推动风险管理流程的实施、提供风险管理培训等。同时,企业还应注重风险管理组织结构的优化,确保风险管理工作的高效运行和持续改进。

4. 风险管理文化的培育与深化

风险管理文化是企业内部对风险管理的一种共同认知和行为习惯。为了培育风险管理文化,企业应积极倡导风险管理理念,使员工能够充分认识到风险管理的重要性和必要性。同时,企业还应通过培训、宣传等方式,提高员工的风险管理意识和技能。

(二)风险管理的监测与评估机制

为了确保风险管理体系的有效性,企业需要建立一套完善的监测与评估机制。这一机制能够帮助企业实时掌握风险状况,及时发现并应对潜在风险,从而保障企业的稳健运营和持续发展。

1. 定期风险评估的开展与实施

定期风险评估是企业对风险状况进行全面检查的重要手段。企业应制订定期风险评估的计划,明确评估的频率、范围和方法。通过定期风险评估,企业可以及时发现新的风险或评估现有风险的变化,为制定和调整风险管理策略提供依据。

2. 关键风险指标监测的建立与跟踪

关键风险指标是企业风险状况的重要反映。企业应针对关键风险制定相应的监测指标,并定期对这些指标进行跟踪和分析。通过监测关键风险指标的变化,企业可以实时掌握风险状况的发展趋势,及时发现潜在的风险隐患。

3. 内部审计与检查的进行与改进

内部审计与检查是企业对风险管理体系执行情况和有效性进行评估的重要手段。企业应定期进行内部审计和检查,对风险管理体系的各个环节进行全面的审查。通过内部审计和检查,企业可以发现风险管理体系中存在的问题和不足,为改进和完善风险管理体系提供依据。

4. 持续改进机制的建立与优化

持续改进是企业风险管理工作的核心目标。企业应建立持续改进机制,根据监测和评估结果不断调整和完善风险管理体系。在持续改进机制中,企业应注重风险管理经验的总结和分享,鼓励员工提出改进意见和建议。同时,企业还应关注风险管理领域的最新动态和最佳实践,不断吸收和借鉴先进的风险管理理念和方法。通过持续改进机制的建立与优化,企业可以不断提升自身的风险管理能力,为企业的稳健运营和持续发展提供保障。

第四章 成本控制概述

第一节 成本控制的定义、目标与重要性

一、成本控制的定义

（一）成本控制的含义与核心要素

1. 成本控制的含义

成本控制，简而言之，就是企业对其生产经营过程中各项耗费进行的管理与控制活动。这一活动的核心目的在于，通过科学的管理手段和方法，确保企业的成本支出在预算范围内，进而实现企业的经济效益最大化。

2. 成本控制的核心要素

成本控制的核心要素主要包括以下几个方面：

（1）成本规划

成本规划是成本控制的起点，也是制定成本预算的基础。企业应根据自身的战略目标和市场环境，制定合理的成本预算。成本预算应既具有挑战性又具有可实现性，以激发企业降低成本的动力。

（2）成本计算

成本计算是对实际发生的成本进行准确的计量和记录。这一环节要求企业建立完善的成本计算体系，确保成本数据的准确性和完整性。准确的成本计算是后续成本核算、成本分析和成本考核的基础。

（3）成本核算

成本核算是按照一定的成本对象，对成本进行归集和分配。这一环节要求企业根据自身的生产特点和成本管理要求，选择合适的成本核算方法。通过成本核算，企业可以清晰地了解到各项成本的发生情况和构成，为成本控制提供有力的依据。

（4）成本分析

成本分析是通过对比分析、趋势分析等方法，揭示成本变动的原因和规律。这一环节要求企业对成本数据进行深入的分析和挖掘，找出成本变动的关键因素和影响因素。

通过成本分析，企业可以及时发现成本控制中存在的问题和不足，为制定改进措施提供依据。

(5) 成本考核

成本考核是对成本控制的效果进行评价和奖惩。这一环节要求企业建立完善的成本考核体系，对成本控制的效果进行定期的评价和考核。通过成本考核，企业可以激励员工积极参与成本控制活动，提高成本控制的执行力和效果。

(二) 成本控制与成本管理的关系

成本控制与成本管理是企业管理中的两个重要概念，它们之间存在着密切的联系和互动。

1. 成本控制是成本管理的核心环节

成本管理是一个更为宽泛的概念，它涵盖了所有与成本相关的管理活动，包括成本预测、成本决策、成本计划、成本控制、成本核算、成本分析和成本考核等。而成本控制则是成本管理中的一个重要环节，它更侧重于对实际发生的成本进行管理和控制，以确保成本目标的实现。

在成本管理中，成本控制处于核心地位。没有有效的成本控制，成本管理就无法发挥其应有的作用。成本控制的好坏直接影响到成本管理的效果和企业的经济效益。因此，企业应重视成本控制工作，将其作为成本管理的核心环节来抓。

2. 成本管理为成本控制提供支持和保障

虽然成本控制是成本管理的核心环节，但成本管理也为成本控制提供了必要的支持和保障。通过成本预测和成本决策，企业可以制定合理的成本目标，为成本控制提供明确的方向和目标。通过成本计划和成本核算，企业可以为成本控制提供准确的依据和数据支持。通过成本分析和成本考核，企业可以对成本控制的效果进行评价和改进，为后续的成本控制活动提供经验和教训。

二、成本控制的目标

(一) 降低成本水平

1. 减少不必要的开支和浪费

降低成本的首要任务是识别和消除不必要的开支和浪费。这需要对企业的各项支出进行细致的审查和分析，找出那些不产生价值或价值较低的支出项目，并采取措施予以削减或消除。例如，通过优化采购流程、降低库存成本、减少生产过程中的废品和返工等方式，都可以有效地降低成本。

2. 提高资源的使用效率

提高资源的使用效率是降低成本的另一个重要途径。这要求企业在生产过程中更加合理地配置和使用资源，包括原材料、能源、人力等。通过采用先进的生产技术和管理方法，提高资源的利用效率和生产效率，可以在保证产品质量的前提下降低成本。

3. 增加企业的利润空间

降低成本水平可以直接增加企业的利润空间。在销售收入不变的情况下，成本的降低意味着利润的增加。这不仅可以提高企业的经济效益，还可以为企业的进一步发展提供资金支持。

4. 提供更大的价格竞争优势

降低成本还可以为企业提供更大的价格竞争优势。在市场竞争中，价格往往是消费者选择产品的重要因素之一。通过降低成本，企业可以在保持产品质量的同时降低售价，从而吸引更多的消费者购买本企业的产品。

（二）提高成本效益

1. 合理配置资源

提高成本效益要求企业更加合理地配置资源。这包括根据生产需求和市场需求调整资源的投入量和投入结构，确保资源的使用与企业的战略目标相一致。通过优化资源配置，可以提高资源的利用效率和生产效率，从而降低单位产品的成本。

2. 优化生产流程

优化生产流程是提高成本效益的重要手段。通过对生产流程进行改进和创新，可以消除生产过程中的瓶颈和浪费，提高生产效率和产品质量。同时，优化生产流程还可以降低生产过程中的能耗和物耗，进一步降低成本。

3. 提高劳动生产率

提高劳动生产率是实现成本效益提升的关键。通过采用先进的生产技术和管理方法，提高员工的技能水平和工作效率，可以在保证产品质量的同时降低单位产品的劳动成本。此外，通过激发员工的积极性和创造力，还可以进一步提高企业的整体生产效率。

4. 实现成本效益的持续提升

提高成本效益是一个持续的过程。企业需要不断地对成本控制进行审视和改进，以适应市场变化和企业内部环境的变化。通过建立完善的成本控制体系和激励机制，可以推动企业不断追求更高的成本效益水平。

三、成本控制的重要性

成本控制作为企业管理中的关键环节，对于企业的盈利能力、市场竞争力和可持续发展都具有深远的影响。

（一）对企业盈利能力的影响

1. 成本降低与利润提升

成本控制的目的在于提高资源的使用效率。在收入保持不变的情况下，成本的降低将直接转化为利润的增加。这种利润的提升不仅为企业创造了更多的经济价值，还为企业提供了更大的发展空间和投资能力。通过有效的成本控制，企业可以不断优化成本结构，提高盈利水平，为企业的长期发展奠定坚实的基础。

2. 抵御市场风险与保持盈利稳定性

市场环境的多变性和竞争的加剧使得企业必须具备一定的风险抵御能力。成本控制在这方面发挥了重要作用。当市场环境恶化或竞争加剧时，企业可以通过降低成本来保持盈利的稳定性。通过优化采购渠道、降低库存成本、提高生产效率等方式，企业可以在不降低产品质量的前提下，有效降低成本，从而抵御市场风险，保持盈利水平的稳定。

（二）对市场竞争力的提升

1. 价格优势与消费者吸引

在市场竞争中，价格是消费者选择产品的重要因素之一。通过成本控制，企业可以降低产品的生产成本和销售成本，从而为产品制定更具竞争力的价格。这种价格优势使得企业能够在激烈的市场竞争中脱颖而出，吸引更多的消费者购买本企业的产品。同时，价格优势还可以提高消费者的购买满意度和忠诚度，为企业创造更多的市场机会。

2. 市场份额的扩大与影响力的提升

成本控制不仅可以帮助企业制定更具竞争力的价格，还可以帮助企业扩大市场份额和提升品牌影响力。通过降低成本，企业可以提供更多的促销和营销活动，增加产品的曝光度和知名度。这将有助于企业吸引更多的潜在客户和合作伙伴，进一步扩大市场份额。同时，市场份额的扩大和品牌影响力的提升又将为企业带来更多的销售机会和利润空间。

（三）对企业可持续发展的支持

1. 资源的合理利用与环境保护

成本控制不仅关注企业的经济效益，还关注企业的社会效益和环境效益。通过成本控制，企业可以更加合理地利用资源，减少浪费和污染。例如，企业可以通过优化生产流程、提高资源利用率、采用环保材料等方式来降低生产成本和环境影响。这将有助于企业在实现经济效益的同时，保护环境和生态资源，实现可持续发展。

2. 社会效益与公信力的提升

成本控制还可以帮助企业提高社会效益和公信力。通过降低成本和提高效率，企业可以为社会提供更多的优质产品和服务。这将有助于提升企业的社会形象和品牌价值，增强企业的社会责任感和公信力。同时，企业还可以通过成本控制来支持社会公益事业和慈善活动，进一步提升企业的社会效益和公信力。

第二节 成本分类与成本行为的分析

一、成本的分类

成本的分类是理解和管理成本的基础。成本的分类可以从多个维度进行，以下是三种基本的分类方式：固定成本与变动成本、直接成本与间接成本、可控成本与不可控成本。

（一）固定成本与变动成本

1. 固定成本

固定成本是在一定时期和一定业务量范围内，不受业务量增减变动影响而能保持不变的成本。这类成本的特点在于其稳定性，无论企业的生产量或销售量如何变化，固定成本的总额都保持不变。典型的固定成本包括租金、管理人员工资、设备折旧等。

2. 变动成本

与固定成本相对应的是变动成本，这类成本随着业务量的增减而成正比例变动。变动成本的特点在于其灵活性，它随着企业的生产或销售活动的变化而变化。典型的变动成本包括原材料费用、直接人工费用等。

3. 固定成本与变动成本的平衡

在企业经营过程中，固定成本与变动成本的平衡是至关重要的。企业需要保持一定的固定成本来确保稳定的生产和经营环境，同时也需要密切关注变动成本的变化，以便及时采取措施进行调整。通过合理的成本控制策略，企业可以在保持稳定性的同时实现灵活性和盈利能力的最大化。

（二）直接成本与间接成本

1. 直接成本

直接成本是可以直接归属于特定产品或服务的成本。这类成本的发生与特定产品的生产或服务的提供直接相关,且可以明确追溯到该产品或服务上。典型的直接成本包括原材料费用、直接人工费用等。

2. 间接成本

间接成本则是无法直接归属于特定产品或服务的成本。这类成本虽然也是企业生产经营活动中不可或缺的,但它们的发生与特定产品或服务的生产或提供没有直接联系,而是需要按照一定的标准或方法分摊到各个产品或服务上。典型的间接成本包括制造费用、管理费用、销售费用等。

3. 直接成本与间接成本的协同管理

在企业经营过程中,直接成本与间接成本的协同管理是非常重要的。企业需要确保直接成本与间接成本之间的合理分配和平衡,以便实现整体成本的最小化。通过优化采购策略、提高生产效率、优化管理流程等措施,企业可以在保持产品质量和服务水平的同时实现成本的降低。

(三)可控成本与不可控成本

1. 可控成本

可控成本是企业可以通过内部管理决策来影响或控制的成本。这类成本的发生与否以及发生多少,取决于企业的管理水平和决策能力。典型的可控成本包括直接材料费用、直接人工费用中的计件工资部分等。

2. 不可控成本

不可控成本则是企业无法通过内部管理决策来影响或控制的成本。这类成本的发生往往受到外部环境或政策法规的制约,如税收、租金、利息等。虽然企业无法直接控制这些成本的发生,但可以通过合理的税收筹划、租赁谈判、融资安排等方式来减轻其负担。

3. 可控成本与不可控成本的整合管理

在企业经营过程中,可控成本与不可控成本的整合管理是非常重要的。企业需要建立完善的成本控制体系,对可控成本进行严格的监控和管理,同时积极寻求与外部环境的互动,以降低不可控成本的负担。通过整合管理可控成本与不可控成本,企业可以在保持盈利能力的同时实现成本的最小化。

二、成本行为的分析

成本行为的分析是企业管理中的重要内容,它涉及对成本与业务量之间的关系以及成本习性变化规律的深入研究。这一过程为企业制定成本控制策略和决策提供了有力的依据。

（一）成本动因的识别

1. 成本动因的定义

成本动因是指决定成本发生的重要的活动或事项。识别成本动因是成本行为分析的第一步，它使企业能够更准确地了解成本的发生原因和变化规律，从而为制定成本控制策略提供有力依据。

2. 成本动因的识别方法

识别成本动因需要企业进行深入的市场调研和内部分析。市场调研有助于企业了解外部环境的变化，如原材料价格波动、市场需求变化等，这些都可能成为成本动因。内部分析则关注企业内部的生产效率、资源利用情况等，以确定哪些内部因素是导致成本变化的主要原因。

3. 成本动因的管理与应用

识别出成本动因后，企业需要对这些动因进行有效管理。例如，对于原材料价格的波动，企业可以通过与供应商建立长期合作关系、采用套期保值等方式来降低风险。对于生产效率的变化，企业可以通过引进先进生产设备、优化生产流程等措施来提高效率。通过精准把控成本动因，企业能够更好地控制成本，提高盈利能力。

（二）成本与业务量之间的关系

1. 成本与业务量关系的类型

成本与业务量之间的关系是成本行为分析的核心内容之一。一般来说，这种关系可以分为正相关、负相关和无关三种类型。变动成本与业务量之间存在正相关关系，即业务量增加时，变动成本也随之增加。固定成本则与业务量之间不存在直接的相关关系，但在一定范围内其总额保持不变。此外，还存在半变动成本等价于固定成本和变动成本之间的成本类型。

2. 成本与业务量关系的分析方法

分析成本与业务量之间的关系时，企业可以采用多种方法。例如，历史数据分析法可以通过分析历史数据来确定不同业务量水平下的成本变化趋势。弹性分析法则可以计算成本随业务量变化的弹性系数，以评估成本的敏感性。这些方法有助于企业更准确地预测不同业务量水平下的成本水平。

3. 成本与业务量关系的应用价值

通过深入分析成本与业务量之间的关系，企业可以制定更加合理的成本控制策略和决策。例如，企业可以根据成本变化趋势来调整生产计划和销售策略，以实现成本与业务量的最佳匹配。此外，企业还可以利用这些信息来优化定价策略、提高产品竞争力等。

（三）成本习性的理解与应用

1. 成本习性的定义与分类

成本习性是指成本随业务量变化而变化的规律或趋势。根据习性的不同，成本可以分为固定成本习性、变动成本习性和混合成本习性等。固定成本习性表现为成本总额在一定范围内保持不变；变动成本习性表现为成本总额随业务量的变化而变化；混合成本习性则介于两者之间，表现为部分固定部分变动的特点。

2. 成本习性的识别与应用方法

识别成本习性需要企业对自己的成本结构进行深入了解和分析。企业可以通过绘制成本曲线图、计算成本变动率等方法来识别不同成本习性的成本项目。在实际应用中，企业需要根据自身的成本结构和业务特点选择合适的成本习性模型进行成本预测和控制。

3. 成本习性的策略价值

理解成本习性有助于企业更好地把握成本的变化规律并制定有效的成本控制策略。例如，对于具有固定成本习性的成本项目，企业可以通过提高生产效率、优化资源配置等方式来降低单位固定成本。对于具有变动成本习性的成本项目，企业则可以通过控制原材料消耗、降低人工成本等方式来降低单位变动成本。通过灵活运用不同的成本习性模型，企业可以更加精准地预测和控制成本，提高整体盈利能力。

第三节 成本控制的基本原则与方法

一、成本控制的基本原则

为了有效地进行成本控制，企业需要遵循一些基本原则，以确保成本控制活动的科学性和有效性。

（一）全面性原则

1. 全面性原则的内涵

全面性原则是指在成本控制过程中，企业必须将所有可能影响成本的因素和环节纳入考虑范围。这一原则强调成本控制的全面性和系统性，要求企业以全局的视角来看待成本控制，避免片面地追求某一环节或某一部门的成本降低而忽视其他环节或部门的影响。

2. 全面性原则的实践应用

为了实现全面性原则，企业需要采取一系列措施。其中，建立全面的成本控制体系是关键。这一体系应涵盖产品的设计、生产、销售等各个环节，以及企业的各个部门和员工。通过明确各个部门和员工在成本控制中的职责和角色，企业可以确保成本控制活动的全面覆盖和有效执行。加强部门之间的沟通和协作是实现全面性原则的重要一环。成本控制不是某个部门或某个员工的单独任务，而是需要企业全体员工的共同参与和努力。因此，企业应建立跨部门的沟通机制，促进信息共享和协作，以确保成本控制活动的顺利进行。

（二）经济性原则

1. 经济性原则的内涵

经济性原则是指在成本控制过程中，企业必须注重经济效益，确保成本控制活动的成本与收益之间的合理关系。这一原则强调成本控制的经济性和效益性，要求企业在进行成本控制时，需要权衡成本控制活动的投入与产出，确保投入的成本能够获得足够的收益。

2. 经济性原则的实践应用

为了实现经济性原则，企业需要在成本控制活动中进行详细的成本效益分析。这包括对成本控制活动的投入成本、预期收益以及可能存在的风险进行全面评估。通过成本效益分析，企业可以确保每一项成本控制活动都能够带来足够的经济效益，避免无效或低效的成本控制活动。

同时，企业还需要注重成本控制活动的长期效益。在追求短期成本控制的同时，企业不能忽视长期的经济发展。因此，企业应建立长期的成本控制战略，确保成本控制活动与企业的长期发展目标相一致。

（三）责权利相结合原则

1. 责权利相结合原则的内涵

责权利相结合原则是指在成本控制过程中，企业必须明确各个部门和员工的职责、权利和利益，确保他们在成本控制活动中能够充分发挥自己的作用。这一原则强调成本控制的责任性、权利性和利益性相统一，要求企业在成本控制活动中赋予各个部门和员工相应的职责、权利和利益，以激励他们积极地参与到成本控制活动中来。

2. 责权利相结合原则的实践应用

为了实现责权利相结合原则，企业需要建立完善的成本控制责任制度。这一制度应明确各个部门和员工在成本控制中的具体职责和权利，确保他们在成本控制活动中能够有明确的指导和依据。同时，企业还需要建立合理的激励机制，如设立成本控制奖励基金等，以激发员工参与成本控制的积极性。

（四）目标管理原则

1. 目标管理原则的内涵

目标管理原则是指在成本控制过程中，企业必须设定明确的成本控制目标，并根据目标来制定具体的成本控制计划和措施。这一原则强调成本控制的目标性和计划性相统一，要求企业在成本控制活动中围绕目标展开具体的计划和行动。

2. 目标管理原则的实践应用

为了实现目标管理原则，企业需要建立完善的成本控制目标体系。这一体系应包括总体目标和具体目标等多个层次的目标设定。通过设定合理的成本控制目标，企业可以为成本控制活动提供明确的指导和方向。

同时，企业还需要根据目标来制定详细的成本控制计划和措施。这包括对成本控制活动的具体步骤、时间安排、资源分配等进行全面规划。通过制定详细的计划和措施，企业可以确保成本控制活动的有序进行和有效实施。

二、成本控制的方法

成本控制的方法是企业实现成本控制目标的具体手段和途径。根据不同的成本控制理念和原则，企业可以选择不同的成本控制方法。

（一）标准成本控制法

1. 标准成本控制法的内涵

标准成本控制法是企业根据预先设定的标准成本来进行成本控制的一种方法。其核心在于，企业首先制定产品的标准成本，这一成本涵盖了直接材料成本、直接人工成本和制造费用等多个方面。

2. 标准成本控制法的实践应用

标准成本控制法为企业提供了一种明确的成本控制目标和依据。这使得企业在生产过程中能够更加有效地控制成本，避免不必要的浪费和损失。同时，企业可以及时发现生产过程中存在的问题和不足，如材料使用不当、人工效率低下等。

（二）预算成本控制法

1. 预算成本控制法的内涵

预算成本控制法是企业根据预先制定的预算来进行成本控制的一种方法。其核心在于，企业首先制订全面的预算计划，包括销售预算、生产预算、成本预算等多个方面。

2. 预算成本控制法的实践应用

预算成本控制法为企业提供了一种全面的成本控制框架和依据。这使得企业在经营过程中能够更加有效地控制和管理成本，避免预算超支和资金浪费。同时，企业可以及时发现经营过程中存在的问题和风险，如销售收入下滑、生产成本上升等。

（三）边际成本控制法

1. 边际成本控制法的内涵

边际成本控制法是企业根据产品的边际成本来进行成本控制的一种方法。其核心在于，企业首先计算产品的边际成本，即产品产量增加或减少一个单位时所增加或减少的成本。

2. 边际成本控制法的实践应用

边际成本控制法为企业提供了一种更加精细化的成本控制方法和依据。这使得企业在生产过程中能够更加准确地控制和管理成本，避免不必要的浪费和损失。同时，企业可以更好地了解产品的盈利能力和市场竞争力。例如，当产品的边际成本高于市场价格时，企业可以考虑减少产量或调整销售策略，以避免亏损。

第四节　成本控制的策略与实践

一、成本控制的策略

成本控制策略是企业为了实现经营目标，对成本进行有效管理和控制的重要手段。不同的企业、不同的市场环境需要采用不同的成本控制策略。

（一）成本领先策略

1. 成本领先策略的核心与实现途径

成本领先策略是企业通过降低成本，在市场竞争中取得价格优势的一种策略。其核心在于通过优化生产流程、提高生产效率、降低原材料消耗等手段，实现产品成本的降低。这种策略要求企业在生产、采购、物流等各个环节都进行精细化的成本控制，以消除浪费并提高资源利用效率。

要实现成本领先策略，企业需要注重规模经济效应。通过扩大生产规模，企业可以降低单位产品的成本，从而在市场上获得价格优势。同时，加强成本控制也是必不可少的。企业需要对生产过程中的各个环节进行精细化管理，通过消除浪费、提高资源利用效率来进一步降低成本。此外，技术创新和工艺改进也是实现成本领先策略的重要途径。

通过引入新技术和优化生产工艺，企业可以降低生产成本并提高产品质量，从而增强市场竞争力。

2. 成本领先策略的实践应用与挑战

在实践中，成本领先策略被广泛应用于制造业、零售业等各个领域。例如，一些汽车制造商通过优化生产流程、采用先进的生产技术和设备，成功降低了生产成本，从而在市场上获得了价格优势。然而，实施成本领先策略也面临着一些挑战。例如，过度的成本控制可能导致产品质量下降或损害消费者权益，从而损害企业的长期利益。因此，企业在实施成本领先策略时需要权衡成本控制与产品质量、消费者权益之间的关系。

（二）差异化策略

1. 差异化策略下的成本控制重点

差异化策略是企业通过提供独特的产品或服务来满足消费者的特殊需求，从而在市场竞争中取得优势的一种策略。在差异化策略下，成本控制同样重要，但控制的重点和方法与成本领先策略有所不同。差异化策略下的成本控制需要更加注重产品设计和研发阶段的成本控制。企业需要在保证产品独特性和质量的前提下尽可能降低设计和研发成本。这要求企业在产品设计和研发过程中注重创新性和经济性的平衡。

2. 差异化策略下成本控制的实践应用

在实践中，差异化策略下的成本控制被广泛应用于高科技产业、时尚产业等领域。例如，一些智能手机制造商通过独特的产品设计和创新的研发技术，成功打造了具有竞争力的差异化产品，并在市场上获得了高额利润。同时，这些企业也注重成本控制，通过优化生产流程、采用先进的生产工艺和技术等手段来降低生产成本，从而实现独特性与经济性的平衡。

（三）目标成本策略

1. 目标成本策略的核心与实施步骤

目标成本策略是企业根据市场需求和竞争状况设定一个目标成本，并通过各种手段实现该目标成本的一种策略。这种策略的核心是先确定一个具有竞争力的市场价格，然后倒推出目标成本，再通过成本控制活动来实现这一目标。要实现目标成本策略，企业需要首先进行市场调研和竞争分析以确定一个具有竞争力的市场价格，然后企业需要根据这个价格和目标利润来倒推出目标成本。

2. 目标成本策略的实践应用

在实践中，目标成本策略被广泛应用于制造业、服务业等领域。例如，一些汽车制造商在推出新车型时会设定一个具有竞争力的市场价格，并根据这个价格和目标利润来倒推出目标成本。然后，他们会通过优化生产流程、采用先进的生产工艺和技术、降低原材料消耗等手段来实现这个目标成本。通过实施目标成本策略，这些企业可以在市场上获得价格优势并提高盈利能力。

二、成本控制的实践

成本控制实践是企业将成本控制策略转化为具体行动的过程。在这个过程中，企业需要注重成本控制的组织与实施、常见问题以及效果的评价与改进。

（一）成本控制的组织与实施

1. 成本控制体系与组织结构的建设

成本控制的组织与实施是企业实现经济效益和市场竞争力的关键环节。为了有效实施成本控制，企业必须建立完善的成本控制体系和组织结构。这一体系应涵盖成本控制的各个方面，包括成本预算、成本核算、成本分析、成本控制措施等，确保企业在各个环节都能进行有效的成本控制。

在组织结构上，企业应设立专门的成本控制部门，负责成本控制的计划、执行、监督和考核。这个部门应与企业其他部门保持紧密的沟通和协作，确保成本控制活动能够协调一致地进行。同时，企业还应赋予成本控制部门足够的权力和资源，使其能够有效地推动成本控制工作的实施。

2. 成本控制活动的计划与执行

成本控制活动的计划与执行是成本控制体系的核心。企业应根据自身的经营特点和市场环境，制订详细的成本控制计划，明确成本控制的目标、措施和时间表。在执行过程中，企业应加强对成本控制活动的监督和考核，确保各项措施能够得到有效执行。

为了实现有效的成本控制，企业还可以采用一些先进的成本控制理念和方法，如作业成本法、目标成本法等。这些方法可以帮助企业更准确地核算成本，发现成本控制的潜力，并采取相应的措施进行改进。

（二）成本控制中的常见问题与应对措施

1. 成本控制制度不完善的问题与应对

在成本控制实践中，企业常常会遇到成本控制制度不完善的问题。这可能是由于企业在制定成本控制制度时缺乏全面的考虑和规划，导致制度存在漏洞和缺陷。为了解决这个问题，企业应定期对成本控制制度进行审查和修订，确保其能够适应市场环境的变化和企业发展的需要。

2. 成本控制执行不力的问题与应对

除了制度不完善外，成本控制执行不力也是企业在成本控制实践中常见的问题。这可能是由于企业在执行成本控制措施时缺乏有效的监督和考核，导致措施无法得到有效的执行。为了解决这个问题，企业应加强对成本控制执行的监督和考核力度，确保各项措施能够得到有效执行。同时，企业还可以采取一些激励措施来鼓励员工积极参与成本控制活动。

（三）成本控制效果的评价与改进

1. 成本控制效果的评价方法

成本控制效果的评价是成本控制实践的重要环节。企业需要定期对成本控制活动进行评价和考核，以了解成本控制的效果和存在的问题。在评价方法上，企业可以采用定量分析和定性分析相结合的方法。定量分析可以通过对比实际成本与预算成本、分析成本构成和变动趋势等方式进行；而定性分析则可以通过对成本控制活动的实施过程、员工参与度、客户满意度等方面进行评价。

2. 成本控制效果的改进措施

在评价成本控制效果后，企业需要采取相应的改进措施来提升成本控制的效果。具体的改进措施可以包括调整成本控制策略、优化成本控制流程、加强成本控制人员的培训和教育等。例如，如果企业发现某些产品的成本过高，可以考虑调整生产工艺或采购策略来降低成本；如果企业发现成本控制流程存在烦琐或不合理的地方，可以对流程进行优化和简化；如果企业发现成本控制人员的专业素质和技能水平有待提高，可以通过加强培训和教育来提升他们的能力。

三、成本控制的创新与发展

随着市场环境的不断变化和企业管理理念的不断更新，成本控制也在不断地创新和发展。

（一）战略成本控制

1. 战略成本控制的重要性

战略成本控制的核心在于其长远性和全局性的视角。它不仅仅关注短期的成本削减，而是更注重如何通过成本控制来支持企业的长期发展战略。这种成本控制方式要求企业在制定发展战略时，必须充分考虑成本控制的因素，确保成本控制与战略管理之间的紧密结合。通过这种方式，企业可以在追求长期发展的同时，实现成本的有效控制和优化。

2. 实现战略成本控制的关键要素

要实现战略成本控制，企业需要关注几个关键要素。企业需要建立一种跨部门的协作机制，确保成本控制活动与企业的其他战略活动之间的紧密配合。这种协作机制可以促进不同部门之间的信息共享和资源整合，从而提高成本控制的效果和效率。

企业需要注重成本控制的长期性和持续性。这意味着企业不能仅仅关注短期的成本削减，而应该更加注重如何通过持续的成本控制来实现长期的成本优化和效益提升。为此，企业需要建立一种长期的成本控制机制，并持续地对其进行改进和优化。

企业需要注重成本控制与战略管理之间的相互促进和共同发展。这意味着企业需要将成本控制纳入战略管理的范畴，并确保两者之间的紧密配合和相互促进。通过这种方式，企业可以实现成本控制与战略管理的双赢。

（二）精益成本控制

1. 精益成本控制的核心思想与原则

精益成本控制的核心思想在于其精细化和系统化的视角。它要求企业对成本控制活动进行详细的分解和细化，找出其中的浪费和无效环节，并采取相应的措施进行改进和优化。通过这种方式，企业可以逐步消除浪费，提高资源的利用效率，从而实现成本的最小化。

精益成本控制的原则包括：以客户为中心，关注客户的需求和满意度；注重过程的优化和改进，消除无效和浪费的环节；强调团队合作和跨部门协作，实现资源的共享和整合；以及注重持续改进和创新，不断适应变化的环境和需求。

2. 实现精益成本控制的关键步骤与方法

要实现精益成本控制，企业需要关注几个关键步骤和方法。企业需要对现有的成本控制活动进行全面的分析和评估，找出其中的浪费和无效环节。这可以通过对成本控制数据的详细分析和对生产过程的实地考察来实现。

企业需要采取相应的措施进行改进和优化。这可以包括优化生产流程、提高设备利用率、减少库存和物流成本等。通过这些措施的实施，企业可以逐步消除浪费，提高资源的利用效率。

企业需要加强成本控制与生产管理、质量管理等其他管理活动之间的协同和配合。这意味着企业需要将精益成本控制的理念和方法融入其他管理活动中，实现成本控制的整体优化。

(三)数字化成本控制

1. 数字化成本控制的核心思想与优势

数字化成本控制的核心思想在于其数字化和智能化的视角。它要求企业利用现代信息技术,对成本控制活动进行数字化管理,实现成本控制数据的实时采集、分析和处理。通过这种方式,企业可以更加准确地掌握成本控制的情况,及时发现和解决问题,提高成本控制的效率和准确性。

数字化成本控制的优势在于其可以提高成本控制的效率和准确性,减少人为错误和疏漏。同时,数字化成本控制还可以帮助企业更好地进行市场预测和定制化生产,从而满足客户的个性化需求,提高企业的市场竞争力。

2. 实现数字化成本控制的关键步骤与方法

要实现数字化成本控制,企业需要关注几个关键步骤和方法。企业需要建立完善的数字化成本控制平台和系统,实现成本控制数据的实时采集、分析和处理。这需要企业投入一定的资金和技术力量,但长期来看,这将为企业带来更大的收益。

企业需要加强数字化成本控制人才的培养和引进。数字化成本控制需要具备一定的信息技术和成本控制知识的人才来实施和管理。因此,企业需要加强内部培训,提高员工的信息技术和成本控制能力,同时积极引进外部的专业人才,为企业的数字化成本控制提供有力的人才保障。

第五章　成本分析与核算

第一节　成本性态分析与变动成本法

一、成本性态分析

成本性态分析是管理会计中一项基础而重要的工作，它通过对成本按其与业务量之间的关系进行分类，揭示了成本变动的内在规律，为企业决策提供了有力的支持。

（一）成本性态分析的方法

成本性态分析的方法主要包括高低点法、散布图法、回归分析法等。这些方法都是基于历史成本数据进行分析的，通过收集和分析历史成本数据，可以识别出成本中的固定部分和变动部分，从而建立成本性态模型。

高低点法是通过选取历史成本数据中的最高点和最低点，来计算单位变动成本和固定成本的方法。散布图法则是将历史成本数据绘制成散布图，通过观察数据点的分布规律来判断成本的性态。回归分析法则是利用统计回归的方法来建立成本性态模型，通过模型可以预测在不同业务量下的成本水平。

（二）成本性态分析的应用

成本性态分析在企业管理中有着广泛的应用。它不仅可以帮助企业制定更为准确的预算和计划，还能为企业进行本量利分析、产品定价决策、成本控制等提供重要依据。

成本性态分析可以帮助企业优化资源配置。通过识别固定成本和变动成本，企业可以更加合理地配置资源，减少不必要的浪费，提高资源利用效率。例如，对于固定成本较高的设备，企业可以通过提高设备利用率来降低单位产品的固定成本。

成本性态分析可以帮助企业制定科学的预算。基于成本性态分析的结果，企业可以制定出更加科学合理的预算。通过预测在不同业务量下的成本水平，企业可以更加准确地制定出未来的成本预算，为企业的生产经营活动提供有力的财务支持。

成本性态分析还可以支持企业的决策制定。成本性态分析为企业提供了成本变动的内在规律，有助于企业在制定产品价格、选择生产方式、评估投资项目等方面做出更加明智的决策。例如，在进行产品定价时，企业需要考虑产品的成本构成和变动规律，以确保定价的合理性和盈利性。同时，在选择生产方式和评估投资项目时，企业也需要考虑成本因素，以确保选择的方案具有经济性和可行性。

二、变动成本法

变动成本法是一种管理会计中确定产品成本和计算损益的方法，它强调只将变动成本计入产品成本，而固定成本则作为期间费用在当期全额扣除。

（一）变动成本法的特点与适用范围

1. 特点

变动成本法的核心在于其独特的成本计算方式。在这种方法下，产品成本主要涵盖变动生产成本，包括直接材料、直接人工以及变动制造费用，而固定生产成本则被视为期间费用进行处理。这种处理方式凸显了产量与成本之间的直接联系，使得企业能够更精确地评估在不同产量水平下的盈利能力。同时，变动成本法还简化了成本核算流程，提升了成本信息的时效性和相关性，为企业决策提供了有力支持。

2. 适用范围

变动成本法主要适用于那些直接材料成本占比较大、固定成本相对较低、产品种类较少且生产规模适中的企业。在一定生产范围内，这类企业的成本随生产数量的变化而呈线性变动，这使得变动成本法能够提供更为精确的成本信息。此外，对于那些需要频繁调整产品价格以应对市场竞争的企业而言，变动成本法也显得尤为适用，因为它能够帮助企业更迅速地识别出价格变动对产品盈利能力所产生的影响。

（二）变动成本法与完全成本法的比较

变动成本法与完全成本法在成本计算、损益确定以及决策支持等方面均存在显著差异。

1. 成本计算差异

在变动成本法下，产品成本仅包括变动生产成本，如直接材料、直接人工和变动制造费用。而在完全成本法下，产品成本则涵盖了全部生产成本，包括直接材料、直接人工以及全部制造费用（无论固定还是变动）。这意味着在完全成本法下，固定制造费用也会被计入产品成本之中。

2. 损益确定差异

在变动成本法下，固定成本作为期间费用在当期全额扣除，因此营业利润会随销售量的变化而波动。而在完全成本法下，固定成本被分摊到产品成本中，并在产品销售时逐渐扣除。这导致营业利润可能受到期末存货中固定成本的影响，因为存货中包含了部分未实现的固定成本。

3. 决策支持差异

变动成本法提供的成本信息更加直接和及时，因此它更适用于短期决策和成本控制。企业可以根据变动成本信息迅速调整生产计划和定价策略，以应对市场变化。而完全成本法则更适用于长期决策和对外财务报告的编制，因为它提供了更全面的成本信息，包括固定成本和变动成本。

第二节　作业成本法与成本动因的分析

一、作业成本法

作业成本法（Activity-Based Costing，ABC）是一种先进的成本计算方法和管理工具，这种方法不仅提高了成本计算的准确性，还为企业提供了更为深入的成本管理视角。

（一）作业成本法的基本原理与流程

作业成本法作为一种先进的成本管理方法，其核心在于更加精确地识别和分配生产经营过程中的成本。这种方法的基本原理可以概括为"产品消耗作业，作业消耗资源"。这意味着，企业的生产经营活动是由一系列具体作业构成的，这些作业在消耗各种资源的同时，也产生了相应的成本。而产品则是通过消耗这些作业来间接消耗资源，从而形成了产品的成本。基于这一基本原理，作业成本法的计算流程通常包括以下几个关键步骤：

1. 确认作业，建立作业成本库

作业成本法的第一步是对企业生产经营过程中的各项作业进行识别和确认。这一步骤要求企业对其生产经营活动进行深入分析，将整个生产过程分解为一系列具体的、可识别的作业单元。这些作业单元可能是某个生产环节、某个工序、某个操作等。

在识别和确认作业的基础上，企业需要根据作业的性质和成本归属建立相应的作业成本库。作业成本库是归集作业成本的基础，它反映了某项作业所消耗的资源成本。通过建立作业成本库，企业可以将各项作业的成本进行单独归集和管理，为后续的成本分配和成本控制打下基础。

2. 选择资源动因，确认与计量各类资源的耗费

资源动因是驱动资源消耗的因素，它反映了作业对资源的需求强度和频率。在选择资源动因时，企业需要考虑资源的消耗与作业之间的关系，选择能够准确反映资源消耗

情况的动因作为计量基础。

确认和计量各类资源的耗费是作业成本法的关键环节之一。企业需要根据资源动因来确认和计量各类资源的耗费情况，包括直接材料、直接人工、制造费用等。这一步骤要求企业对资源消耗进行准确计量，并将资源成本分配到相应的作业成本库中。

3. 计算作业成本分配率

作业成本分配率是指单位作业所消耗的资源成本。这一步骤是后续将作业成本分配到产品中的关键。企业可以通过将作业成本库中的成本总额除以该成本库的成本动因总数来计算得到作业成本分配率。

作业成本分配率的计算需要确保准确性和合理性。企业需要对成本动因进行准确计量，并考虑成本动因与作业成本之间的线性关系。通过合理的计算，企业可以得到每个作业的成本分配率，为后续的成本分配提供基础。

4. 将作业成本分配到产品中

这一步骤要求企业根据产品所消耗的作业量以及作业成本分配率，将作业成本准确地分配到每个产品中。

在分配作业成本时，企业需要考虑产品对作业的消耗情况。不同的产品可能消耗不同的作业量，因此需要根据实际消耗情况将作业成本分配到产品中。通过汇总各产品所承担的作业成本，企业可以得到产品的总成本和单位成本，为后续的成本管理和决策提供依据。

（二）作业成本法在产品成本计算中的应用

作业成本法在产品成本计算中的应用主要体现在以下几个方面。

1. 提高成本计算的准确性

作业成本法通过识别具体的作业和成本动因，实现了成本在不同产品之间的更精确分配。它考虑了不同产品对作业的消耗差异和成本动因的差异，从而能够更准确地计算产品的成本。这种精确的成本计算为企业提供了更为可靠的成本信息，支持企业的定价、盈利分析和成本控制等决策。

2. 促进成本控制和改进

通过作业成本法，企业可以清晰地了解各项作业的成本构成和消耗情况，从而发现成本控制的关键点和改进空间。企业可以针对高成本作业进行优化或替代，以降低整体成本并提高经济效益。

作业成本法还可以促进企业的成本改进。通过对作业成本的分析和比较，企业可以发现哪些作业是成本较高的、哪些作业是效率较低的，从而可以针对不同作业进行改进和优化。这种基于作业成本法的成本改进为企业提供了更为具体和有针对性的改进方向和方法，支持企业的持续改进和创新。

二、成本动因的分析

成本动因是导致成本发生或变化的直接因素，它是作业成本法中的核心概念之一。对成本动因进行深入分析和准确识别，对于提高成本计算的准确性和优化成本管理具有重要意义。

（一）成本动因的识别

1. 资源动因的识别

资源动因是驱动资源消耗的关键因素，它直观地反映了作业对资源的需求强度和频率。在识别资源动因时，企业需要深入剖析生产经营过程中的各个环节，明确哪些因素导致了资源的消耗。这些因素包括生产设备的运行时间、原材料的使用量、劳动力的投入等。

2. 作业动因的识别

作业动因是驱动作业成本发生的核心因素，它揭示了成本对象对作业的需求强度和频率。在识别作业动因时，企业需要关注产品是如何消耗作业的，以及哪些因素导致了作业成本的发生。这些因素可能包括产品的生产数量、生产过程中的工序数量、作业时间的长度等。

3. 成本对象动因的识别与特殊情况处理

在某些特定情况下，企业还需要考虑成本对象之间的相互影响和成本转移问题。这时，成本对象动因就应运而生，它用于反映这种影响，并有助于企业更准确地计算各成本对象的最终成本。在识别成本对象动因时，企业需要关注不同成本对象之间的相互作用和成本传递机制。

当企业面临多个成本对象相互影响时，可以采用成本对象动因来进行成本分配和调整。例如，如果某个产品的生产过程中需要使用到其他产品的半成品或零部件，那么就需要考虑这些半成品或零部件的成本转移问题。通过引入成本对象动因，企业可以更准确地计算各个产品的成本，并做出更合理的决策。

（二）成本动因对作业成本的影响分析

成本动因对作业成本的影响是多方面的，它不仅决定了成本分配的准确性，还影响着成本控制的有效性和成本决策的合理性。

1. 成本分配的准确性

成本动因的选择直接影响成本分配的准确性。合理的成本动因能够更准确地反映作业对资源的消耗情况，从而确保成本在不同产品之间的合理分配。例如，如果企业选择生产设备的运行时间作为资源动因来分配电费成本，那么就能够更准确地反映不同产品对电费的消耗情况。相反，不合理的成本动因则可能导致成本分配失真，使得某些产品承担过多的成本，而其他产品则承担过少的成本，从而影响企业的决策效果。

2. 成本控制的有效性

通过对成本动因的分析，企业可以发现成本控制的关键点和改进空间。例如，如果某项作业的成本动因是时间或次数等可控因素，那么企业就可以通过优化作业流程、减少作业时间或次数等方式来降低作业成本。这种基于成本动因的成本控制方法更加直接和有效，能够帮助企业更好地控制成本并提高经济效益。

3. 成本决策的合理性

成本动因的分析还为企业提供了更为详细和准确的成本信息，有助于企业做出更合理的成本决策。例如，在产品定价决策中，企业可以根据不同产品的成本结构和市场定位来制定差异化的定价策略。通过了解不同产品的成本动因和成本构成情况，企业可以更加准确地评估产品的成本水平，并制定出更加符合市场需求的定价策略。在投资决策中，企业则可以根据项目的成本动因来评估其经济效益和风险水平。通过了解项目的成本构成和主要成本动因，企业可以更加准确地预测项目的未来成本情况，并做出更加明智的投资决策。

第三节 成本差异的分析与控制

一、成本差异的分析

成本差异分析是企业管理中的一项重要活动，它旨在揭示实际成本与预期成本之间的差异，并探究这些差异产生的原因。通过深入的成本差异分析，企业可以更加准确地了解自身的成本状况，为制定有效的成本控制策略提供有力支持。

（一）成本差异的类型与计算方法

1. 成本差异的类型

成本差异可以根据不同的分类标准划分为多种类型。其中，最常见的包括材料成本差异、人工成本差异和制造费用差异。

（1）材料成本差异：其反映了企业在材料采购过程中实际成本与预期成本的偏离程度。材料成本差异由材料价格变动、材料质量差异、材料消耗量变动等多种因素导致。

（2）人工成本差异：其体现了企业在使用人工过程中实际成本与预期成本的差异。人工成本差异的原因涉及员工工作效率、工资水平变动、工时利用率等。例如，员工工作效率的下降或工资水平的上升都可能导致实际人工成本高于预期成本。

（3）制造费用差异：其显示了企业在制造过程中实际成本与预期成本的差异。制造费用差异的原因包括设备维护费用、能源消耗、生产规模变动等。

2. 成本差异的计算方法

计算成本差异的方法通常涉及两个关键指标：实际成本和标准成本（或预期成本）。实际成本是企业在生产经营过程中实际发生的成本，而标准成本则是根据企业的成本标准和历史数据计算得出的预期成本。

具体来说，成本差异的计算公式为：成本差异=实际成本－标准成本。这个公式适用于所有类型的成本差异计算。如果实际成本高于标准成本，则产生正差异，表示实际成本超出了预期成本；反之，则产生负差异，表示实际成本低于预期成本。

（二）成本差异的原因分析

1. 材料成本差异的原因分析

（1）材料价格变动：市场价格的波动会导致企业实际采购价格高于或低于预期价格，从而产生材料成本差异。例如，原材料市场价格的上涨会导致企业实际采购成本增加，进而产生正的材料成本差异。

（2）材料质量差异：不同批次的材料质量可能存在差异，这就导致实际使用过程中的材料消耗量与预期不符，从而产生材料成本差异。例如，如果实际采购的材料质量低于预期，那么就需要使用更多的材料才能达到预期的生产效果，这将导致材料成本增加。

（3）材料消耗量变动：生产过程中的材料消耗量受到多种因素的影响，如生产工艺的改进、员工操作技能的提高等。这些因素导致实际材料消耗量与预期存在差异，从而产生材料成本差异。

2. 人工成本差异的原因分析

（1）员工工作效率：员工的工作效率直接影响人工成本的消耗。如果员工的工作效率下降，那么完成相同的工作任务将需要更多的时间和劳动力，从而导致实际人工成本高于预期成本。

（2）工资水平变动：工资水平的变动也是导致人工成本差异的重要原因。如果企业的工资水平上升，那么实际支付的人工成本将高于预期成本。此外，如果企业的工资结构或福利政策发生变化，也会导致人工成本差异的产生。

（3）工时利用率：工时利用率反映了员工实际工作时间与总工作时间的比例。如果工时利用率下降，那么实际支付的人工成本将高于预期成本，因为企业需要支付更多的工资来弥补员工非生产性的时间损失。

3. 制造费用差异的原因分析

（1）设备维护费用：设备的维护状况直接影响其运行效率和生产成本。如果设备的维护费用增加，那么实际制造费用将高于预期费用。例如，如果设备需要更频繁的维修或更换部件，那么将导致制造费用增加。

（2）能源消耗：能源消耗是制造过程中的一项重要成本。如果能源消耗量增加或能源价格上涨，那么实际制造费用将高于预期费用。例如，如果生产过程中使用的电力或燃气价格上涨，那么将导致制造费用增加。

（3）生产规模变动：生产规模的变动也会影响制造费用。如果生产规模扩大，那么就需要增加设备、人员等生产要素的投入，从而导致实际制造费用高于预期费用。相反，如果生产规模缩小，那么就会减少生产要素的投入，从而降低实际制造费用。

二、成本差异的控制

成本差异控制是企业成本管理的重要环节，它旨在通过制定和实施有效的控制策略和方法，将实际成本与预期成本的差异控制在合理的范围内。

（一）成本差异控制的策略与方法

1. 制定严格的成本控制标准

成本控制标准是企业进行成本控制的基础和依据。制定科学合理的成本控制标准，对于指导企业的生产经营活动、规范成本管理行为具有重要意义。

（1）明确成本控制的目标和原则

企业应根据自身的生产特点和市场环境，明确成本控制的目标，如降低成本、提高效益等。同时，还应确立成本控制的原则，如全面性原则、经济性原则、责权利相结合原则等，以确保成本控制工作的有序进行。

（2）确定成本控制的具体指标和限额

在明确成本控制目标和原则的基础上，企业应进一步确定各类成本的具体指标和限额，如材料消耗定额、工时消耗定额、费用开支限额等。这些指标和限额应具有可操作性和可衡量性，以便企业进行有效的成本控制。

（3）建立成本控制的责任制度

为了确保成本控制标准的贯彻执行，企业应建立成本控制的责任制度，明确各部门、各岗位在成本控制中的职责和权限。同时，还应将成本控制责任与员工的经济利益挂钩，以增强员工参与成本控制的积极性和责任感。

2. 加强成本预算与核算

成本预算与核算是企业进行成本控制的重要手段。通过预算控制，企业可以合理预测和规划未来的成本支出；通过核算分析，企业可以及时发现并纠正实际成本与预算成本的偏差。

（1）建立完善的成本预算体系

企业应根据自身的生产经营计划和市场环境，建立完善的成本预算体系。该体系应包括成本预算的编制、审批、执行、调整等环节，以确保成本预算的科学性和合理性。

（2）加强成本预算的执行与监控

在成本预算执行过程中，企业应加强对各部门、各岗位成本预算执行情况的监控和管理。对于超预算或预算执行情况不佳的部门或岗位，应及时进行分析和处理，以确保成本预算的有效执行。

（3）进行成本核算与分析

企业应建立完善的成本核算体系，对各项成本进行准确的核算和分析。通过成本核算，企业可以了解实际成本的构成和变动情况；通过成本分析，企业可以及时发现成本差异的原因和趋势，为制定针对性的控制措施提供有力支持。

3. 实施成本节约措施

成本节约是企业提高经济效益的重要途径。企业应积极寻求成本节约的途径和方法，以降低生产成本、提高市场竞争力。

（1）改进生产工艺和技术

企业应关注生产工艺和技术的改进和创新，以提高生产效率和降低生产成本。例如，通过引进先进的生产设备和技术、优化生产流程、提高自动化程度等方式，可以降低材料消耗和人工成本。

（2）提高设备利用率和减少维护成本

企业应加强对生产设备的管理和维护，提高设备的利用率和减少维护成本。例如，通过定期对设备进行检修和保养、合理安排生产计划以避免设备闲置等方式，可以降低设备的维护成本和故障率。

(3) 优化物流管理和降低库存成本

企业应关注物流管理的优化和降低库存成本。例如，通过优化物流配送路线、提高物流效率、合理控制库存量等方式，可以降低物流成本和库存成本。

4. 建立成本差异分析机制

成本差异分析是企业进行成本控制的重要环节。通过建立定期的成本差异分析机制，企业可以及时发现成本差异的原因和趋势，为制定针对性的控制措施提供有力支持。

（1）确定成本差异分析的对象和范围

企业应明确成本差异分析的对象和范围，包括各类成本项目、成本差异的类型和程度等。这样可以确保分析的针对性和有效性。

（2）采用科学的分析方法和技术

在进行成本差异分析时，企业应采用科学的分析方法和技术，如比较分析法、因素分析法、趋势分析法等。这些方法可以帮助企业深入剖析成本差异的原因和趋势。

（3）制定针对性的控制措施

根据成本差异分析的结果，企业应制定针对性的控制措施，以消除或缩小成本差异。例如，对于材料成本差异，企业可以通过调整采购策略、优化库存管理等方式进行控制；对于人工成本差异，企业可以通过提高员工工作效率、调整工资结构等方式进行控制。

（二）成本差异控制的实施与效果评价

在实施成本差异控制策略时，企业需要注重策略的可行性和有效性，并建立一套科学合理的评价指标体系来评价控制效果。

1. 注重策略的可行性和有效性

企业在选择成本差异控制策略时，应充分考虑自身的实际情况和市场环境。策略的选择应具有可行性和有效性，能够在实际生产经营中得到有效执行并取得预期效果。

2. 建立科学合理的评价指标体系

为了评价成本差异控制的效果，企业需要建立一套科学合理的评价指标体系。这些指标应能够全面反映企业成本控制的实际状况和效果。

（1）成本降低率

该指标反映了企业通过成本控制措施实现的成本降低程度。通过计算实际成本与预期成本的差额与预期成本的比例，可以评估成本控制的效果。

（2）成本差异率

该指标反映了实际成本与预期成本的差异程度。通过计算实际成本与预期成本的差额与预期成本的比例，可以了解成本差异的大小和趋势。

（3）成本控制贡献率

该指标反映了成本控制对企业经济效益的贡献程度。通过计算成本控制所带来的效益增加额与企业总效益的比例，可以评估成本控制对企业发展的重要性。

第四节 成本核算的流程与方法

一、成本核算的流程

成本核算作为企业管理中的重要环节，其流程涉及从生产费用发生到计算出完工产品总成本和单位成本的整个过程。

（一）成本核算的基本步骤与程序

1. 生产费用支出的审核

成本核算的第一步是对生产过程中的各项费用支出进行审核，确认其是否真实发生、是否合理，并判断其是否应计入产品成本。这一步骤确保了成本核算数据的准确性和可靠性。

2. 确定成本计算对象和成本项目，开设产品成本明细账

根据企业的生产特点和管理要求，明确成本核算的对象（如产品品种、批别、生产步骤等），并据此设置相应的成本项目。随后，开设产品成本明细账，用于归集和分配生产费用。

3. 进行要素费用的分配

将直接材料费、直接人工费等要素费用按照成本计算对象进行分配，确保各项费用能够准确计入相应的产品成本中。

4. 进行综合费用的分配

对于制造费用等间接费用，需按照一定标准（如工时、机器工时、直接人工费用等）在各成本计算对象之间进行分配，以反映各产品应承担的间接费用。

5. 进行完工产品成本与在产品成本的划分

在月末或产品完工时，需要将生产费用在完工产品和在产品之间进行合理划分，确保完工产品成本的准确性。

6. 计算产品的总成本和单位成本

根据以上步骤，汇总计算出各产品的总成本和单位成本，为企业的成本管理、定价决策等提供重要依据。

（二）成本核算的账户设置与账务处理

1. 账户设置

成本核算需要设置一系列账户来反映生产费用的发生、归集和分配情况。主要包括"生产成本"账户（用于归集产品生产过程中发生的各项费用）、"制造费用"账户（用于归集不能直接计入产品成本的间接费用）、"原材料"账户（反映原材料的采购和消耗情况）、"应付职工薪酬"账户（反映生产人员薪酬的计提和支付情况）等。

2. 账务处理

在成本核算过程中，需要按照会计准则和企业会计制度的要求进行账务处理。具体包括：根据原始凭证编制记账凭证，将各项费用计入相应账户；定期汇总各账户余额，编制成本计算表，计算产品总成本和单位成本；根据成本核算结果编制相关财务报表，如成本报表、利润表等。

二、成本核算的方法

成本核算方法多种多样，各有特点，适用于不同类型的企业和产品。

（一）成本核算方法的比较与选择

1. 品种法

品种法以产品品种作为成本计算对象，适用于单步骤生产或管理上不要求分步计算成本的多步骤生产。其特点在于成本计算对象明确，成本计算期固定，通常按月进行。品种法计算简便，适用于大量大批生产的企业。

2. 分批法

分批法以产品的批别或订单作为成本计算对象，适用于单件、小批生产类型的企业。其成本计算期不固定，一般与产品生产周期一致。分批法能够准确反映各批产品的成本情况，但计算工作相对复杂。

3. 分步法

分步法以产品的生产步骤和产品品种作为成本计算对象，适用于连续加工式生产的企业。分步法需要按月定期计算成本，并将生产费用在完工产品和在产品之间进行分配。分步法能够详细反映各步骤的成本情况，适用于大量大批多步骤生产的企业。

（二）成本核算方法的实际应用与案例分析

案例一：品种法的应用

某企业生产 A、B 两种产品，采用品种法进行成本核算。该企业每月末计算产品成本，将直接材料费、直接人工费和制造费用按照产品品种进行归集和分配。通过品种法核算，企业能够清晰地了解每种产品的成本构成和盈利水平，为产品定价和成本控制提供了有力支持。

案例二：分批法的应用

某重型机床制造企业接受客户定制订单生产机床，采用分批法进行成本核算。企业根据订单要求组织生产，将生产费用按照订单批别进行归集和分配。由于每批订单的生产周期和复杂程度不同，分批法能够准确反映每批订单的成本情况，有助于企业合理定价和进行成本控制。

案例三：分步法的应用

某纺织企业采用分步法进行成本核算。该企业生产过程分为纺纱、织布、印染等多个步骤，每个步骤都形成半成品并最终生产出成品布。企业按月定期计算成本，将生产费用在各步骤之间进行分配，并在完工产品和在产品之间进行划分。通过分步法核算，企业能够详细掌握各步骤的成本情况，为生产管理和成本控制提供了重要依据。

第六章 成本预算与计划

第一节 成本预算的编制方法与技巧

一、成本预算的基本概念与重要性

（一）成本预算的定义

成本预算是把估算的总成本分配到各个工作细目，以建立预算、标准和检测系统的过程。成本预算是一个复杂而细致的过程，它要求企业对其生产经营活动中可能发生的各种耗费进行事先的、全面的预计。这包括直接材料成本、直接人工成本、制造费用以及期间费用（如销售费用、管理费用和财务费用）等。通过成本预算，企业能够明确未来一段时间内成本的预期水平，并据此制定出相应的控制措施，以实现成本的有效控制和管理。

（二）成本预算在企业管理中的作用

成本预算在企业管理中发挥着举足轻重的作用，它不仅仅是一个简单的财务预测工具，更是企业优化资源配置、降低成本风险、提高经营效率、促进业绩评价以及支持战略决策的重要手段。

1. 优化资源配置的基石

成本预算能够确保企业资源在各部门之间得到合理的分配和使用。通过预算的制定和执行，企业可以清晰地了解到各部门、各产品线的资源需求和消耗情况，从而根据企业的整体战略目标和市场环境，对资源进行有效的配置和调整。这不仅可以避免资源的浪费和低效使用，还可以提高企业的整体运营效率和市场竞争力。

2. 降低成本风险的利器

成本预算可以帮助企业预测未来成本支出的变化趋势，从而及时采取措施降低潜在的成本风险。通过预算的制定和执行，企业可以及时发现成本支出中的异常和波动，并对其进行深入的分析和研究。这有助于企业识别出潜在的成本风险点，并采取相应的措施进行预防和控制，从而降低企业的成本风险。

3. 促进业绩评价的标尺

成本预算可以作为评价企业各部门业绩的标准，有助于激励各部门降低成本、提高效益。通过将实际成本与预算成本进行对比和分析，企业可以清晰地了解到各部门的成本控制情况和业绩表现。这有助于企业对各部门进行客观的业绩评价，并据此制定出相应的激励和约束机制，激励各部门积极降低成本、提高效益。

4. 支持战略决策的信息源泉

成本预算为企业制定长期发展战略和短期经营计划提供了重要的成本信息支持。通过预算的制定和执行，企业可以积累大量的成本数据和信息，这些数据和信息是企业制定战略决策的重要依据。企业可以根据这些成本数据和信息，分析出不同战略方案的成本效益情况，从而制定出更加科学、合理的战略决策。同时，成本预算还可以为企业提供短期的经营计划支持，帮助企业更好地应对市场变化和挑战。

二、成本预算的编制方法

成本预算是企业财务管理的重要环节，它涉及企业未来一定时期内的成本支出规划。为了制定合理、有效的成本预算，企业需要采用科学的预算编制方法。

（一）零基预算法

1. 定义

零基预算法，顾名思义，是一种不考虑以往会计期间所发生的费用项目或费用数额的预算编制方法。它一切以零为出发点，从实际需要逐项审议预算期内各项费用的内容及开支标准是否合理，进而在综合平衡的基础上编制费用预算。

2. 优点

零基预算法的最大优点在于其能够避免前期不合理费用支出对本期预算的影响。由于它不考虑历史数据，因此不会受到以往不合理支出的束缚，从而使预算更加合理和准确。

3. 缺点

首先，它需要耗费大量的人力和时间进行逐项审议。由于要对每一项费用进行细致的审查和评估，因此预算编制过程相对烦琐和耗时。其次，零基预算法会忽视企业长期发展的战略需要。由于它只关注未来的实际需要和合理性，因此会忽略一些对企业长期发展有利的战略性投资。

4. 适用场景

零基预算法适用于费用预算项目较多且费用支出复杂的企业。对于这类企业来说，传统的增量预算法无法准确反映未来的实际需要和合理性，而零基预算法则能够提供更加准确和细致的预算编制方案。

（二）增量预算法

1. 定义

增量预算法是一种以基期成本费用水平为基础，结合预算期业务量水平及有关降低成本的措施，通过调整有关费用项目而编制预算的方法。

2. 优点

增量预算法的最大优点在于其简单易行。由于它是以历史数据为基础进行调整的，因此预算编制过程相对简单和快捷。

3. 缺点

首先，它会导致企业忽视成本控制的重要性。由于前期的不合理支出会被延续到本期预算中，因此企业缺乏足够的动力去降低成本。其次，增量预算法无法准确反映未来的实际需要和合理性。由于它是以历史数据为基础进行调整的，因此无法充分考虑到未来业务环境的变化和不确定性。

4. 适用场景

增量预算法适用于业务量相对稳定、成本支出变化不大的企业。对于这类企业来说，增量预算法能够提供简单、快捷的预算编制方案，并能够满足其基本的预算管理需求。

（三）弹性预算法

1. 定义

弹性预算法是在按照成本（费用）习性分类的基础上，根据量、本、利之间的依存关系编制的预算。

2. 优点

弹性预算法的最大优点在于其能够适应不同业务量水平的变化。由于它考虑了成本（费用）与业务量之间的依存关系，因此能够根据不同的业务量水平来调整预算，从而使预算更加具有灵活性和适应性。

3. 缺点

首先，它的编制过程相对复杂。由于需要对成本习性进行深入分析，并准确预测不同业务量水平下的成本支出情况，因此预算编制过程相对烦琐和耗时。其次，弹性预算法会受到一些主观因素的影响。由于它需要考虑未来业务量的变化，因此会受到一些不确定性和主观判断的影响，导致预算的准确性受到一定的影响。

4. 适用场景

弹性预算法适用于与业务量有关的成本（费用）预算的编制。对于这类企业来说，弹性预算法能够提供更加准确和灵活的预算编制方案，并能够满足其不同业务量水平下的成本管理需求。

（四）滚动预算法

1. 定义

滚动预算法，又称连续预算或永续预算，是指在编制预算时，将预算期与会计年度脱离，随着预算的执行不断延伸补充预算，逐期向后滚动，使预算期永远保持为一个固定期间的一种预算编制方法。

2. 优点

滚动预算法的最大优点在于其能够保持预算的连续性和完整性。由于它随着时间的推移不断调整和修订预算，因此能够使企业管理者随时了解未来一定时期内的成本支出情况，并做出相应的决策和调整。

3. 缺点

首先，它的编制工作量较大。由于需要不断对预算进行调整和修订，因此预算编制过程相对烦琐和耗时。其次，滚动预算法会受到一些不确定因素的影响。由于它需要考虑未来的预测和规划，因此会受到一些不确定性和风险的影响，导致预算的准确性受到一定的影响。

4. 适用场景

滚动预算法适用于经营环境多变、业务活动频繁的企业。对于这类企业来说，滚动预算法能够提供更加灵活和适应性的预算编制方案，并能够满足其不断变化的成本管理需求。

三、成本预算编制的技巧

成本预算编制是企业财务管理中的一项重要任务，它要求企业根据自身的经营环境和条件，对未来一定时期内的成本支出进行合理、准确的预测和规划。为了编制出高质量的成本预算，企业需要掌握一些技巧和方法。

（一）数据收集与整理

1. 数据收集的全面性与准确性

在编制成本预算时，首要的任务是收集与成本相关的各种数据和信息。这些数据和信息应该涵盖企业历史成本数据、市场价格信息、生产计划、销售预测等多个方面。历史成本数据可以提供企业过去成本支出的实际情况,为编制预算提供参考;市场价格信息则反映了企业采购原材料、销售产品等经济活动的市场价格水平,是编制预算的重要依据;生产计划和销售预测则分别反映了企业未来生产活动和销售活动的规模,是编制预算的基础。

在收集数据的过程中,企业需要确保数据的全面性和准确性。全面性要求企业收集的数据应该覆盖所有与成本相关的方面;准确性则要求企业收集的数据应该真实可靠,没有虚假和误导性的信息。为了确保数据的准确性,企业需要对收集到的数据进行清洗和校验,剔除错误和异常的数据,确保数据的真实性和可靠性。

2. 数据整理的条理性与便捷性

收集到数据后,企业需要对这些数据进行整理和分析。整理的目的是将收集到的数据按照一定的分类和顺序进行排列,使其更加条理清晰、易于理解和分析。在整理数据的过程中,企业可以采用表格、图表等形式将数据呈现出来,以便更加直观地了解数据的分布和特征。

同时,为了方便后续的成本预算编制工作,企业需要将整理好的数据进行存储和管理。存储和管理的方式可以根据企业的实际情况进行选择,例如可以采用电子表格、数据库等形式进行存储和管理。无论采用何种方式,都需要确保数据的便捷性和易用性,以便在编制成本预算时能够快速地找到所需的数据和信息。

(二)预算假设的设定

1. 预算假设的合理性与可行性

在编制成本预算时,企业需要设定一些预算假设来模拟未来的经营环境和条件。这些预算假设包括销售量、销售价格、生产成本等多个方面。设定预算假设的目的是使成本预算更加符合未来的实际情况,提高预算的准确性和可行性。

在设定预算假设时,企业需要充分考虑各种因素和影响,确保预算假设的合理性和可行性。例如,在设定销售量时,企业需要考虑市场需求、竞争对手、营销策略等多个因素;在设定生产成本时,企业需要考虑原材料价格、人工成本、生产效率等多个因素。只有充分考虑了各种因素和影响,才能设定出合理、可行的预算假设。

2. 预算假设的灵活性与适应性

由于未来的经营环境和条件可能会发生变化,因此预算假设也需要随之进行调整和修订。在设定预算假设时,企业需要充分考虑未来的不确定性和风险因素,以便在实际情况发生变化时能够及时调整和修订预算假设。

同时,为了适应不同的经营环境和条件,企业还可以设定多个不同的预算假设方案。

这些方案可以分别反映不同的市场环境、销售策略、生产成本等情况下的成本预算情况。通过比较和分析这些不同的方案，企业可以选择最适合自身实际情况的预算方案进行编制和实施。

（三）预算编制中的沟通协调

1. 沟通协调的重要性

在编制成本预算的过程中，企业内部的各个部门之间需要进行充分的沟通协调。沟通协调的目的是确保各个部门之间的信息共享和协作配合，避免"信息孤岛"和重复劳动。同时，通过沟通协调还可以及时发现和解决预算编制过程中存在的问题和困难，确保预算编制工作的顺利进行。

2. 沟通协调的技巧与方法

为了进行有效的沟通协调，企业需要掌握一些关键的技巧和方法。首先，企业需要建立明确的沟通协调机制和流程，确保各个部门之间的信息能够及时、准确地传递和共享。其次，企业需要注重沟通协调的方式和方法，例如可以采用会议、电话、邮件等多种形式进行沟通；在沟通过程中要注重倾听和理解对方的意见和建议；在表达自己的观点时要清晰明了、有理有据。

第二节 成本计划的制订与实施策略

一、成本计划的基本概念与内容

（一）成本计划的定义及作用

1. 成本计划的定义

成本计划，作为企业管理活动的关键组成部分，是企业在生产经营活动中，为了有效控制和降低成本，对未来一定时期内的成本水平、成本目标以及实现这些目标所采取的措施进行规划和安排的一种管理活动。其核心理念在于通过预先的规划和布局，确保企业在生产经营过程中能够严格按照预定的成本目标和成本水平进行运作，从而实现成本的有效控制和降低，最终提升企业的经济效益和市场竞争力。

2. 成本计划在企业经营管理中的作用

成本计划在企业经营管理中发挥着至关重要的作用。首先，它是企业实现成本控制和降低的基础。通过制订详细的成本计划，企业能够对未来的成本水平和成本支出进行准确的预测和规划，从而避免不必要的成本浪费和支出。其次，成本计划是企业制订生产经营计划的重要依据。企业在制定订生产计划、销售计划等运营计划时，必须充分考虑成本因素，确保这些计划在经济上是可行的。最后，成本计划还是企业提高经济效益和市场竞争力的重要手段。通过有效的成本控制和降低，企业能够降低产品价格、提高产品质量、增加市场份额等，从而提升自身的经济效益和市场竞争力。

（二）成本计划的内容与结构

1. 成本计划的关键内容

成本计划的内容主要包括成本目标的设定、成本降低措施的规划以及成本支出的预算等几个方面。首先，成本目标的设定是成本计划的核心。企业需要根据市场环境、竞争状况以及企业内部条件等因素，确定总体成本目标和具体成本目标。这些目标需要具有挑战性和可实现性，既要考虑企业的长远利益，也要考虑企业的当前利益。其次，为了实现成本目标，企业需要制定一系列的成本降低措施。这些措施可以包括改进生产工艺、优化生产流程、提高生产效率、降低原材料消耗等。这些措施需要在成本计划中进行详细的规划和安排，以确保其得到有效实施。最后，成本计划还需要对未来一定时期内的成本支出进行预算。预算的制定需要充分考虑企业的生产经营计划、市场环境以及企业内部条件等因素，以确保预算的准确性和可行性。

2. 成本计划的结构布局

成本计划的结构通常包括引言、成本目标、成本降低措施、成本支出预算以及实施计划等几个部分。引言部分简要介绍成本计划的目的、背景以及制定过程等，为人们提供对成本计划的总体认识。成本目标部分明确企业总体成本目标和具体成本目标，以及实现这些目标的时间表，为人们提供清晰的成本控制方向。成本降低措施部分详细列出企业为实现成本目标而采取的各项措施，包括技术措施、管理措施等，为人们提供具体的行动指南。成本支出预算部分对未来一定时期内的成本支出进行详细预算，包括各个成本项目的预算金额、预算依据等，为人们提供准确的成本支出预测。实施计划部分制定成本计划的实施时间表、责任部门、责任人等，以确保成本计划的顺利实施。

二、成本计划的制订步骤

（一）成本目标的设定

1. 成本目标的战略定位

成本目标的设定是企业成本管理活动的关键一环，它直接关联到企业的市场竞争力和长期盈利能力。在设定成本目标时，企业需将其置于整体战略框架内考虑，确保成本控制活动与企业的长远发展目标相协调。这意味着成本目标不仅要反映当前的市场竞争压力和内部运营效率,还要预见未来的市场趋势和企业成长需求。

2. 挑战性与可实现性的平衡

理想的成本目标应既具有挑战性,又具备可实现性。挑战性意味着目标应具有一定的紧迫性,促使企业不断探索成本降低的新途径;可实现性则要求目标基于现实情况,考虑企业当前的资源条件和管理能力。这种平衡有助于激发企业的创新潜力,同时避免设定过高目标导致的挫败感和资源浪费。

3. 长期利益与短期利益的兼顾

在设定成本目标时,企业还需权衡长期利益与短期利益的关系。过于追求短期成本削减可能损害企业的长期竞争力,如削减研发投入、降低产品质量等。因此,成本目标应体现对企业持续成长能力的关注,鼓励在保持或提升产品质量和服务水平的基础上实现成本优化。

(二)成本计划的编制与审批

1. 成本计划的编制原则

成本计划的编制是一个系统工程,需遵循明确性、具体性、可操作性的原则。计划应详细列出各成本项目的预算金额、预算依据、控制措施等,确保每一环节都有明确的成本控制指南。同时,计划还应明确各部门的责任和任务,形成跨部门的成本控制协作机制。

2. 成本计划的审批流程

编制完成的成本计划需经过企业内部的严格审批流程,以确保其合理性和可行性。审批过程通常涉及多个部门,如财务部、生产部、销售部等,各部门根据各自的专业视角对计划进行审查,提出修改意见和建议。

三、成本计划的实施策略

(一)成本计划的分解与落实

1. 成本项目的细化分解

为了确保成本计划的顺利实施,企业首要的任务是将成本计划进行详尽的分解。这意味着将成本计划中的各个成本项目逐一剖析,并将其预算金额细化分解到企业的各个部门、各个环节,甚至是各个岗位。通过这样的分解,企业可以更加清晰地了解到每个部门、每个环节、每个岗位在成本控制方面的具体任务和责任,从而为后续的成本控制活动提供明确的指导。

2. 明确成本控制任务与责任

在将成本计划分解到各个部门、环节和岗位之后，企业需要进一步明确各个部门和岗位的成本控制任务和责任。这包括制定具体的成本控制目标、确定成本控制的责任人、明确成本控制的时间表等。通过这些具体的任务和责任设定，企业可以确保每个部门和岗位都能够清晰地了解到自己在成本控制方面的职责和要求，并积极地参与到成本控制活动中来。

3. 制定考核制度与奖惩机制

为了激励各个部门和岗位积极执行成本计划，企业需要制定相应的考核制度和奖惩机制。考核制度应该能够全面、客观地评估各个部门和岗位在成本控制方面的表现，包括成本控制的效果、成本降低的幅度、成本控制措施的执行情况等。同时，奖惩机制应该与考核制度紧密相连，根据评估结果给予相应的奖励或惩罚。

（二）成本计划执行中的监控与调整

1. 定期监控与检查成本计划执行情况

在成本计划的执行过程中，企业需要定期对成本计划的执行情况进行监控和检查。这一步骤的完成，需要企业建立一套完善的成本监控体系，包括成本数据的收集、整理、分析和报告等。通过这套监控体系，企业可以实时地了解到成本计划的执行情况以及存在的问题和困难。

2. 及时发现问题并采取相应措施调整

通过定期的监控和检查，企业可以及时发现成本计划执行过程中存在的问题和困难。对于这些问题和困难，企业需要深入分析其原因，并采取相应的措施进行调整和改进。这些措施可以包括调整成本控制策略、优化生产工艺、提高生产效率等。

第三节 成本预算的监控与调整机制

一、成本预算的监控

成本预算的监控是确保企业成本得到有效控制和管理的重要环节。通过对成本预算执行情况的分析和成本预算差异的原因调查，企业可以及时发现成本控制中的问题，并采取有效措施进行改进，以确保成本预算目标的实现。

（一）成本预算执行情况的分析

对成本预算执行情况进行分析是企业财务管理中的关键环节，它不仅关乎企业成本控制的有效性，还直接影响到企业的整体经济效益和市场竞争力。因此，企业需要定期对成本预算的执行情况进行全面、深入的分析，以洞察成本控制中的问题与机遇，为后续的成本预算调整和改进提供有力的依据。

1. 成本差异的分析

在成本预算执行情况的分析中，成本差异的分析是首要任务。企业需要通过对比实际成本与预算成本的差异，揭示出成本控制中的偏差和不足。这种对比不仅应关注总体成本的差异，还应深入到具体成本项目，如直接材料、直接人工、制造费用等，以全面把握成本控制的实际情况。

2. 成本趋势的分析

企业还应关注成本变动的趋势。通过对总体成本趋势和具体成本项目趋势的分析，企业可以预测未来成本的可能变化，从而提前做好成本控制策略的调整和准备。这种预测性分析对于企业在市场竞争中把握先机、制定更加科学合理的成本控制策略具有重要意义。

3. 成本效益的分析

成本控制的最终目的是提高企业的经济效益。因此，在成本预算执行情况的分析中，企业还应评估成本控制措施对企业经济效益的影响。这种评估需要关注成本控制措施与企业整体战略目标的一致性，以确保成本控制策略的正确方向。

（二）成本预算差异的原因调查

当实际成本与预算成本存在差异时，企业需要进行深入的原因调查。这一环节不仅关乎成本控制的准确性，还直接影响到企业的经济效益和市场竞争力。

1. 成立专门的调查小组

为了深入挖掘成本预算差异的原因，企业应成立专门的调查小组。这个小组应由财务、生产、销售等相关部门的人员组成，具备丰富的专业知识和实践经验。通过组建这样的专业团队，企业可以确保原因调查的全面性和深入性。

2. 收集相关数据和信息

在进行成本预算差异原因调查时，企业需要收集与差异相关的数据和信息。这些数据和信息应包括生产记录、销售记录、采购记录等，涵盖企业生产经营的各个方面。通过全面搜集这些数据和信息，企业可以更加深入地了解成本预算差异的实际情况。

3. 分析差异产生的原因

收集到足够的数据和信息后，调查小组需要对这些数据和信息进行深入的分析和对比。通过分析和对比，调查小组可以找出成本预算差异产生的具体原因。这些原因应包括生产效率下降、原材料价格上涨、人工成本增加等。

4. 确定责任人和改进措施

根据分析结果,企业需要确定成本预算差异产生的责任人和部门。同时,企业还应提出相应的改进措施和建议,以确保类似问题不再发生。这些改进措施和建议应包括优化生产工艺、加强原材料采购管理、提高人工效率等。

二、成本预算的调整

成本预算的调整是在成本预算监控的基础上,根据企业实际经营情况和市场环境的变化,对成本预算进行适时的调整和优化,以确保成本预算的适应性和有效性。

(一)成本预算调整的条件

成本预算的调整并非随意进行,而是需要在特定条件下进行。这些条件主要包括市场环境的变化、企业内部条件的变化以及预算目标的调整。

市场环境的变化是成本预算调整的重要外部条件。原材料价格的波动、销售价格的变动等市场因素都可能对企业的成本预算产生重大影响。当这些市场因素发生重大变化时,企业需要及时调整成本预算,以确保成本控制的有效性和适应性。

企业内部条件的变化是成本预算调整的重要考虑因素。生产效率的变动、设备状况的改变等内部因素都可能影响企业的成本预算。当这些内部因素发生重大变化时,企业同样需要调整成本预算,以保持成本控制的稳定性和有效性。

预算目标的调整是成本预算调整的必要条件。当企业的总体战略目标或具体经营计划发生调整时,成本预算目标也需要相应地进行调整,以确保成本控制与企业整体战略的一致性和协调性。

(二)成本预算调整的程序

成本预算的调整需要按照一定的程序进行,以确保调整的合理性、可行性和对企业整体利益的最大化。这一程序主要包括提出调整申请、审核调整申请、审批调整申请以及执行调整方案等步骤。

提出调整申请是成本预算调整程序的起点。相关部门或责任人需要根据市场环境、企业内部条件或预算目标的变化,提出成本预算调整申请,并详细说明调整的原因和必要性。这一步骤是确保成本预算调整有据可依、合理可行的重要基础。

审核调整申请是成本预算调整程序的关键环节。财务部门或预算管理部门需要对调整申请进行审核,分析调整的合理性和可行性。这一步骤是确保成本预算调整符合企业财务管理规定和预算管理要求的重要保障。

审批调整申请是成本预算调整程序的决策环节。企业高层管理人员或预算委员会需要对调整申请进行审批，确保调整的情况符合企业整体利益和发展战略。这一步骤是确保成本预算调整与企业整体战略目标和经营计划相一致的重要保障。

执行调整方案是成本预算调整程序的实施环节。根据审批结果，相关部门或责任人需要执行成本预算调整方案，并对执行情况进行监控和评估。这一步骤是确保成本预算调整方案得到有效实施和监控的重要保障。

第四节 成本预算与计划的执行效果评价

一、执行效果的评价指标

在成本预算与计划的执行过程中，为了全面、客观地评估其执行效果，需要引入一系列的评价指标。这些指标不仅能够帮助人们量化成本预算与计划的执行成果，还能够揭示执行过程中存在的问题和不足，为后续的改进提供方向。

（一）成本降低率

成本降低率，作为企业成本管理与预算执行效果评估的重要工具，深刻反映了企业成本控制的实际成效以及预算计划对成本降低的实质贡献。这一指标不仅关乎企业经济效益的提升，更是企业市场竞争力与可持续发展能力的体现。

1. 成本降低率的计算

成本降低率通常通过对比实际成本与基准成本（如上期成本、预算成本等）的差异来计算，具体公式为：成本降低率=（基准成本－实际成本）/基准成本×100%。该指标以百分比形式直观展现了成本降低的幅度，正值表示成本有所降低，负值则意味着成本上升。

2. 成本降低率的意义

成本降低率的高低直接关联到企业的盈利空间与市场竞争力。较高的成本降低率意味着企业在保持产品或服务质量的同时，有效降低了生产或运营成本，从而可能获得更高的利润或市场份额。这一指标的应用不仅限于内部成本控制效果的评估，还可作为企业与同行业竞品进行成本效率对比的参考。

3. 影响成本降低率的因素与策略

成本降低率的实现受到多种因素的影响，包括生产效率、原材料采购价格、技术创新、管理效率等。企业需要通过持续优化生产流程、谈判降低采购成本、投资研发创新、提升管理效能等多维度策略，以实现成本的有效降低。

4. 成本降低率的局限性与补充

尽管成本降低率是一个重要的评价指标，但它也会掩盖一些潜在问题，如过度削减成本会导致的产品质量下降或客户服务质量受损。因此，在使用成本降低率时，还需结合其他指标如客户满意度、产品质量指标等进行综合分析，以确保成本控制的全面性与合理性。

（二）成本预算完成率

成本预算完成率，作为衡量企业成本预算执行情况的核心指标，直接体现了企业预算管理的能力与效果。这一指标不仅关注预算目标的实现程度，还反映了企业对预算纪律的遵循与执行力。

1. 成本预算完成率的计算

成本预算完成率通过比较实际成本支出与预算成本之间的比例来计算，公式为：成本预算完成率=实际成本支出/预算成本×100%。该指标越接近100%，说明预算执行越接近预期，成本控制越有效。

2. 成本预算完成率的重要性

成本预算完成率的高低直接反映了企业预算管理的严格性与有效性。高完成率意味着企业在预算执行过程中能够严格控制成本支出，避免不必要的浪费，有利于企业资源的合理配置与利用。

3. 影响成本预算完成率的因素

成本预算完成率受到多种因素的影响，包括预算制定的准确性、预算执行过程中的监控与调整、外部环境的变化等。企业需要通过提高预算制定的科学性与合理性、加强预算执行过程中的监控与调整、灵活应对外部环境变化等措施，以提升成本预算完成率。

4. 成本预算完成率的改进方向

为了提升成本预算完成率，企业不仅需要关注预算执行的结果，还需关注预算执行的过程。通过建立健全的预算管理制度、提升预算管理人员的专业素养、加强预算执行的监督与考核等措施，可以不断优化企业的预算管理流程，提高成本预算完成率。

（三）成本计划执行偏差率

成本计划执行偏差率，作为衡量企业成本计划执行准确性的重要指标，直接反映了企业在成本计划执行过程中的偏差程度与问题所在。这一指标对于及时发现并纠正成本计划执行中的偏差，确保成本目标的顺利实现具有重要意义。

1. 成本计划执行偏差率的计算

成本计划执行偏差率通过对比实际成本与计划成本之间的差异程度来计算,公式为:成本计划执行偏差率=(实际成本-计划成本)/计划成本×100%。该指标以百分比形式展示了实际成本与计划成本之间的偏离程度,偏离程度越小,说明成本计划执行越准确。

2. 成本计划执行偏差率的意义

成本计划执行偏差率的高低直接反映了企业成本计划执行的准确性与可控性。较低的偏差率意味着企业在成本计划执行过程中能够严格按照计划进行成本控制,确保成本目标的实现。这一指标的应用有助于企业及时发现成本计划执行中的问题与偏差,以便采取相应措施进行纠正与改进。

3. 影响成本计划执行偏差率的因素

成本计划执行偏差率受到多种因素的影响,包括成本计划制订的合理性、执行过程中的监控与调整、外部环境的变化等。企业需通过提高成本计划制订的科学性与合理性、加强执行过程中的监控与调整、灵活应对外部环境变化等措施,以降低成本计划执行偏差率。

二、执行效果的评价方法

在成本预算与计划的执行效果评价中,我们需要运用科学的评价方法,对评价指标进行综合分析,以得出全面、客观的评价结论。

(一)对比分析法

对比分析法,作为成本预算与计划执行效果评价中的常用方法,其核心在于通过实际执行结果与预算、计划或历史数据的对比,揭示两者之间的差异,并深入分析这些差异产生的原因,从而全面评估执行效果。这一方法的应用,不仅能够帮助人们直观地认识到执行过程中的问题和不足,还为后续的改进措施提供了明确的方向。

1. 对比分析法的实施步骤

对比分析法的实施通常遵循以下步骤:首先,明确评价的目标和范围,确定需要对比的实际执行结果与预算、计划或历史数据;其次,收集并整理相关数据,确保数据的准确性和完整性;再次,进行对比分析,计算实际执行结果与预算、计划或历史数据之间的差异,并分析差异产生的原因;最后,根据分析结果,评估执行效果,并提出改进建议。

2. 对比分析法的优势与局限

对比分析法的优势在于其直观性和易操作性。通过简单的数据对比,即可快速发现执行过程中的问题和不足。然而，对比分析法也存在一定的局限性。例如，它可能过于关注表面的数据差异，而忽视了背后更深层次的原因；同时，对比分析法也容易受到数据准确性和完整性的影响，如果数据存在问题，那么分析结果也会产生偏差。

（二）因素分析法

因素分析法通过对影响执行效果的各个因素进行深入分析，揭示各因素之间的内在联系和变化规律，从而找出影响执行效果的关键因素。这一方法的应用，有助于人们更深入地了解执行过程中的问题和挑战，为制定针对性的改进措施提供有力依据。

1. 因素分析法的实施步骤

因素分析法的实施通常包括以下步骤：首先，明确评价的目标和范围，确定需要分析的影响因素；其次，收集并整理相关数据，确保数据的准确性和完整性；再次，进行因素分析，揭示各因素之间的内在联系和变化规律；最后，根据分析结果，找出影响执行效果的关键因素，并提出针对性的改进措施。

2. 因素分析法的优势与局限

因素分析法的优势在于其深入性和针对性。通过深入分析各个影响因素，能够更全面地揭示执行过程中的问题和挑战，为制定针对性的改进措施提供有力依据。然而，因素分析法也存在一定的局限性。例如，它过于关注单个因素的影响，而忽视了各因素之间的相互作用；同时，因素分析法也需要大量的数据支持，如果数据不足或存在偏差，那么分析结果也会受到影响。

（三）综合评价法

综合评价法是一种将多个评价指标和评价方法相结合，对成本预算与计划的执行效果进行全面、客观评价的方法。这一方法的应用，不仅能够帮助人们更全面地了解执行效果，还为企业的决策提供了更有力的支持。

1. 综合评价法的实施步骤

综合评价法的实施通常包括以下步骤：首先，明确评价的目标和范围，确定需要评价的评价指标和评价方法；其次，收集并整理相关数据，确保数据的准确性和完整性；再次，进行量化处理，将各个评价指标转化为可量化的数值；从次，运用数学模型或算法进行加权合成，得出综合的评价结论；最后，根据评价结果，提出改进建议。

2. 综合评价法的优势与局限

综合评价法的优势在于其全面性和客观性。通过综合考虑多个评价指标和评价方法，能够更全面地揭示执行效果的全貌，为企业的决策提供更有力的支持。然而，综合评价法也存在一定的局限性。例如，它可能过于依赖数学模型或算法的结果，而忽视了实际情况的复杂性；同时，综合评价法也需要大量的数据支持和专业的分析能力，如果数据不足或分析能力有限，那么评价结果也会产生偏差。

三、执行效果的评价应用

成本预算与计划的执行效果评价不仅仅是一个评估过程，更是一个推动企业持续改进和发展的重要环节。

（一）评价结果的反馈与改进

评价完成后，如何将评价结果转化为实际行动的指导，是成本预算与计划执行效果评价工作的重要环节。这不仅涉及评价结果的反馈机制，更关乎基于评价结果的改进措施的实施。

1. 构建有效的反馈机制

评价结果的反馈是改进工作的起点。为了确保反馈的有效性和及时性，需要建立一套科学的反馈机制。首先，明确反馈的对象和渠道，确保评价结果能够准确无误地传达给相关部门和人员。其次，制定反馈的时间表，确保评价结果能够在第一时间得到处理和响应。最后，强调反馈的双向性，鼓励相关部门和人员就评价结果进行沟通和讨论，共同分析原因，明确改进方向。

2. 制定改进措施需遵循的原则

基于评价结果，需要制定针对性的改进措施。这包括明确改进的目标、时间表和责任人，确保改进措施能够得到有效执行。在制定改进措施时，需要遵循以下原则：

（1）问题导向原则。针对评价结果中反映出的问题和不足，制定具体的改进措施，确保问题能够得到根本解决。

（2）系统性原则。将改进措施纳入成本预算与计划执行的整体框架中，确保改进措施与整体工作相协调、相促进。

（3）可操作性原则。确保改进措施具有可操作性和可执行性，避免空泛和抽象的表述。

（4）持续性原则。将改进措施作为持续改进的一部分，不断跟踪和改进，确保成本预算与计划的执行效果持续提升。

3. 落实改进措施并跟踪效果

制定改进措施后，需要将其落实到具体的部门和人员身上，并跟踪改进效果。这包括以下几个方面：

（1）明确责任人和责任部门。将改进措施分解为具体的任务和指标，明确责任人和责任部门，确保改进措施能够得到有效执行。

（2）提供必要的资源和支持。为执行改进措施提供必要的资源和支持，包括资金、人力、技术等，确保改进措施能够顺利实施。

（3）定期跟踪和评估改进效果。建立定期跟踪和评估机制，对改进措施的执行情况和效果进行定期评估和反馈，及时发现问题并进行调整。

（4）总结经验教训并持续改进。对改进措施的执行过程和效果进行总结和分析，提炼经验教训，为后续的改进工作提供参考和借鉴。

（二）评价结果与激励机制的结合

在成本预算与计划执行过程中，员工的积极性和创造力是推动工作进步的重要因素。为了激发员工的内在动力，需要将评价结果与激励机制相结合，通过奖惩措施引导员工更积极地参与到成本预算与计划的执行中去。

1. 明确奖惩标准与原则

为了确保激励机制的公平性和有效性，需要明确奖惩的标准和原则。这包括以下几个方面：

（1）以评价结果为依据。奖惩标准应紧密围绕评价结果，确保奖惩措施与评价结果相一致。

（2）公平公正原则。奖惩标准应公平公正，避免主观判断和偏见影响奖惩决策。

（3）差异化原则。根据不同部门和人员的实际情况和表现，制定差异化的奖惩措施，确保激励机制的针对性和有效性。

（4）及时性原则。奖惩措施应及时实施，确保员工能够及时感受到自己的努力和付出得到了认可和回报。

2. 制定具体的奖惩措施

基于奖惩标准和原则，需要制定具体的奖惩措施。这包括以下几个方面：

（1）物质奖励。对于表现优秀的员工，可以给予物质奖励，如奖金、提成、福利待遇等，以激励他们继续保持和发扬优秀表现。

（2）精神奖励。除了物质奖励外，还可以给予精神奖励，如表彰、晋升、培训机会等，以满足员工的职业发展和个人成长需求。

（3）惩罚措施。对于表现不佳的员工，可以采取适当的惩罚措施，如扣罚奖金、降职、调岗等，以督促他们改进自己的表现。

（4）辅导与帮助。在惩罚的同时，也应给予员工必要的辅导和帮助，帮助他们分析原因、制订改进计划，并提供必要的资源和支持。

3. 实施奖惩措施并关注员工反馈

制定奖惩措施后，需要将其付诸实施，并关注员工的反馈。这包括以下几个方面：

（1）确保奖惩措施的执行力度和效果。建立健全的奖惩执行机制，确保奖惩措施能够得到有效执行，并产生预期的激励效果。

（2）关注员工的反馈和意见。在实施奖惩措施的过程中，需要关注员工的反馈和意见，及时了解他们的需求和期望，以便对激励机制进行调整和完善。

（3）持续优化激励机制。根据员工的反馈和实际情况，不断优化激励机制，确保其与时俱进、符合员工的需求和期望。

第五节 成本预算与计划的优化改进

一、成本预算与计划存在的问题分析

成本预算与计划在企业成本管理中占据核心地位，但实践中也暴露出一些问题。

（一）预算编制的准确性与合理性问题

预算编制作为企业成本管理的起点，其准确性和合理性对于后续的成本控制与决策具有至关重要的影响。然而，在实际操作中，许多企业在预算编制过程中面临着诸多挑战，这些问题不仅影响了预算的准确性，也会导致后续的成本控制失效。

1. 历史数据与经验预测的局限性

预算编制往往依赖于历史数据和经验预测，但这种方法存在显著的局限性。首先，市场环境的变化可能导致历史数据失准。例如，宏观经济政策的调整、行业竞争格局的变化、消费者需求的转变等，都会使得过去的数据无法准确反映未来的情况。其次，生产技术的进步和革新也会使得历史数据变得不再可靠。随着新技术的不断涌现，企业的生产效率、成本结构等都可能发生显著变化，这使得基于过去数据的预算预测变得不准确。最后，经验预测也会存在偏差。经验预测往往基于过去的行为和模式，但未来的情况并不完全遵循过去的规律，特别是当面临重大市场或技术变革时。

2. 信息不对称与沟通不畅的问题

预算编制过程中会存在信息不对称和沟通不畅的问题，这就导致预算目标与实际经营情况脱节。信息不对称指的是不同部门或个体之间拥有的信息不一致，这会导致预算编制过程中的误解和偏差。例如，销售部门对市场前景过于乐观，而生产部门却对生产成本的控制过于悲观，这种信息不对称会导致预算编制的不准确。沟通不畅则使得各部

门之间的预算假设和预期无法得到有效协调和整合，从而导致预算目标与实际经营情况的脱节。

3. 预算编制的灵活性与适应性的问题

市场环境、生产技术等因素的变化是常态，企业需要能够及时调整其预算编制方法和假设，以适应这些变化。然而，许多企业在实际操作中往往过于依赖固定的预算编制模板和方法，缺乏足够的灵活性和适应性。这就导致预算编制与实际经营情况的严重脱节，甚至导致成本控制失效。

（二）计划执行的监控与调整机制问题

成本计划的执行需要有效的监控与调整机制来保障，以确保成本控制目标的实现和资源的优化配置。然而，许多企业在这一环节存在明显的短板，导致成本超支、资源浪费等问题无法及时发现和解决。

1. 监控机制的缺失或不完善

监控机制的缺失或不完善是导致成本计划执行失效的重要原因之一。许多企业缺乏有效的监控机制来实时跟踪和评估成本计划的执行情况。这可能导致成本超支、资源浪费等问题无法及时发现和解决，从而影响成本控制目标的实现。

2. 调整机制的僵化或响应速度过慢

调整机制的僵化或响应速度过慢也是导致成本计划执行失效的重要原因之一。当面临市场变化或其他不确定性因素时，企业需要能够迅速调整其成本计划以适应这些变化。然而，许多企业的调整机制过于僵化或响应速度过慢，无法及时做出必要的调整。这就导致企业错失调整成本结构、优化资源配置的良机，从而影响其市场竞争力和盈利能力。

3. 缺乏持续改进和优化机制

缺乏有效的持续改进和优化机制也是导致成本计划执行失效的原因之一。成本计划执行是一个持续的过程，需要不断地进行改进和优化以适应市场和技术变化。然而，许多企业缺乏这样的机制来持续推动成本计划的改进和优化。这可能导致成本计划逐渐与实际经营情况脱节，无法发挥其应有的作用。

二、成本预算与计划的持续改进策略

（一）引入先进的成本管理理念与方法

成本管理作为企业管理的核心组成部分，其理念和方法的先进性直接关系到企业的竞争力和盈利能力。为了保持成本预算与计划的先进性，企业必须不断引入新的成本管理理念和方法，以适应市场环境的不断变化和企业内部管理的持续优化。

1. 借鉴先进成本管理理念，实现成本精细化管理

随着市场竞争的加剧和企业管理水平的提升，传统的成本管理理念已经难以满足现代企业的需求。因此，企业需要积极借鉴国内外先进的成本管理理念，如目标成本管理、作业成本管理等，以实现成本的精细化管理。

目标成本管理是一种以市场需求为导向，通过设定目标成本并围绕其开展各项成本管理活动的理念。它强调企业在产品设计、生产、销售等各个环节都要以目标成本为基准，通过不断优化和改进来降低成本，实现成本与市场需求的有机结合。引入目标成本管理理念，可以帮助企业更加科学地制定成本预算与计划，提高成本管理的针对性和有效性。

作业成本管理则是一种基于作业活动的成本管理理念。它将企业的生产经营活动划分为一系列作业，通过对每个作业的成本进行核算和分析，找出成本动因并采取相应措施进行成本控制。引入作业成本管理理念，可以帮助企业更加深入地了解成本构成和成本动因，为制定更加精细化的成本预算与计划提供有力支持。

2. 运用现代技术工具，提高成本管理效率与准确性

除了借鉴先进的成本管理理念外，企业还需要积极运用现代技术工具来提高成本管理的效率和准确性。大数据分析、人工智能等技术的快速发展为成本管理提供了新的思路和手段。

大数据分析技术可以对企业海量的成本数据进行快速处理和深度挖掘，发现成本管理的规律和趋势，为制定更加科学的成本预算与计划提供数据支持。同时，大数据分析还可以帮助企业实时监控成本执行情况，及时发现并纠正偏差，确保成本预算与计划的顺利执行。

人工智能技术应用则可以进一步提高成本管理的智能化水平。通过构建成本管理模型并运用机器学习算法进行训练和优化，企业可以实现对成本数据的自动分类、预测和决策支持等功能。这将大大减轻成本管理人员的工作负担，提高成本管理的效率和准确性。

3. 融合创新与实践探索，形成特色化成本管理方法

在引入先进的成本管理理念和技术工具的同时，还需要结合企业的实际情况进行创新和实践探索，形成具有企业特色的成本管理方法。这要求企业在成本管理过程中不断总结经验教训，积极寻求改进和优化的空间，并勇于尝试新的思路和方法。

例如，可以结合企业的生产流程和产品特点，对作业成本管理理念进行定制化改造，形成适合企业自身的作业成本管理体系。同时，还可以利用大数据分析技术对企业的历

史成本数据进行深度挖掘和分析，发现潜在的成本节约机会并制定针对性的改进措施。通过这些创新和实践探索活动，企业可以不断推动成本预算与计划的持续创新和发展。

（二）加强成本预算与计划的信息化建设

信息化建设是提高成本管理水平的重要手段之一。建立集成的成本管理信息系统并实现成本数据的实时共享和更新、提高预算编制和执行的效率和准确性以及更好地进行成本分析和预测等功能，可以为企业的成本管理提供有力的支持。

1. 建立集成的成本管理信息系统

为了实现成本数据的实时共享和更新以及提高预算编制和执行的效率和准确性等功能，企业需要建立一套集成的成本管理信息系统。这套系统应该能够涵盖企业成本管理的各个环节和方面，包括成本预算、成本核算、成本控制、成本分析等。同时，它还应该具备强大的数据处理和分析能力，能够为企业提供及时、准确、全面的成本信息支持。

2. 实现成本数据的实时共享和更新

建立集成的成本管理信息系统并实现成本数据的实时共享和更新功能，可以确保企业各个部门之间的成本信息能够及时传递和共享。这将有助于避免"信息孤岛"现象的出现，提高成本信息的透明度和一致性。同时，实时共享和更新功能还可以帮助企业及时发现并纠正成本数据中的错误和偏差，确保成本信息的准确性和可靠性。

3. 利用信息系统进行成本分析和预测

集成的成本管理信息系统不仅可以提高成本管理的效率和准确性，还可以帮助企业更好地进行成本分析和预测。通过对历史成本数据的深度挖掘和分析，企业可以发现成本管理的规律和趋势，并据此制定更加科学的成本预算与计划。同时，还可以利用信息系统进行成本预测和模拟分析等功能，为企业的决策提供有力的支持。

（三）提升成本管理人员的专业能力与素质

成本管理人员是成本预算与计划执行的主体，他们的专业能力和素质直接影响成本管理的效果。因此，企业需要不断加强对成本管理人员的培训和教育，提高他们的专业水平和综合素质。

1. 加强成本管理知识与技能培训

为了提升成本管理人员的专业能力，我们需要加强对他们的成本管理知识和技能培训。这包括成本管理的基本理论、方法、工具以及实践应用等方面的内容。通过系统的培训和学习，企业可以帮助成本管理人员掌握更加全面和深入的成本管理知识，提高他们的专业素养和实践能力。

2. 培养创新思维与应变能力

除了专业知识和技能外，还需要培养成本管理人员的创新思维和应变能力。这要求他们在面对复杂多变的成本管理问题时能够灵活运用所学知识进行分析和解决，并勇于尝试新的思路和方法。通过培养创新思维和应变能力，企业可以帮助成本管理人员更好地适应市场环境的变化和企业内部管理的需求。

3. 提升沟通与协作能力

成本管理人员在工作中需要与不同部门和人员进行沟通和协作。因此，企业还需要提升他们的沟通和协作能力。这包括沟通技巧、团队协作意识以及跨文化沟通等方面的内容。提升沟通和协作能力，可以帮助成本管理人员更好地与其他部门和人员进行合作和交流，共同推动企业的成本管理水平不断提升。

第七章 税务管理基础

第一节 税收制度与企业税务筹划的关系

一、税收制度的基本概念与构成

（一）税收制度的定义与分类

税收制度，作为国家财政制度的核心组成部分，不仅关乎国家与纳税人之间的权利与义务关系，更是国家实现其经济和社会发展目标的重要工具。

1. 税收制度的定义及其核心要素

税收制度，简称税制，是国家凭借法律或法令形式所确定的各种课税方法的总称。它不仅仅是简单的征税规则集合，而是一个涵盖了税收征管全过程的综合性体系。税收制度的核心要素包括纳税人、征税对象、税目、税率、计税方法、纳税环节、纳税期限、减税、免税以及法律责任等。这些要素相互关联、相互作用，共同构成了税收制度的完整框架，确保了税收制度的科学性和有效性。

其中，纳税人是税收制度的直接参与者，他们的行为直接影响到税收的征收效果；征税对象则决定了税收的来源和范围；税目和税率是税收制度中最为关键的部分，它们直接决定了税收的水平和结构；计税方法、纳税环节和纳税期限则关系到税收的实际操作和执行；而减税、免税以及法律责任等要素，则体现了税收制度的灵活性和规范性。

2. 税收制度的分类及其意义

税收制度可以根据不同的标准进行分类，这种分类有助于人们更清晰地理解税收制度的复杂性和多样性。按照课税对象的不同，税收制度可以分为商品劳务税、所得税、财产税和资源税等。这种分类方式反映了税收制度在不同经济领域的应用和调节作用。

按照计税依据的不同，税收制度又可以分为从价税和从量税。从价税是以课税对象的价格或价值为计税依据的税种，如增值税、营业税等；而从量税则是以课税对象的数量、重量、容量等为计税依据的税种，如资源税、车船使用税等。这种分类方式体现了税收制度在计税方法上的多样性和灵活性。

按照税收管理和使用权限的不同，税收制度还可以分为中央税、地方税和中央地方共享税等。这种分类方式反映了税收制度在税收管理和使用上的层次性和分权性。

（二）我国税收制度的主要特点

在长期的实践中，我国的税收制度逐渐形成了具有鲜明中国特色和时代特征的主要特点。

1. 以宪法为依据，遵循税收法定原则

我国税收制度以宪法为依据，遵循税收法定原则。这意味着税收的征收、管理和使用都必须严格遵循法律的规定，确保税收的合法性和权威性。税收法定原则是我国税收制度的基础和核心，它保障了纳税人的合法权益，也规范了国家税收行为。

2. 实行分税制，调动中央和地方的积极性

我国税收制度实行分税制，即中央和地方在税收管理和使用上具有一定的自主权。这种制度设计有助于调动中央和地方的积极性，促进经济社会的协调发展。通过分税制，中央和地方可以根据自身的实际情况和需要，制定更加符合本地特点的税收政策，从而更好地服务地方经济和社会发展。

3. 注重税收公平与效率的统一

我国税收制度还注重税收公平与效率的统一。税收公平要求税收制度能够平等地对待所有纳税人，确保税收的公正性和合理性；而税收效率则要求税收制度能够以最小的成本实现最大的税收收益。通过合理的税制设计和税收优惠政策，我国税收制度努力实现社会公平和经济增长的双重目标。

4. 税种设置涵盖多个领域，主体税种作用显著

在税种设置上，我国税收制度涵盖了流转税、所得税、财产税和行为税等多个领域。这种广泛的税种设置使得我国税收制度能够全面地调节和影响经济社会生活的各个方面。其中，增值税、企业所得税和个人所得税是我国税收体系中的三大主体税种，它们对于筹集财政收入、调节收入分配和促进经济发展具有重要作用。同时，我国还通过实施一系列税收优惠政策，如高新技术企业税收优惠、小微企业税收优惠等，积极支持特定行业和领域的发展。

二、企业税务筹划的定义与目标

（一）税务筹划的含义与重要性

税务筹划，作为企业财务管理中的一项重要策略，其含义深远且实践意义重大。

1. 税务筹划的定义与核心要素

税务筹划，又称合理避税或税务规划，是企业在遵守税法的前提下，通过精心安排

生产经营活动、投资活动和财务管理等事项，旨在减轻税收负担、实现税收利益最大化的行为。这一定义包含了税务筹划的核心要素：首先，遵守税法是税务筹划的前提，任何筹划活动都必须在法律允许的范围内进行；其次，税务筹划涉及企业生产经营、投资和财务管理的方方面面，是一项综合性的策略；最后，税务筹划的目标是减轻税收负担和实现税收利益最大化，这要求企业在筹划过程中充分考虑税收因素，做出最优的财务决策。

2. 税务筹划在企业财务管理中的重要性

税务筹划在企业财务管理中占据举足轻重的地位，其重要性主要体现在以下几个方面：

（1）降低税负成本

通过合理的税务筹划，企业可以在法律允许的范围内降低税负成本，提高盈利能力。这不仅可以增加企业的现金流，还可以为企业的扩张和发展提供更多的资金支持。

（2）提高资金利用效率

税务筹划有助于企业合理安排资金，优化资金结构，从而提高资金利用效率。通过筹划，企业可以更好地规划资金的使用，确保资金在各个环节都能发挥最大的效益。

（3）增强市场竞争力

在激烈的市场竞争中，税务筹划可以成为企业的一项竞争优势。通过降低税负成本和提高资金利用效率，企业可以在价格、质量、服务等方面提供更具竞争力的产品和服务，从而赢得市场份额和客户的青睐。

（4）促进企业长期发展

税务筹划不仅关注短期的税收利益，还注重企业的长期发展。通过合理的筹划，企业可以优化资本结构，降低财务风险，为企业的可持续发展奠定坚实的基础。

（二）税务筹划的目标与原则

税务筹划作为企业财务管理的重要组成部分，其目标与原则的明确对于指导筹划实践、确保筹划效果具有重要意义。

1. 税务筹划的目标

税务筹划的主要目标包括减轻纳税负担、实现税收利益最大化、提高资金利用效率和增强企业竞争力等。这些目标相互关联、相互促进，共同构成了税务筹划的完整目标体系。

（1）减轻纳税负担

通过合理的税务筹划，企业在遵守税法的前提下，可以降低应纳税额，从而减轻纳税负担。这是税务筹划最直接、最基本的目标。

（2）实现税收利益最大化

税务筹划不仅关注减轻纳税负担，还注重实现税收利益的最大化。这要求企业在筹划过程中充分考虑税收因素，做出最优的财务决策，以确保税收利益的最大化。

（3）提高资金利用效率

税务筹划有助于企业合理安排资金，优化资金结构，从而提高资金利用效率。这是税务筹划在企业财务管理中的重要体现。

（4）增强企业竞争力

通过降低税负成本和提高资金利用效率，税务筹划可以增强企业的市场竞争力。这是税务筹划在企业战略层面上的重要目标。

2. 税务筹划的原则

为了实现税务筹划的目标，企业在进行税务筹划时需要遵循一定的原则。这些原则包括合法性原则、前瞻性原则、经济性原则等。

（1）合法性原则

合法性原则是税务筹划的基础。所有筹划活动都必须在税法允许的范围内进行，不得违反税收法律法规。这是税务筹划的前提和底线。

（2）前瞻性原则

前瞻性原则要求企业在税务筹划时要具有前瞻性，充分考虑未来税收政策的变化趋势和市场环境的变化。这有助于企业做出长期的、可持续的税务筹划决策。

（3）经济性原则

筹划活动必须以实现企业经济效益最大化为目标，不能为了降低税负而牺牲企业的整体利益。这是税务筹划在企业财务管理中的核心价值体现。

三、税收制度对企业税务筹划的影响

（一）税收政策变动对税务筹划的影响

税收政策作为国家宏观调控的重要手段，其变动无疑会对企业的税务筹划产生深远的影响。

1. 税收政策变动的直接影响

税收政策的变动，包括税率的调整、税基的改变、税收优惠政策的出台或取消等，都会对企业的税务筹划产生直接的影响。这种影响主要体现在以下几个方面：

（1）税务筹划策略的调整

当税收政策发生变化时，企业原有的税务筹划策略就会不再适用。为了适应新的税收政策环境，企业需要及时调整税务筹划策略，以确保税务筹划的合法性和有效性。

（2）税负成本的变动

税收政策的变动往往会导致企业税负成本的变动。例如，税率的提高会增加企业的税负成本，而税收优惠政策的出台则会降低企业的税负成本。因此，企业需要密切关注税收政策的变动，以便及时调整税务筹划策略，降低税负成本。

（3）税务风险的增加

税收政策的变动可能带来新的税务风险。例如，新的税收政策可能对某些交易或业务活动有更为严格的税务要求，如果企业未能及时调整税务筹划策略以适应这些要求，就会面临税务违规的风险。

2. 税收政策变动对市场竞争格局的影响

税收政策的变动不仅会影响企业的税务筹划，还可能引发市场竞争格局的变化。这种变化主要体现在以下几个方面：

（1）行业税负的变动

不同行业会受到税收政策变动的不同影响。例如，某些行业可能享受到新的税收优惠政策，而另一些行业则可能面临税率的提高。这种行业税负的变动会影响不同行业的竞争力，进而改变市场竞争格局。

（2）企业成本结构的变动

税收政策的变动会影响企业的成本结构。例如，税率的提高会增加企业的成本，而税收优惠政策的出台则会降低企业的成本。这种成本结构的变动会影响企业的定价策略和盈利能力，进而影响企业在市场上的竞争力。

（3）市场需求的变动

税收政策的变动还会影响市场需求。例如，某些税收优惠政策会鼓励消费者购买某些产品或服务，而某些税率的提高则会抑制消费者的购买意愿。这种市场需求的变动会影响企业的销售量和市场份额，进而影响企业在市场上的地位。

3. 企业应对策略

面对税收政策的变动，企业需要采取积极的应对策略，以确保税务筹划的合法性和有效性，并降低税务风险。这些策略包括：

（1）密切关注税收政策的动态变化

企业需要密切关注税收政策的动态变化，及时了解新的税收政策和税务要求，以便及时调整税务筹划策略。

（2）加强税务筹划的灵活性和适应性

企业需要加强税务筹划的灵活性和适应性，以便在税收政策发生变动时能够及时调整税务筹划策略，降低税负成本并避免税务风险。

（3）合理利用税收优惠政策

企业需要合理利用税收优惠政策，以降低税负成本并提高经济效益。例如，企业可以积极申请税收减免、税收抵免等优惠政策，以降低应纳税额。

（4）加强税务风险管理

企业需要加强税务风险管理，建立完善的税务风险管理制度和内部控制机制，确保税务筹划的合法性和有效性，并降低税务违规的风险。

（二）税收制度对企业经营决策的影响

税收制度不仅影响着企业的税务筹划，还直接引导并制约着企业的经营决策。

1. 税收制度对企业成本结构和利润水平的影响

税收制度中的税率和税基等因素直接影响企业的成本结构和利润水平。这种影响主要体现在以下几个方面：

（1）成本结构的变动

税率和税基的变动会影响企业的成本结构。例如，税率的提高会增加企业的税负成本，进而增加企业的总成本；而税基的扩大则可能增加企业的应纳税所得额，进一步影响企业的成本结构。

（2）利润水平的变动

税收制度的变化会影响企业的利润水平。税率的提高会降低企业的净利润率，而税收优惠政策的出台则会提高企业的净利润率。因此，企业需要密切关注税收制度的变动，以便及时调整经营策略，保持稳定的利润水平。

2. 税收优惠政策对企业经营决策的激励作用

税收制度中的税收优惠政策和税收减免措施对企业经营决策具有激励作用。这种激励作用主要体现在以下几个方面：

（1）研发投入的激励

税收优惠政策可以鼓励企业加大研发投入，推动技术创新和产品升级。例如，研发费用加计扣除政策可以降低企业的研发成本，进而鼓励企业增加研发投入。

（2）市场拓展的激励

税收优惠政策还可以激励企业拓展市场渠道，增加销售收入。例如，出口退税政策可以降低企业的出口成本，进而鼓励企业积极拓展海外市场。

（3）产品结构优化的激励

税收优惠政策还可以引导企业优化产品结构，提高产品质量和附加值。例如，对高科技产品给予税收优惠可以降低企业的生产成本，进而鼓励企业生产和销售更多高科技产品。

3. 企业利用税收制度进行经营决策

面对税收制度的影响和激励作用，企业需要合理利用税收制度进行经营决策。这包括以下几个方面：

（1）充分利用税收优惠政策

企业需要充分了解并利用税收优惠政策，以降低税负成本并提高经济效益。例如，企业可以积极申请研发费用加计扣除、出口退税等优惠政策。

（2）合理规划税务筹划

企业需要在遵守税法的前提下，合理规划税务筹划，以降低税负成本并避免税务风险。例如，企业可以通过合理的税务筹划降低应纳税所得额或延迟纳税时间。

（3）结合税收制度调整经营策略

企业需要结合税收制度的变动调整经营策略，以保持稳定的利润水平和市场竞争力。例如，当税率提高时，企业可以通过提高产品价格或降低成本来保持稳定的利润水平；而当税收优惠政策出台时，企业则可以积极利用这些政策扩大生产规模或拓展市场渠道。

第二节　增值税、所得税等主要税种的管理策略

一、增值税的管理策略

（一）增值税的计算与缴纳

增值税，作为一种针对商品和服务流转过程中增值部分征收的税种，其计算与缴纳构成了增值税管理策略的核心环节。

1. 销售额的确定

销售额的确定是增值税计算的第一步。企业需根据税法规定，准确计量其销售货物、提供应税劳务或进口货物等应税行为的销售额。在此过程中，企业应确保销售数据的真实性和完整性，避免虚报或漏报。同时，对于特殊销售行为，如折扣销售、以旧换新等，企业需按照税法规定进行特殊处理，确保销售额的准确计算。

2. 进项税额的抵扣

进项税额的抵扣是增值税计算中的另一个关键环节。企业需依据取得的合法有效的增值税专用发票等抵扣凭证，计算可抵扣的进项税额。在此过程中，企业应加强对抵扣凭证的管理，确保凭证的真实性和合法性。同时，企业还应关注抵扣凭证的时效性，确保在规定的期限内进行抵扣。

3. 应纳税额的计算

应纳税额的计算是增值税计算的最终环节。企业应根据当期销项税额减去当期进项税额后的余额，计算应纳税额。在此过程中，企业应确保计算的准确性和合规性，避免出现计算错误或违规行为。

4. 增值税的缴纳

增值税的缴纳是增值税管理的最后一步。企业应按照税法规定的纳税期限，及时向主管税务机关申报并缴纳增值税。为了确保缴纳的准确性和及时性，企业应建立健全的内部控制制度，加强对财务和税务人员的培训和管理。

（二）增值税的优惠政策与利用

增值税优惠政策是国家为了鼓励特定行业或地区的发展而出台的一系列税收减免措施。企业应积极关注并合理利用这些政策，以降低税负成本并提升经济效益。

1. 增值税优惠政策的类型

增值税优惠政策的形式多样，包括税率优惠、即征即退、先征后退、减免税款等多种形式。企业应深入了解这些政策的适用范围、条件和操作流程，以便根据自身的经营情况和业务需求选择最合适的优惠政策。

例如，对于高新技术企业或研发型企业，国家提供税率优惠或研发费用的加计扣除等优惠政策。而对于出口型企业，国家提供出口退税等优惠政策。企业应根据自身的业务特点和经营策略，灵活选择并应用这些优惠政策。

2. 增值税优惠政策的利用策略

在利用增值税优惠政策时，企业应遵循合规为基础、效益为先的原则。首先，企业应确保所利用的优惠政策合法、合规，避免利用政策漏洞进行违法避税行为。其次，企业应关注优惠政策的长期效益和整体效益，而不仅仅是短期的税负降低。

二、所得税的管理策略

（一）所得税的计算与缴纳

所得税的计算与缴纳是企业所得税管理策略的核心环节，涉及应纳税所得额的确定、税率的适用以及税款的及时缴纳等多个方面。

1. 应纳税所得额的确定

应纳税所得额的确定是所得税计算的第一步。企业应按照税法规定，准确计算其生产经营所得、其他所得等各项应税所得。这要求企业建立健全的会计核算体系，确保会计信息的真实、准确和完整。在计算应纳税所得时，企业应依法扣除各项成本、费用和损失等允许扣除的项目，以确定应纳税所得额。

2. 税率的适用

税率的适用是所得税计算的另一个重要环节。企业应根据税法规定的税率表，准确选择适用的税率，并计算应缴纳的所得税额。在选择税率时，企业需要确保其与自身的业务性质、所得类型等相匹配，避免出现税率选择错误的情况。

3. 税款的缴纳

税款的缴纳是所得税管理的最后一步，也是确保企业合规性的重要环节。企业需按照税法规定的纳税期限和方式，及时向主管税务机关申报并缴纳所得税。为了确保缴纳的准确性和及时性，企业应建立健全的财务管理制度和内部控制制度。

（二）所得税的筹划与节税技巧

所得税的筹划与节税技巧是企业所得税管理策略的重要组成部分。运用合理的税务筹划和节税技巧，企业可以在合法合规的前提下降低所得税税负成本并提高经济效益。

1. 合理利用税收优惠政策

合理利用税收优惠政策是所得税筹划与节税的重要技巧之一。企业应积极关注并合理利用国家和地方出台的所得税优惠政策，如高新技术企业所得税优惠、小微企业所得税优惠等。这些优惠政策通常针对特定行业或地区的企业，提供税率减免、税收抵免等优惠措施。

2. 合理安排成本费用

合理安排成本费用是所得税筹划与节税的另一个重要技巧。企业应根据税法规定和自身实际情况，合理安排成本费用支出。这包括合理划分成本费用界限、加强成本控制和管理等措施。

3. 优化资产折旧与摊销

优化资产折旧与摊销政策也是所得税筹划与节税的重要技巧之一。企业应根据税法规定和自身实际情况，选择合适的资产折旧方法和摊销年限。通过优化资产折旧与摊销政策，企业可以实现资产成本的有效分摊和所得税税负的降低。

4. 合理规划企业组织架构

合理规划企业组织架构也是所得税筹划与节税的重要技巧之一。企业应根据业务需求和税收政策变化等因素，合理规划企业组织架构。这包括设立子公司或分公司等方式调整企业组织形式和经营模式，以降低整体税负成本并提高经济效益。

三、其他税种的管理策略

（一）关税、消费税等税种的管理

关税和消费税等税种的管理是企业税务管理的重要组成部分。这些税种的管理策略不仅涉及计税依据的确定、税率的适用，还包括缴纳环节的操作等多个方面。

1. 准确计算应纳税额

准确计算应纳税额是关税和消费税管理的基础。企业应按照税法规定和相关政策要求，确定计税依据，并选择适用的税率。计税依据的确定需要企业建立健全的会计核算体系，确保会计信息的真实、准确和完整。同时，企业还应密切关注税收政策的变化，及时调整计税方法，以确保计税依据的合规性。

2. 按时申报与缴纳税款

按时申报与缴纳税款是关税和消费税管理的关键环节。企业应按照税法规定的纳税期限和方式，向海关或主管税务机关申报并缴纳税款。为了确保缴纳的准确性和及时性，企业需要建立健全的财务管理制度和内部控制制度。

在申报环节，企业应确保申报表的准确性和完整性。这要求企业加强对财务报表的审核和把关，确保数据的真实性和可靠性。同时，企业还应关注税收政策的变化，及时调整申报策略。例如，当税法对申报期限或申报方式有新的规定时，企业应及时调整操作流程，确保合规性。

在缴纳环节，企业应确保税款的及时足额缴纳。这要求企业加强资金管理，确保有足够的资金用于缴纳税款。同时，企业还可以利用现代化的税务管理系统或软件来辅助进行税款的计算和缴纳工作，提高工作效率和准确性。

3. 利用政策优惠与减免措施

为了降低关税和消费税的税负成本，企业应积极关注并利用相关政策优惠和减免措施。这些优惠政策针对特定行业、地区或企业类型提供税率减免、税收抵免等优惠措施。

为了及时享受政策红利，企业需要加强对税收政策的学习和理解。企业应密切关注税务部门的官方网站和公告，及时了解最新的税收政策和优惠措施。同时，企业还可以与税务部门建立良好的沟通机制，以便及时了解政策动态和操作要求。

4. 加强内部管理与风险控制

加强内部管理与风险控制是关税和消费税管理的重要保障。企业应建立健全的内部控制制度，确保计税依据的真实性和准确性。这要求企业加强对会计信息的审核和监督，确保数据的真实性和可靠性。

同时，企业还应加强风险管理，确保缴纳环节的合规性。企业应建立健全的风险管理制度，对可能存在的税务风险进行识别和评估。加强内部管理和风险控制，企业可以确保关税和消费税管理的合规性和有效性。

（二）地方税种的管理与筹划

地方税种的管理与筹划虽然不属于主要税种范畴，但对企业税负成本的影响也不容忽视。

1. 及时足额缴纳税费

及时足额缴纳地方税费是企业应尽的义务和责任。企业应按照税法规定和相关政策要求，及时足额缴纳城市维护建设税、教育费附加等地方性税费。这不仅可以确保企业的合规性，还可以提升企业的信誉度。

2. 关注并利用地方优惠政策

为了降低地方税种的税负成本，企业应积极关注并利用地方政府出台的相关优惠政策和减免措施。这些优惠政策针对特定行业、地区或企业类型提供税率减免、税收抵免等优惠措施。

3. 合理调整经营模式与业务结构

合理调整经营模式与业务结构是企业优化地方税种税负结构的重要策略。企业可以根据自身实际情况和业务需求，通过调整经营模式、改变业务结构等方式来优化地方税种的税负结构。

例如，企业可以通过合理规划投资项目、调整资产结构等方式来降低城市维护建设税的税负成本。同时，企业还可以通过优化业务流程、提高资源利用效率等方式来降低教育费附加等税费的税负成本。通过合理调整经营模式与业务结构，企业可以实现地方税种税负的最优化并提高经济效益。

第三节 税务风险与合规性管理的方法与实践

一、税务风险的识别与分类

（一）税务风险的识别与评估

税务风险作为企业经营管理中的重要一环，其有效识别与评估对于保障企业稳健运营、规避潜在经济损失和法律处罚具有至关重要的作用。

1. 税务风险的识别过程

税务风险的识别是风险管理的基石，它要求企业对其经营活动中涉及的税务事项进行全面、系统的梳理。在这一过程中，企业应着重关注以下几个方面：

（1）税收政策的变化

税收政策作为国家宏观调控的重要手段，其变动往往会对企业的税务状况产生直接影响。因此，企业应密切关注税收政策的变化趋势，以便及时调整税务策略，应对潜在风险。

（2）税务机关的检查和审计

税务机关的定期或不定期检查和审计是企业面临的重要税务风险来源。企业应加强对税务机关检查和审计程序的了解，确保自身税务管理的合规性，减少被查处的风险。

（3）企业内部税务管理的薄弱环节

企业内部税务管理的规范性、准确性和及时性直接影响企业的税务风险水平。企业应定期对内部税务管理流程进行审查，发现并纠正薄弱环节，提升税务管理水平。

（4）业务模式的特殊性与跨国经营的复杂性

不同企业的业务模式各具特色，而跨国经营则面临更为复杂的税务环境。因此，在识别税务风险时，企业应充分考虑自身业务模式的特殊性和跨国经营的复杂性，确保识别的全面性。

2. 税务风险评估的方法

在税务风险识别的基础上，企业需要对识别出的风险进行量化分析和定性评价，以确定风险的性质、大小和影响范围。在这一过程中，企业可以采用以下方法：

（1）定量分析

通过历史数据、统计模型等手段对税务风险进行量化分析，如计算税收违法行为的几率、潜在的经济损失等，以便更准确地了解风险的大小和可能的影响。

（2）定性评价

除了定量分析外，企业还需要对税务风险进行定性评价，如评估风险对企业声誉、品牌形象等非物质层面的影响，以及风险的可控性、可转移性等特性。

（3）排序与优先级划分

结合定量分析和定性评价的结果，企业可以对识别出的税务风险进行排序和优先级划分，以便在后续的风险管理策略制定中更有针对性地分配资源和精力。

3. 税务风险识别与评估的重要性

税务风险的识别与评估的重要性体现在以下几个方面：

（1）保障企业稳健运营

通过有效的税务风险识别与评估，企业可以及时发现并应对潜在的税务问题，避免经济损失和法律处罚，保障企业的稳健运营。

（2）提升决策科学性

税务风险的识别与评估结果可以为企业的战略规划和经营决策提供重要参考，帮助企业在考虑税务因素的基础上做出更加科学的决策。

（3）增强企业竞争力

良好的税务风险管理可以提升企业的合规性和信誉度，增强企业在市场上的竞争力，为企业的长期发展奠定坚实基础。

（二）税务风险的主要类型与特点

税务风险作为企业在税务活动中面临的不确定性，其类型和特点多样且复杂。

1. 税收政策变动风险

税收政策变动风险是指由于税收政策的变化导致企业面临的税务风险。这种风险具有不确定性和不可预测性，要求企业密切关注税收政策的变化趋势。

（1）特点

税收政策变动风险具有突发性、全局性和影响深远的特点。一旦税收政策发生变化，企业就需要调整税务策略、重新规划业务模式，甚至面临经济损失。

（2）应对策略

企业应建立税收政策监测机制，定期收集和分析税收政策信息，以便及时调整税务策略。同时，企业还可以加强与税务机关的沟通，争取在税收政策变动中获得更多的指导和支持。

2. 税务执法风险

税务执法风险是指税务机关在执法过程中对企业进行的检查、审计和处罚等带来的风险。

（1）特点

税务执法风险与企业和税务机关的沟通、协调以及企业自身税务管理的规范性密切相关。一旦企业在税务管理中存在违规行为，就会面临税务机关的检查和处罚。

（2）应对策略

企业应加强内部税务管理的规范性，确保税务申报、税款缴纳等环节的准确性和及时性。同时，企业还应加强与税务机关的沟通和协调，建立良好的税企关系，降低被查处的风险。

3. 税务筹划风险

税务筹划风险是指企业在税务筹划过程中可能因筹划方案的不合理或执行不当而面临的风险。

（1）特点

税务筹划风险具有隐蔽性、复杂性和潜在性。不合理的税务筹划方案可能导致企业面临税务违法风险，而筹划方案的执行不当则可能引发实际的经济损失。

（2）应对策略

企业在进行税务筹划时，应充分考虑税收法律法规的约束和税务机关的监管要求，确保筹划方案的合理性和可行性。同时，企业还应加强对税务筹划方案执行过程的监控和管理，确保筹划方案的顺利实施。

4. 税务合规性风险

税务合规性风险是指企业在税务活动中未遵守税收法律法规而面临的风险。

（1）特点

税务合规性风险是企业税务风险中最基础也是最重要的一种。一旦企业在税务活动中存在违规行为，就会面临税务机关的处罚和声誉损失。

（2）应对策略

企业应建立健全的税务合规性管理制度，明确税务管理的流程和规范，确保税务活动的合规性。同时，企业还应加强对员工的税务培训和教育，提高员工的税务合规意识。

二、税务合规性管理的方法

（一）税务合规性检查与审计

税务合规性检查与审计是企业税务管理的重要环节，对于保障企业税务活动的规范性、准确性和合法性具有至关重要的作用。

1. 税务合规性检查的定义与目的

税务合规性检查是企业内部税务管理部门或外部税务顾问对企业税务活动进行的一种定期或不定期的检查活动。其目的在于发现企业税务活动中存在的问题和隐患，及时提出改进建议，以确保企业税务活动的合规性。通过税务合规性检查，企业可以及时发现并纠正税务违规行为，避免潜在的税务风险和经济损失。

2. 税务合规性检查的重点关注方面

在进行税务合规性检查时，企业应重点关注以下几个方面：

（1）税务申报的准确性

税务申报是企业与税务机关之间的重要沟通桥梁。企业应确保税务申报的准确性和完整性，避免出现漏报、错报等违规行为。

（2）税务筹划的合规性

税务筹划是企业为了优化税务负担而进行的合理安排。然而，税务筹划必须在法律法规的框架内进行，否则可能引发税务风险。因此，企业应确保其税务筹划方案的合规性。

（3）税务文档的完整性

税务文档是企业税务活动的重要记录，也是税务机关进行税务审计的重要依据。企业应确保税务文档的完整性和规范性，以便在需要时能够及时提供。

3. 应对税务审计的策略

税务审计是税务机关对企业税务活动进行的一种更为正式和严格的检查活动。在应对税务审计时，企业应采取以下策略：

（1）积极配合税务机关的审计活动

企业应尊重税务机关的审计权威，积极配合审计活动，及时提供所需的资料和文件。

（2）认真分析和整改审计结果

对于税务机关提出的审计意见和建议，企业应认真进行分析和整改，确保税务活动的合规性。

（3）加强内部沟通和协调

在应对税务审计时，企业应加强内部沟通和协调，确保各部门之间的信息共享和协作，共同应对审计挑战。

（二）税务合规性制度的建立与执行

税务合规性制度的建立与执行是企业税务合规性管理的核心内容。一个健全、有效的税务合规性制度可以帮助企业规范税务活动，降低税务风险，提高税务管理水平。

1. 税务合规性制度的建立

建立税务合规性制度是企业税务合规性管理的第一步。在建立制度时，企业应充分考虑以下因素：

（1）税收法律法规的要求：企业应深入研究税收法律法规，确保制度的合法性和合规性。

（2）税务机关的监管要求：企业应了解税务机关的监管要求和政策导向，确保制度与税务机关的监管要求相一致。

（3）企业自身的实际情况和业务特点：企业应结合自身的实际情况和业务特点，制定具有针对性和可操作性的税务合规性制度。

2. 税务合规性制度的执行

税务合规性制度的执行是企业税务合规性管理的关键环节。为了确保制度的全面覆盖和有效执行，企业应采取以下措施：

（1）加强员工培训和教育：企业应定期对员工进行税务合规性制度的培训和教育，提高员工的税务合规意识和操作技能。

（2）建立责任追究机制：企业应明确各部门和员工的税务合规职责，并建立责任追究机制，对违反制度的行为进行严肃处理。

（3）定期进行制度检查和评估：企业应定期对税务合规性制度的执行情况进行检查和评估，及时发现并纠正制度执行中的问题。

3. 税务合规性制度的监督与改进

税务合规性制度的监督与改进是企业税务合规性管理的持续过程。为了确保制度的适应性和有效性，企业应采取以下措施：

（1）建立内部监督机制：企业应建立内部监督机制，对税务合规性制度的执行情况进行定期或不定期的监督，确保制度的严格执行。

（2）及时收集和处理反馈信息：企业应积极收集员工和相关部门对税务合规性制度的反馈信息，及时处理和改进制度中存在的问题。

（3）及时调整制度：随着税收法律法规和税务机关监管要求的变化，企业应及时调整税务合规性制度，确保制度的合规性和适应性。

三、税务风险管理的实践

（一）税务风险管理策略的制定与实施

税务风险管理策略是企业为了降低税务风险而制定的一系列策略，旨在确保企业税务活动的合规性，避免潜在的税务纠纷和经济损失。

1. 税务风险管理策略的制定

制定税务风险管理策略是企业税务风险管理的基础。为了确保策略的有效性和针对性，企业在制定过程中应充分考虑以下因素：

（1）业务特点与市场环境：企业应深入分析自身的业务特点和市场环境，识别潜在的税务风险点，确保策略与企业的实际运营情况相匹配。

（2）税收政策与法规：企业应密切关注税收政策和法规的变化，确保策略与最新的税收要求保持一致，避免因政策变动导致的税务风险。

（3）整体风险管理策略：税务风险管理是企业整体风险管理的一部分，因此，制定税务风险管理策略时，应与企业的整体风险管理策略相协调，形成统一的风险管理体系。

2. 税务风险管理策略的实施

税务风险管理策略的实施是企业税务风险管理的关键环节。为了确保策略的有效执行，企业应采取以下措施：

（1）培训与宣传：企业应通过定期的培训和宣传活动，提高员工的税务风险意识和管理能力，确保员工能够理解和遵守税务风险管理策略的要求。

（2）明确职责与分工：企业应明确各部门和员工在税务风险管理中的职责和分工，确保策略的执行责任到人，形成全员参与的风险管理氛围。

（3）建立执行机制：企业应建立税务风险管理策略的执行机制，包括定期的检查、评估和反馈等，确保策略的执行情况得到及时监控和调整。

（二）税务风险管理的持续改进与优化

税务风险管理是一个持续的过程，需要企业不断地进行改进和优化。

1. 持续改进机制的建立

建立税务风险管理的持续改进机制是企业提升税务管理水平的关键。为了确保机制的有效运行，企业应采取以下措施：

（1）定期审查与更新：企业应定期对税务风险管理策略、制度、流程等方面进行全面的审查和更新，确保其与企业的实际运营情况和外部环境的变化保持一致。

（2）建立反馈机制：企业应建立税务风险管理的反馈机制，鼓励员工提供关于税务风险管理的意见和建议。通过反馈机制，企业可以及时了解策略执行中的问题和不足，并进行改进。

（3）形成持续改进的文化：企业应注重培养持续改进的文化氛围，鼓励员工积极参与税务风险管理的改进活动。通过持续改进的文化，企业可以不断推动税务风险管理水平的提升。

2. 关注税收政策与监管要求的变化

税收政策与监管要求的变化是企业税务风险管理的重要影响因素。为了应对这些变化，企业应采取以下措施：

（1）密切关注税收政策动态：企业应密切关注税收政策的最新动态，及时了解政策的变化和趋势。通过了解税收政策的变化，企业可以及时调整税务风险管理策略，确保与政策的合规性。

（2）分析监管要求的影响：企业应深入分析税务机关的监管要求对企业税务风险管理的影响。通过了解监管要求的变化，企业可以及时调整和完善税务风险管理策略和措施，确保与监管要求的一致性。

3. 注重与税务机关的沟通与协调

与税务机关的沟通与协调是企业税务风险管理的重要环节。为了提升税务风险管理水平，企业应注重与税务机关的积极合作和交流。

（1）及时了解税收政策与监管要求：通过与税务机关的沟通，企业可以及时了解税收政策的最新动态和税务机关的监管要求。这有助于企业更好地制定和执行税务风险管理策略，确保与政策和监管要求的一致性。

（2）借助税务机关的专业力量：税务机关具有丰富的税收专业知识和实践经验。企业可以积极借助税务机关的专业力量和资源，提升自身的税务风险管理水平。例如，企业可以邀请税务机关的专家进行培训或指导，以提高员工的税务风险管理能力。

第四节　税务筹划的基本原则与技巧

一、税务筹划的基本原则

（一）合法性原则

税务筹划作为企业经营管理中的重要环节，其首要原则便是合法性。

1. 合法性原则的内涵

合法性原则要求企业在进行税务筹划时，必须严格遵守国家税收法律法规，确保筹划方案的合法性和合规性。这意味着企业的一切税务筹划活动都必须在法律允许的范围内进行，不得采取任何违法手段，如虚构交易、隐瞒收入、逃避税收等。这些行为不仅会导致企业面临法律处罚，如罚款、税收调整、甚至刑事责任，还会严重损害企业的声誉和信誉，影响企业的长期发展。

2. 合法性原则的重要性

在税收法律日益完善、税务机关监管日益严格的背景下，任何违法税务筹划行为都可能被税务机关查处，给企业带来不可估量的损失。同时，合法性原则也是企业维护自身权益的保障。只有合法的税务筹划方案，才能得到税务机关的认可和保护，确保企业的税务利益不受侵害。

3. 合法性原则在实践中的应用

在实践中，企业要遵循合法性原则进行税务筹划，首先需要建立一套完善的税务管理制度，确保税务筹划活动的规范化和制度化。其次，企业要加强对税收法律法规的学习和研究，及时了解和掌握税收政策的最新动态，以便在筹划方案中充分考虑法律因素。最后，企业还需要加强与税务机关的沟通和协调，确保筹划方案得到税务机关的认可和支持。

（二）经济性原则

税务筹划不仅关乎企业的税务合规，更关乎企业的经济效益。因此，企业要遵循经济性原则。

1. 经济性原则的内涵

经济性原则要求企业在进行税务筹划时，必须充分考虑筹划方案的经济效益和成本效益。这意味着企业不能盲目地进行税务筹划，而必须根据自身的经济状况和税务环境，制订合理的筹划方案。

2. 经济性原则的重要性

在激烈的市场竞争中，企业只有不断提高自身的经济效益，才能在市场中立于不败之地。而税务筹划作为企业管理的重要一环，其经济效益的提升对于企业整体盈利能力的提升具有至关重要的作用。同时，经济性原则还要求企业关注筹划方案对长期发展的影响，避免为了短期利益而损害企业的长期发展。

3. 经济性原则在实践中的应用

在实践中，企业要遵循经济性原则进行税务筹划，首先需要建立一套完善的成本效益分析机制，对筹划方案进行全面的经济效益评估。其次，企业需要制订合理的筹划方案，确保方案的经济性和可行性。最后，企业还需要关注筹划方案对长期发展的影响，确保方案符合企业的长期发展战略。

（三）事先筹划原则

税务筹划不仅需要合法性和经济性，更需要前瞻性和动态性。事先筹划原则正是体现了这一要求。

1. 事先筹划原则的内涵

事先筹划原则要求企业在进行税务筹划时，必须提前进行规划和准备，以确保在税务事项发生时能够及时、准确地应对。这意味着企业不能等到税务事项发生后再进行筹划，而必须提前考虑税务因素，制订合理的税务筹划方案。

2. 事先筹划原则的重要性

通过事先筹划，企业可以更好地把握税务风险，避免因为税务事项的不确定性而给企业带来不必要的损失。同时，事先筹划还可以降低企业的税务成本，提高企业的经济效益。此外，事先筹划还要求企业在进行重大经济决策或交易时，要提前考虑税务因素，这有助于企业做出更加明智的决策。

3. 事先筹划原则在实践中的应用

在实践中，企业要遵循事先筹划原则进行税务筹划，首先需要建立一套完善的税务筹划机制，确保筹划活动的系统性和前瞻性。其次，企业要加强与税务机关的沟通和协调，及时了解税务机关的监管要求和税收政策动态，以便在制订筹划方案时充分考虑这些因素。最后，企业还需要对筹划方案进行动态调整和优化，确保方案能够适应企业经济环境和税务环境的变化。

二、税务筹划的技巧

（一）税务筹划的切入点与策略选择

税务筹划作为企业财务管理的重要组成部分，其切入点与策略选择至关重要。

1. 税务筹划的切入点

税务筹划的切入点主要包括税收政策、企业组织架构、交易模式等方面。首先，税收政策是税务筹划的基石。企业可以通过深入研究税收政策，了解税收优惠政策、税收减免政策等，以制订合理的税务筹划方案，降低税务成本，提高经济效益。其次，企业组织架构的调整也是税务筹划的重要手段。通过优化组织架构，企业可以更好地利用税收政策，实现税务筹划目标。最后，交易模式的优化同样不可忽视。企业可以通过改变交易方式、调整交易价格等手段，降低税务负担，提高经济效益。

2. 税务筹划的策略选择

在策略选择方面，企业应根据自身实际情况和需求，选择适合的税务筹划策略。对于不同类型的企业，税务筹划策略也会有所不同。例如，对于高新技术企业，研发费用加计扣除、技术转让所得减免等税收优惠政策是其税务筹划的重要策略。通过充分利用这些优惠政策，高新技术企业可以降低研发成本，提高竞争力。而对于跨国经营的企业，国际税务筹划则更为复杂。企业可以采取转移定价、资本弱化等方式，合理利用不同国家的税收政策，降低整体税务负担。

（二）税务筹划中的会计处理与税法运用

1. 会计处理在税务筹划中的作用

会计处理在税务筹划中起着至关重要的作用。企业在进行税务筹划时，必须充分了解会计处理和税法规定，确保筹划方案的合规性和有效性。会计处理可以通过合理的会计政策选择、会计估计变更等方式，调整税务成本，实现税务筹划目标。例如，企业可以选择不同的折旧方法、存货计价方法等，来影响税务成本，从而达到税务筹划的目的。

2. 税法运用在税务筹划中的注意事项

税法运用是税务筹划的核心。在运用税法进行税务筹划时，企业需要注意以下几点：首先，要充分了解税收法律法规的最新动态，确保筹划方案与最新政策相符；其次，要关注税务机关的监管要求，确保筹划方案能够得到税务机关的认可；最后，要合理规避税收风险，避免因为筹划方案的不合理而引发税务纠纷。

第八章 税务筹划与避税策略

第一节 税务筹划的深入解析与策略制定

一、税务筹划的层含义与目的

税务筹是一种战略性的思维方式和管理手段，旨在通过合法、合规的方式，对企业涉税事项进行全面、预先的规划、设计和安排，以实现税务利益的最大化，进而推动企业价值的整体提升。

（一）税务筹划的深层含义

税务筹划的核心在于"筹划"，即预先的规划与设计。这要求企业在进行任何涉及税务的经济活动之前，都要对税务因素进行充分的考虑和安排。这种筹划不是一次性的，而是需要随着企业经济环境和税务环境的变化而持续进行。税务筹划也不仅仅是对税收政策的简单应用，更是一种战略性的管理手段。它要求企业在法律允许的范围内，充分利用税收政策，合理规避税务风险，以实现税务利益的最大化。这种最大化不仅仅是指税务成本的降低，更包括税务结构的优化和税务风险的最小化。

（二）税务筹划的目的

税务筹划的根本目的是实现企业价值的最大化。具体来说，税务筹划的目的可以从以下几个方面来理解。

1. 降低税务成本，增加企业净利润

通过有效的税务筹划，企业可以充分利用税收优惠政策，降低税负，从而增加企业的可支配收入。这种成本的降低将直接转化为企业净利润的提升，进而推动企业经济价值的增加。

2. 优化税务结构，提升企业整体价值

税务筹划不仅仅关注税务成本的降低，更关注税务结构的优化。通过合理的税务筹划，企业可以调整其资本结构、投资结构和融资结构，以降低资本成本，提高企业的财务价值。这种结构的优化将进一步提升企业的整体价值。

3. 规避税务风险，保护企业声誉和品牌价值

税务风险是企业面临的重要风险之一。通过税务筹划，企业可以对潜在的税务风险进行识别和评估，并采取相应的措施进行规避和控制。这将有助于避免企业因税务问题而遭受的经济损失和声誉损害，从而保护企业的社会信誉和品牌价值。

二、税务筹划的策略制定

（一）基于税收政策的筹划策略

税收政策作为税务筹划的基石，对企业税务筹划策略的制定具有深远影响。企业在面对复杂多变的税收政策环境时，必须保持高度的敏感性和灵活性，以确保税务筹划策略的有效性和合法性。

1. 利用税收优惠政策，降低企业税负

税收优惠政策是国家为了鼓励特定行业、地区或类型的企业发展，而在税收方面给予的一种特殊待遇。企业可以通过深入研究税收优惠政策，挖掘其中的筹划空间，制订合理的税务筹划方案，以降低企业税负。例如，研发费用加计扣除政策允许企业在计算应纳税所得额时，将实际发生的研发费用按照一定比例加计扣除，这对于高新技术企业来说，无疑是一个降低税负的有效途径。此外，技术转让所得减免政策也是企业可以利用的税收优惠政策之一，通过合理筹划技术转让活动，企业可以进一步降低税负。

2. 通过合理的税收筹划，优化企业税务结构

税收筹划是在遵守税收法律法规的前提下，通过合理安排企业经济活动，以达到降低税务成本、优化税务结构的目的。企业可以通过延期纳税、税收抵免等税收筹划手段，优化税务结构，提高税务效益。延期纳税是指企业在遵守税收法律法规的前提下，通过合理安排纳税时间，延迟纳税义务的发生，从而获得资金时间价值的一种税收筹划方法。而税收抵免则是指企业在计算应纳税所得额时，可以将已经缴纳的税款或者符合规定的特定支出从应纳税额中抵免，从而降低实际税负。

3. 关注税收政策的变动趋势，及时调整企业税务筹划策略

税收政策作为国家宏观调控的重要手段，其变动趋势往往反映了国家经济政策的调整方向。因此，企业必须密切关注税收政策的变动趋势，及时调整税务筹划策略，以适应新的税收政策环境。例如，当国家出台新的税收优惠政策时，企业应及时了解政策的具体内容和适用范围，并评估政策对企业税务筹划的影响，以便及时调整筹划策略。同时，企业还应关注税收政策变动可能带来的税务风险，并采取相应的措施进行防范和控制。

（二）考虑企业经营特点的筹划思路

企业的经营特点对税务筹划策略的制定具有重要影响。不同行业、不同规模、不同发展阶段的企业面临着不同的税务环境和筹划需求。因此，在制定税务筹划策略时，企业必须充分考虑自身的经营特点，以确保筹划策略的有效性和针对性。

1. 根据企业的行业特点，制订合理的税务筹划方案

不同行业的企业面临着不同的税务环境和筹划空间。因此，在制定税务筹划策略时，企业应首先分析自身所处的行业特点，并据此制订合理的税务筹划方案。例如，对于出口企业来说，出口退税政策是一个重要的筹划空间，企业可以通过优化出口产品结构、提高出口产品附加值等方式来充分利用这一政策，提高税务效益。

2. 根据企业的规模和发展阶段，制定适合的税务筹划策略

企业的规模和发展阶段也是影响税务筹划策略的重要因素。不同规模和发展阶段的企业面临着不同的税务筹划需求和挑战。因此，在制定税务筹划策略时，企业应充分考虑自身的规模和发展阶段，并据此制定适合的税务筹划策略。例如，对于初创期企业来说，资金相对紧张、税务筹划空间有限是其面临的主要问题。因此，企业可以采取加速折旧等税收优惠政策来降低税负、缓解资金压力。而对于成熟期企业来说，其税务筹划空间相对较大、税务风险也相对较高。因此，企业可以采取税收抵免等税收优惠政策来降低税负、优化税务结构，并加强税务风险管理，确保筹划策略的合法性和有效性。

3. 结合企业的经营战略和市场环境，制订灵活的税务筹划方案

企业的经营战略和市场环境也是影响税务筹划策略的重要因素。在制定税务筹划策略时，企业应充分考虑自身的经营战略和市场环境，并据此制订灵活的税务筹划方案。例如，在市场竞争激烈的情况下，企业可以采取价格折扣等营销策略来吸引客户、扩大市场份额。此时，企业可以结合税收政策进行筹划，通过合理安排营销活动、优化定价策略等方式来降低税务成本、提高税务效益。同时，企业还应密切关注市场环境的变化和税收政策的调整，及时调整税务筹划方案，以适应新的市场环境和政策要求。

三、税务筹划的实施步骤

（一）筹划方案的初步设计与评估

税务筹划对于提高企业的税务效益、优化税务结构具有重要意义。而筹划方案的初步设计与评估，则是税务筹划实施的关键环节。以下将从三个方面详细阐述筹划方案的初步设计与评估。

1. 明确税务筹划的目标和原则

税务筹划的目标和原则是筹划方案设计的基石。企业在制订税务筹划方案时，必须首先明确筹划的目标，如降低税负、优化税务结构、提高税务效益等。同时，企业还应遵循一定的原则来指导筹划方案的设计，如合法性原则、效益性原则、风险可控原则等。

2. 设计出初步的税务筹划方案

税收政策和企业经营特点是影响税务筹划方案设计的两个重要因素。企业在设计筹划方案时，必须充分考虑这两个因素，以确保筹划方案的有效性和针对性。一方面，企业应深入研究税收政策的细节，挖掘其中的筹划空间，并据此设计出具体的筹划措施。例如，企业可以利用税收优惠政策来降低税负，通过合理安排经济活动来优化税务结构等。另一方面，企业还应充分考虑自身的经营特点，如行业特点、规模和发展阶段等，并据此对筹划方案进行个性化设计。

3. 对筹划方案进行初步的评估和分析

筹划方案的初步评估和分析是确保筹划方案可行性和效益性的重要环节。企业在设计出初步的筹划方案后，应对其进行全面的评估和分析，包括成本效益分析、风险评估等。成本效益分析要求企业对筹划方案的实施成本和预期效益进行估算和比较，以确保筹划方案的经济性；风险评估则要求企业对筹划方案可能带来的税务风险进行识别和评估，并采取相应的措施进行防范和控制。通过初步的评估和分析，企业可以及时发现筹划方案中存在的问题和不足，并对其进行改进和完善，以确保筹划方案的可行性和效益性。

（二）筹划方案的优化与最终确定

在初步设计和评估的基础上，企业需要对税务筹划方案进行优化和完善，以确保其能够最大程度地实现企业的税务利益。

1. 对筹划方案进行细致的调整和改进

筹划方案的优化和完善是一个细致而复杂的过程。企业需要对初步设计的筹划方案进行深入的剖析和研究，发现其中存在的问题和不足，并据此进行细致的调整和改进。例如，企业可以对筹划措施进行优化组合，以提高筹划效果；可以对实施步骤进行细化和完善，以确保筹划方案的顺利执行等。通过细致的调整和改进，企业可以进一步提高筹划方案的针对性和有效性，为企业的税务利益最大化提供有力保障。

2. 与税务机关进行充分的沟通和协调

税务机关是企业税务筹划的重要外部环境因素。企业在制定和实施税务筹划方案时，必须充分考虑税务机关的意见和要求，以确保筹划方案的合法性和合规性。因此，企业需要与税务机关进行充分的沟通和协调,就筹划方案的具体内容进行深入的交流和探讨。通过沟通和协调,企业可以及时了解税务机关对筹划方案的看法和要求,并据此对筹划方案进行必要的调整和改进。同时,企业还可以向税务机关咨询相关的税收政策和法规,以确保筹划方案的合法性和合规性。

3. 制定详细的实施计划和时间表

筹划方案的实施需要制定详细的计划和时间表。企业应根据筹划方案的具体内容和实施要求,制定出详细的实施计划和时间表,包括实施步骤、责任人、完成时间等。通过制定详细的实施计划和时间表,企业可以确保筹划方案的顺利执行,并及时发现和解决实施过程中存在的问题和不足。同时,企业还可以对实施过程和结果进行监督和评价,以确保筹划方案的有效性和可行性。

第二节 避税与反避税的技巧与实践

一、避税的技巧

避税是企业在追求经济利益过程中的一种常见且合法的行为。在经营过程中,企业可以通过调整自身架构的方式来实现避税的目的。企业架构的调整包括企业组织形式的选择、企业间关联关系的设置以及企业业务流程的重组等。这些调整都可以为企业带来避税的机会。

(一)选择适合的企业组织形式享受税收政策优惠

不同的企业组织形式在税收方面享有不同的待遇。因此,企业可以通过选择适合的组织形式来享受税收政策的优惠。例如,合伙企业相比于有限责任公司,在税收方面享有更多的灵活性。合伙企业的所得可以直接分配给各个合伙人,由合伙人按照个人所得税的规定进行纳税,从而避免了双重征税的问题。因此,对于某些特定行业或类型的企业来说,选择合伙企业的组织形式可能更有利于避税。

(二)设置企业间的关联关系实现税收的转移和分摊

企业间可以通过设置关联关系来实现税收的转移和分摊。例如,母子公司之间的关联交易可以通过合理的定价策略来实现税收的转移。母公司可以将某些高利润的业务转移给子公司,由子公司来承担这部分业务的税收负担,从而降低母公司的税负。同样,兄弟公司之间也可以通过合理的业务分工和合作来实现税收的分摊和转移。

（三）重组企业业务流程降低整体税负

企业可以通过重组业务流程来降低整体税负。例如，将高税负的业务转移至低税负的地区或国家，可以利用该地区或国家的税收优惠政策来降低业务的税负。同时，企业还可以通过合理的业务拆分和合并来优化税务结构。将某些高税负的业务拆分出来，单独成立一个公司或部门，并通过合理的定价策略将其利润转移至其他低税负的公司或部门，从而降低整体的税负。

二、反避税的措施

（一）税务机关的反避税手段

避税行为尽管能为企业带来一定的经济利益，但过度或不当的避税却会严重损害国家的税收利益和税收公平性。因此，税务机关作为税收管理的主要执行部门，肩负着重大的责任，需要采取一系列有效的反避税措施，以坚决维护税收秩序和税收的公平性。

1. 加强税收法律法规的宣传与培训

税务机关的首要任务是加强税收法律法规的宣传，提高纳税人的税收法律意识和遵从度。这包括定期组织税收法律法规的培训班、研讨会，以及通过各种媒体渠道普及税收知识。通过这些活动，税务机关旨在使纳税人更加深入地了解税收法律法规，明确自己的权利和义务，从而减少避税行为的发生。

2. 实施税收审计与税务稽查

税务机关通过税收审计和税务稽查等方式，对纳税人的避税行为进行严格的监督和检查。税收审计是对纳税人纳税申报的准确性和合法性的全面审查，而税务稽查则是对特定纳税人或特定税收事项的专项检查。通过这些手段，税务机关能够及时发现并纠正纳税人的避税行为，确保税收的公平性和合规性。

3. 利用信息技术手段进行数据挖掘与分析

随着信息技术的发展，税务机关开始利用大数据分析、云计算等先进技术手段，对纳税人的税收数据进行深入挖掘和分析。通过这些技术手段，税务机关能够更加准确地识别出潜在的避税行为，提高反避税工作的效率和准确性。

4. 加强与国际税务机关的合作

在全球化背景下，跨国避税行为日益增多。为了有效打击这种避税行为，税务机关需要加强与国际税务机关的合作，共同分享税收信息，协调税收政策，共同打击跨国避税行为。这种国际合作对于维护全球税收秩序和税收公平性具有重要意义。

（二）企业应对反避税的策略与方法

面对税务机关日益严格的反避税措施，企业需要采取合理的策略和方法进行积极应对。这既是为了确保自身的避税行为合法、合规，也是为了降低税务风险，实现税收利益的最大化。

1. 加强税收法律法规的学习与培训

企业应定期组织员工参加税收法律法规的学习和培训，提高员工的税收法律意识和遵从度。这包括邀请专业税务顾问进行讲座、组织员工参加税务培训班等。通过学习和培训，员工能够更加深入地了解税收法律法规的要求和变化，从而更好地指导企业的税收筹划和避税行为。

2. 建立完善的税收管理制度和内部控制机制

企业应建立完善的税收管理制度和内部控制机制，确保税收筹划和架构调整的合法性和合规性。这包括制订详细的税收筹划方案、建立税收风险管理机制、定期进行税收合规性审查等。这些制度和机制的建设使企业能够更好地规范自身的避税行为，降低税务风险。

3. 加强与税务机关的沟通和协调

企业应加强与税务机关的沟通和协调，及时了解税收政策的变动和税务机关的监管要求。这包括定期与税务机关进行会面、参加税务机关组织的座谈会、积极回应税务机关的询问和调查等。通过与税务机关的沟通和协调，企业能够更好地了解税务机关的监管重点和要求，从而更好地调整自身的避税策略。

4. 积极应对税务机关的税收审计和稽查

当税务机关对企业进行税收审计和稽查时，企业应积极配合并提供真实、完整的税收资料和数据。这包括准备相关的财务报表、纳税申报表、合同协议等文件资料。同时，企业还应派遣专业的税务人员与税务机关进行沟通和协调，确保审计和稽查的顺利进行。积极应对税务机关的税收审计和稽查使企业能够更好地维护自身的合法权益和税收利益。

三、避税与反避税的平衡

避税行为，作为企业追求经济利益的一种策略，其存在具有一定的合理性和必然性。然而，并非所有的避税行为都能得到法律的认可和保护。合法避税与非法避税之间的界限，主要取决于避税行为是否违反了税收法律法规的规定以及是否违背了税收公平的原则。

(一)合法避税的定义与特征

合法避税,顾名思义,是指在遵守税收法律法规的前提下,企业通过合理的税收筹划和架构调整,以减少或延迟税收负担的行为。这种避税行为不仅符合法律的要求,也体现了企业对税收政策的合理利用。合法避税的特征主要包括:

(1)遵守税收法律法规:合法避税的首要前提是遵守税收法律法规,不违反任何法律条款。

(2)合理的税收筹划:企业通过合理的税收筹划,如选择适当的会计政策、利用税收优惠政策等,来降低税收负担。

(3)架构调整:企业通过调整其组织架构、业务模式等方式,以更高效地利用税收政策,实现税收利益的最大化。

(二)非法避税的定义与危害

非法避税是指企业违反税收法律法规的规定,通过不正当的手段和方式逃避税收的行为。非法避税不仅损害了国家的税收利益,也破坏了税收的公平性和市场秩序。非法避税的危害主要包括:

(1)损害国家税收利益:非法避税行为导致国家税收收入的减少,损害了国家的财政利益。

(2)破坏税收公平性:非法避税行为使得一些企业能够逃避税收,而其他守法企业则承担更重的税收负担,破坏了税收的公平性。

(3)扰乱市场秩序:非法避税行为会导致市场竞争的不公平,使得一些企业能够通过避税获得不正当的竞争优势。

(三)合法避税与非法避税的界限划分

合法避税与非法避税的界限主要在于避税行为是否违反了税收法律法规的规定和税收公平的原则。具体来说,这种界限的划分可以从以下几个方面进行考虑:

(1)法律法规的遵守情况:合法避税必须严格遵守税收法律法规的规定,而非法避税则违反了这些规定。

(2)税收筹划的合理性:合法避税是通过合理的税收筹划和架构调整来实现的,而非法避税则涉及虚构交易、隐瞒收入等不正当手段。

(3)税收公平性的考量:合法避税是在遵守税收公平原则的前提下进行的,而非法避税则往往破坏了税收的公平性。

第三节 税务筹划的案例分析与启示

一、税务筹划的成功案例

(一)国内外企业的税务筹划实例

通过精妙的税务筹划,企业能够在合法合规的前提下,有效减轻税负,提升经济效益。下面将分别探讨国内与国外企业在税务筹划方面的成功案例,以期为企业税务筹划实践提供有益的启示。

1. 国内企业税务筹划实例

以某大型互联网企业为例,该企业在税务筹划方面取得了显著成效。其成功之处,主要体现在以下几个方面:

(1)充分利用税收优惠政策:该企业深入研究了国家对于高新技术企业的税收优惠政策,如研发费用加计扣除、技术转让所得减免等。通过加大研发投入和技术转让活动,企业不仅提升了自身的技术创新能力,还有效降低了所得税负担。

(2)合理的税收筹划策略:除了利用税收优惠政策,该企业还通过延期纳税、税收抵免等税收筹划手段,进一步优化了税务结构。这些策略的实施,使得企业在合法合规的前提下,实现了税收利益的最大化。

(3)税务风险的有效控制:在税务筹划过程中,该企业始终注重税务风险的控制。通过建立健全的税务管理制度和内部控制机制,企业确保了税务筹划方案的合法性和合规性,有效避免了潜在的税务风险。

2. 国外企业税务筹划实例

某跨国公司的税务筹划实践,同样为我们提供了宝贵的经验。该企业在全球范围内进行了精心的税务筹划,成功降低了整体税负。其成功之处,主要体现在以下几个方面:

(1)跨国投资与融资的巧妙安排:该企业充分利用了不同国家和地区的税收政策差异,通过合理的跨国投资、融资和业务安排,将高利润业务转移至低税负国家。这种巧妙的安排,使得企业在全球范围内实现了税负的最低化。

(2)与国际税务机关的积极沟通:在税务筹划过程中,该企业注重与国际税务机关的沟通和协调。通过及时了解税务机关的监管要求和税收政策的变动趋势,企业确保了税务筹划方案的合法性和合规性,有效避免了潜在的税务争议。

(3)全球化的税务筹划团队:该企业拥有一支全球化的税务筹划团队,团队成员具备丰富的税务知识和筹划经验。这支专业的团队为企业提供全面、专业的税务筹划服务,确保企业在全球范围内的税务筹划实践都能达到最佳效果。

（二）成功筹划的关键因素与经验总结

从上述国内外企业的税务筹划实例中，我们可以提炼出税务筹划成功实施的关键因素和经验。这些因素和经验对于指导企业未来的税务筹划实践具有重要意义。

1. 深入了解税收政策

税务筹划的第一步，就是深入了解税收政策。企业需要密切关注税收政策的变动趋势，深入研究税收政策的细节内容。通过挖掘税收政策中的筹划空间，企业可以制订合理的税务筹划方案，为降低税负和提升经济效益打下坚实基础。

2. 合理的税务架构设计

税务架构设计是税务筹划的核心环节。企业需要通过合理的税务架构设计，如选择适合的企业组织形式、设置企业间的关联关系、重组企业业务流程等，来实现税收利益的最大化。在税务架构设计过程中，企业需要综合考虑税务、法律、财务等多个方面的因素，确保税务筹划方案的合法性和可行性。

3. 充分的沟通与协调

税务筹划并非孤立的行为，而是需要与企业外部环境进行充分的沟通与协调。企业需要与税务机关保持密切的联系，及时了解税务机关的监管要求和税收政策的变动趋势。通过积极的沟通与协调，企业可以确保税务筹划方案的合法性和合规性，有效避免潜在的税务风险。

4. 专业的税务筹划团队

税务筹划是一项复杂而专业的任务，需要由具备丰富税务知识和筹划经验的专业团队来执行。企业需要拥有一支专业的税务筹划团队，能够为企业提供全面、专业的税务筹划服务。这支团队不仅需要具备深厚的税务专业知识，还需要具备敏锐的市场洞察力和创新思维能力，以应对不断变化的税收政策和市场环境。

二、税务筹划的失败案例

（一）筹划失败的原因与教训

在实践中，并非所有的税务筹划方案都能顺利实施并取得预期效果。

1. 违反税收法律法规

（1）原因

一些企业在追求税务利益的过程中，忽视了税收法律法规的约束，采取了虚构业务、隐瞒收入、虚假申报等不法手段。这些行为不仅违反了税法的规定，也损害了税收的公平性和国家的财政利益。

（2）教训

企业必须树立依法纳税的观念，严格遵守税收法律法规。税务筹划应在法律允许的范围内进行，不能触碰法律的红线。同时，企业应加强内部控制，防止因个别员工的违法行为而给企业带来整体风险。

2. 筹划方案不合理

（1）原因

一些企业在制订税务筹划方案时，缺乏全面的考虑和科学的分析。例如，过度依赖税收优惠政策，而忽视了政策可能的变化和不确定性；或者只关注税负的降低，而忽视了筹划方案对企业整体财务状况和经营策略的影响。

（2）教训

税务筹划应以企业的整体利益为出发点，综合考虑税负、现金流、盈利能力等多个方面。同时，企业应保持对税收政策变动的敏感性，及时调整筹划方案，以适应外部环境的变化。

3. 缺乏沟通与协调

（1）原因

税务筹划是一项涉及多方的活动，需要企业与税务机关、其他政府部门、中介机构等进行有效的沟通和协调。然而，一些企业在进行税务筹划时，忽视了与这些相关方的沟通，导致筹划方案无法得到认可和支持。

（2）教训

企业应加强与税务机关的沟通和协调，及时了解税收政策的变动和税务机关的监管要求。同时，企业也应积极寻求专业中介机构的帮助，以确保筹划方案的合法性和可行性。通过建立良好的沟通机制，企业可以降低税务风险，提高筹划方案的成功率。

（二）避免类似的筹划风险的措施

为了避免类似的筹划风险，企业需要采取一系列有效的措施，以确保税务筹划的合法性和有效性。

1. 加强税收法律法规的学习和培训

企业应定期组织员工参加税收法律法规的学习和培训，提高员工的税收法律意识和遵从度。特别是对于财务和税务部门的人员，更应加强专业知识的培训，确保他们能够准确理解和应用税收法律法规。

2. 建立完善的税收管理制度和内部控制机制

企业应建立完善的税收管理制度，明确税务筹划的流程、责任和风险控制措施。同时，还应加强内部控制，确保税务筹划活动在合法、合规的框架内进行。例如，可以设立专门的税务管理部门或岗位，负责税务筹划的制定、执行和监督。

3. 注重筹划方案的经济性和可行性

企业在制订税务筹划方案时，应充分考虑筹划方案的经济性和可行性。可以对不同的筹划方案进行成本效益分析，选择经济效益最大且可行的方案进行实施。同时，还应关注筹划方案对企业整体财务状况和经营策略的影响，确保筹划方案与企业的长期发展目标相一致。

三、税务筹划案例的启示

（一）筹划需考虑的因素与条件

从众多税务筹划的成功与失败案例中，我们可以深刻体会到，税务筹划并非简单的技术操作，而是需要综合考虑多种因素与条件的复杂过程。

1. 税收政策的变动趋势

（1）税收政策的不确定性

税收政策作为国家宏观调控的重要手段，经常会根据经济形势和社会发展的需要进行调整。这种不确定性要求企业在税务筹划时必须保持高度的敏感性和灵活性。

（2）及时调整筹划方案

企业需要建立一套完善的税收政策监测机制，及时捕捉税收政策的变化信号，并据此调整税务筹划方案。例如，当国家出台新的税收优惠政策时，企业应迅速评估这些政策对自身的潜在影响，并考虑如何将这些政策融入税务筹划中。

（3）预见性筹划

除了对已经发生的税收政策变动进行响应外，企业还应尝试预见未来可能的税收政策走向，并提前进行筹划布局。这要求企业拥有对宏观经济环境的深入理解和敏锐的市场洞察力。

2. 企业的经营特点和战略目标

（1）经营特点的考量

不同企业的经营特点各不相同，如行业属性、生产规模、市场定位等。税务筹划方案必须充分考虑这些经营特点，以确保筹划方案与企业的实际运营情况相契合。

（2）战略目标的导向

税务筹划不仅仅是为了降低税负，更重要的是要支持企业的长期发展。因此，筹划方案必须与企业的战略目标相一致，如扩大市场份额、提高盈利能力、增强品牌影响力等。

（3）平衡短期与长期利益

在税务筹划过程中，企业需要平衡短期税负降低与长期战略发展之间的关系。有时，为了追求长期的战略利益，企业可能需要承担一定的短期税负。

3. 税务风险的可接受程度

（1）税务风险的识别

税务筹划往往伴随着一定的风险，如政策变动风险、税务机关的审查风险、声誉风险等。企业需要建立一套完善的风险识别机制，对潜在的税务风险进行及时识别和评估。

（2）可接受程度的判断

对于识别出的税务风险，企业需要判断其可接受程度。这涉及对风险与收益之间的权衡。如果某项税务筹划方案带来的潜在收益远大于其可能引发的风险，那么这项方案可能是可行的。

（3）风险防控与应对

在确定了税务风险的可接受程度后，企业需要制定相应的风险防控和应对措施。这包括加强内部控制、与税务机关保持良好沟通、建立风险预警机制等。

（二）筹划方案应与企业战略相结合

税务筹划方案与企业战略的紧密结合是实现企业整体利益最大化的关键。

1. 投资与融资决策

（1）降低资本成本

通过合理的税收筹划，企业可以降低投资项目的资本成本。例如，利用税收优惠政策进行投资选址，或者通过合理的融资结构安排降低利息支出。

（2）提高投资回报率

税务筹划还可以帮助企业提高投资回报率。例如，通过合理的折旧政策安排，企业可以在早期获得更多的税收抵扣，从而增加现金流并用于再投资。

（3）融资结构的优化

在融资决策中，税务筹划也发挥着重要作用。企业可以通过比较不同融资方式的税后成本，选择最优的融资结构。

2. 业务流程重组

（1）优化业务流程

税务筹划不仅仅关注税务本身，还可以推动企业的业务流程重组。通过优化业务流程，企业可以降低税务负担并提高运营效率。

（2）供应链管理的税务考量

在供应链管理过程中，税务筹划也发挥着重要作用。企业可以通过合理的税务筹划安排，降低采购成本、运输成本等，并提高供应链的整体效率。

（3）合规性与效率性的平衡

在进行业务流程重组时，企业需要平衡合规性与效率性之间的关系。税务筹划方案必须确保企业在遵守税收法规的同时，实现运营效率的提升。

3. 跨国经营策略

（1）利用税收政策差异

对于跨国经营的企业而言，不同国家和地区的税收政策存在差异。企业可以通过合理的税务筹划安排，充分利用这些差异降低全球税负。

（2）转让定价策略

在跨国经营过程中，转让定价是一个重要的税务筹划工具。企业可以通过合理的转让定价安排，将利润从高税负国家转移到低税负国家。

（3）国际税收协定的利用

企业还可以利用国际税收协定来降低跨国经营的税负。例如，通过双边或多边税收协定来避免双重征税或享受税收优惠政策。

第四节　税务筹划的风险管理与合规性考量

一、税务筹划的风险识别与评估

（一）筹划过程中可能遇到的风险

在税务筹划过程中，企业可能会面临多种风险，这些风险不仅会影响筹划方案的实施效果，还会对企业的整体运营产生不利影响。

1. 税收政策风险

（1）政策变动的频繁性

税收政策作为国家宏观调控的重要手段，经常会根据经济形势和社会发展的需要进行调整。这种频繁的变动使得企业税务筹划方案会因政策调整而失效，甚至产生税收违法风险。

（2）违法风险的潜在性

如果企业未能及时关注税收政策的变化，或者对政策的理解存在偏差，那么其筹划方案可能违反新的税收政策，从而面临税务处罚和声誉损失的风险。

2. 经营风险

（1）业务调整的影响

企业的经营活动会因市场变化、战略调整等因素而发生变化，这些变化可能影响筹划方案的实施效果。

（2）投资失败的潜在风险

如果企业的投资项目未能按预期实现收益，那么其筹划方案就无法获得预期的税收利益，甚至产生税收损失。

（3）运营效率的考量

税务筹划方案需要与企业的运营效率相协调。如果筹划方案导致企业运营效率下降，那么其整体经济效益可能受到影响。

3. 声誉风险

（1）公众质疑的可能性

如果企业的筹划方案被公众或媒体质疑，那么其会面临声誉损失的风险。这种质疑可能源于对筹划方案合规性的担忧，也可能源于对筹划方案道德性的质疑。

（2）品牌形象的损害

声誉风险会对企业的品牌形象产生不利影响。一旦企业的筹划方案被质疑或曝光，其品牌形象就会受到损害，进而影响其在市场中的地位和竞争力。

（3）市场地位的动摇

在激烈的市场竞争中，声誉是企业的重要资产。如果企业的筹划方案引发声誉风险，那么其市场地位会受到动摇，甚至可能面临市场份额下降的风险。

（二）风险评估的方法与工具

为了有效识别并评估税务筹划过程中的风险，企业需要运用科学的方法和工具。

1. 定量分析方法

（1）数据分析的应用

企业可以通过对历史税务数据、市场数据等进行分析，来评估筹划方案可能带来的税收利益。这种分析可以帮助企业了解筹划方案的潜在收益和成本。

（2）模型预测的力量

借助数学模型和统计方法，企业可以对筹划方案的未来收益和风险进行预测。这种预测可以帮助企业更好地了解筹划方案的长期效益和风险状况。

（3）风险成本的量化

通过定量分析方法，企业可以将潜在的风险成本和损失进行量化，从而更准确地评估筹划方案的可行性和风险水平。

2. 定性分析方法

（1）专家意见的引入

企业可以邀请税务专家、法律顾问等提供对筹划方案的意见和建议。这些专家的意见可以帮助企业识别潜在的合规性风险和可行性挑战。

（2）历史经验的借鉴

通过回顾和分析过去类似筹划方案的实施经验和教训，企业可以识别潜在的非量化风险，并为其制定相应的风险应对措施。

（3）综合评估的实施

结合专家意见和历史经验，企业可以对筹划方案进行综合性的定性评估，从而更全面地了解其潜在风险和可行性。

3. 风险评估工具

（1）风险评估矩阵的运用

通过构建风险评估矩阵，企业可以将识别出的风险按照其严重性和发生可能性进行分类和排序。这种分类和排序可以帮助企业优先关注高风险领域。

（2）风险地图的绘制

风险地图是一种将风险可视化的工具。通过绘制风险地图，企业可以直观地了解不同风险之间的关联性和影响程度，从而更全面地把握风险状况。

二、税务筹划的合规性考量

（一）确保筹划方案符合税收法规

在制订筹划方案时，企业必须确保方案符合现行税收法规的规定，不违反税收公平原则，不损害国家利益和社会公共利益。具体来说，筹划方案应满足以下条件。

1. 合法性

筹划方案必须建立在合法的税收优惠政策、减免条款等基础之上。这意味着企业在制订筹划方案时，必须深入研究和理解国家税收法规，确保筹划活动不触及法律红线。

合法性要求企业不得通过虚构业务、隐瞒收入等违法手段来逃避税收，这种行为不仅会导致筹划失败，还可能使企业面临严重的法律后果。

2. 合规性

筹划方案需要符合税务机关的监管要求。税务机关作为税收法规的执行者，对筹划方案的合规性有着严格的审查标准。因此，企业在制订筹划方案时，必须确保筹划行为能够得到税务机关的认可和支持。这要求企业密切关注税务机关的政策导向和监管动态，及时调整筹划策略，以确保筹划方案的合规性。

3. 经济性

税务筹划的最终目标是降低企业税负，提高经济效益。因此，筹划方案必须具有经济性，即能够为企业带来实际的税收利益。这要求企业在制订筹划方案时，必须充分考虑筹划成本与收益之间的关系，确保筹划活动能够为企业创造更大的经济价值。

（二）确保筹划方案的合规性

为了确保税务筹划方案的合规性，企业需要采取一系列具体的策略和措施。

1. 加强税收法规学习

定期组织税务筹划人员学习税收法规，是提高筹划人员税法意识和遵从度的有效途径。通过学习，筹划人员可以及时了解税收法规的最新动态和政策导向，确保筹划方案能够与时俱进、符合法规要求。此外，企业还可以邀请税务专家或法律顾问为筹划人员进行专业培训，提高他们的专业素养和筹划能力。

2. 建立合规审查机制

在筹划方案制定过程中，引入合规审查环节是确保筹划方案合法合规的重要手段。企业可以成立由法务、税务等部门组成的合规审查小组，对筹划方案进行全面的合规性审查。审查小组应重点关注筹划方案是否符合税收法规的规定、是否存在违法风险以及是否损害国家利益和社会公共利益等问题。通过合规审查，企业可以及时发现并纠正筹划方案中的合规性问题，确保筹划方案的合法合规。

3. 定期进行合规性评估

对已实施的筹划方案进行定期合规性评估，是确保筹划方案持续合规的重要措施。企业可以建立定期合规性评估机制，对筹划方案的执行情况进行全面的检查和评估。评估内容应包括筹划方案是否符合税收法规的规定、是否存在违法风险以及是否实现预期的税收利益等。通过定期合规性评估，企业可以及时发现并纠正筹划方案中的合规性问题，确保筹划方案的持续合规和有效实施。

三、税务筹划的风险管理策略

（一）风险应对策略的制定与实施

为了确保税务筹划的顺利进行，企业需要制定并实施有效的风险应对策略。具体来说，这些策略包括规避、减轻、转移和接受策略，每一种策略都有其特定的应用场景和实施要点。

1. 规避策略

规避策略是企业在面对高风险且无法有效控制的筹划方案时，所做出的明智选择。通过深入分析筹划方案可能带来的风险，并与企业可承受的风险水平进行对比，企业可以判断该方案是否值得实施。如果风险过高，且无法通过其他手段进行有效控制，那么规避策略将是最佳选择。这意味着企业应放弃该筹划方案，以避免潜在的高额损失和不利影响。

2. 减轻策略

对于可预见且有一定控制力的风险，企业应采取减轻策略。这意味着企业需要对筹划方案进行调整，增加控制措施，以降低风险的影响。例如，企业可以通过优化筹划方案的结构、增加合规性审查环节、加强与税务机关的沟通等方式，来减轻潜在的风险。通过实施减轻策略，企业可以在一定程度上降低风险的发生几率和影响程度，从而保护企业的利益。

3. 转移策略

在税务筹划过程中，有些风险是无法通过内部控制完全消除的。这时，企业可以考虑采取转移策略。通过保险、合同等方式，企业可以将部分或全部风险转移给第三方。例如，企业可以购买相关的保险产品，以覆盖筹划方案可能带来的损失。或者，企业可以与合作伙伴签订风险分担合同，共同承担筹划方案的风险。通过转移策略，企业可以有效地降低自身的风险承担水平，增强筹划方案的可行性和稳健性。

（二）筹划风险的监控与调整机制

为了确保税务筹划风险得到有效管理，企业需要建立风险监控与调整机制。这一机制旨在及时发现并应对潜在风险，确保筹划方案始终符合税收法规和企业战略目标。具体来说，该机制包括设立风险监控指标、定期进行风险评估、建立风险应对预案以及调整筹划方案等环节。

1. 设立风险监控指标

设立风险监控指标是税务筹划风险监控与调整机制的基础。企业应根据筹划方案的特点和风险状况，设立相应的风险监控指标。这些指标可以是税负变动率、筹划方案实施进度等量化指标，也可以是合规性、税务机关关注度等定性指标。通过设立风险监控指标，企业可以对筹划风险进行量化评估，更加精准地把握风险状况。

2. 定期进行风险评估

定期进行风险评估是税务筹划风险监控与调整机制的核心环节。企业应定期对筹划方案进行风险评估，包括识别潜在风险、评估风险影响程度以及确定风险优先级等。通过定期风险评估，企业可以及时发现并应对潜在风险，确保筹划方案的稳健前行。同时，企业还可以根据风险评估结果，对筹划方案进行必要的调整和优化。

3. 建立风险应对预案

针对可能出现的风险情况，企业应制订详细的风险应对预案。这些预案应包括风险识别、风险评估、应对措施以及应急资源调配等内容。通过建立风险应对预案，企业可以在风险发生时迅速、有效地进行应对，降低风险对企业的影响。同时，企业还应定期对风险应对预案进行演练和修订，确保其有效性和实用性。

4. 调整筹划方案

税务筹划方案并非一成不变，而是需要随着市场环境的变化和税收法规的调整而不断进行调整。企业应根据风险评估结果和市场环境变化，及时调整筹划方案，确保方案始终符合税收法规和企业战略目标。在调整筹划方案时，企业应充分考虑风险因素的影响，确保调整后的方案更加稳健和可行。

第九章　内控管理

第一节　内控管理的定义、目标与原则

一、内控管理的定义

（一）内控管理的含义与核心概念

1. 内控管理的定义

内控管理是企业为保证经营管理活动正常有序、合法运营，采取对财务、人、资产、工作流程实行有效监管的系列活动。它不仅仅是一系列控制活动、程序和措施的简单集合，更是一种管理理念和文化的体现。内控管理的目标多元化，既包括实现企业的经营目标，也涵盖保护资产安全完整、确保财务信息真实可靠以及保证经营活动的合规性。

2. 内控管理的五大核心概念

（1）控制环境

作为内控管理的基础，控制环境包括企业的治理结构、管理理念、企业文化等多个方面。一个良好的控制环境能够为内控管理的有效实施提供有力的支撑和保障。

（2）风险评估

风险评估是内控管理的重要环节，它涉及对可能影响企业目标实现的各种风险的识别和分析。通过风险评估，企业能够更加清晰地认识自身面临的风险和挑战，从而为制定针对性的控制措施提供依据。

（3）控制活动

控制活动是根据风险评估结果采取的具体控制措施，它旨在确保企业的各项经营活动能够按照既定的目标和规则进行。控制活动既包括事前的预防和规划，也包括事中的监控和调整，以及事后的检查和评估。

（4）信息与沟通

信息与沟通在内控管理中扮演着至关重要的角色。它们确保企业内外部信息的畅通无阻，以便及时发现问题并采取措施。有效的信息与沟通机制能够提高企业的反应速度和应对能力，从而降低风险的发生几率和影响程度。

（5）监督

监督是对内控管理执行情况的检查和评估，它旨在确保内控管理的有效性和合规性。通过监督，企业能够及时发现内控管理中存在的问题和不足，并进行相应的改进和优化。

（二）内控管理与企业管理的关系

1. 内控管理与企业战略目标的实现

内控管理与企业战略目标的实现密切相关。通过内控管理，企业可以确保各项经营活动符合战略要求，避免偏离目标的风险。具体来说，内控管理能够帮助企业制定更加科学合理的战略目标，并通过有效的控制措施确保这些目标的顺利实现。同时，内控管理还能够及时发现和纠正经营活动中存在的问题和偏差，从而确保企业始终保持在正确的战略轨道上前进。

2. 内控管理与企业运营效率的提升

内控管理对于提升企业运营效率具有显著作用。通过优化流程、减少冗余环节、提高信息透明度等措施，内控管理能够帮助企业更加高效地进行经营管理活动。具体来说，内控管理可以对企业现有的业务流程进行全面的梳理和分析，找出其中存在的瓶颈和问题，并进行相应的优化和改进。同时，内控管理还能够通过提高信息透明度来加强企业内部各部门之间的沟通和协作，从而提高整体运营效率。

3. 内控管理与企业资产安全的保护

资产是企业赖以生存和发展的基础，因此保护资产安全对于企业来说至关重要。内控管理通过建立健全的资产管理制度、加强资产监管等措施，可以有效地防止资产流失和浪费。具体来说，内控管理可以对企业的资产进行全面的盘点和清查，确保资产的账实相符。同时，内控管理还可以加强对资产使用的监督和管控，防止资产的非法占用和浪费。

4. 内控管理与企业合规经营的促进

在日益复杂的市场环境中，合规经营对于企业来说越来越重要。内控管理可以帮助企业树立良好的社会形象。具体来说，内控管理可以确保企业的各项经营活动符合法律法规和行业规范的要求。同时，内控管理还可以加强对企业员工的合规培训和教育，提高员工的合规意识和能力。这样不仅可以降低企业因违规经营而面临的风险和损失，还可以为企业赢得更多的市场机会和社会认可。

二、内控管理的目标

（一）确保企业资产安全完整

企业资产，作为企业运营和发展的基石，其安全性和完整性对于企业的长期稳健发展具有至关重要的意义。内控管理,作为企业管理的重要组成部分,其首要目标就是确保企业资产的安全和完整。这一目标的实现,需要从多个维度进行深入的探讨和实践。

1. 建立健全的资产管理制度

制度是行为的准则和依据,要确保企业资产的安全和完整,首先必须建立健全的资产管理制度。这包括资产的采购、使用、保管和处置等各个环节的规定和流程。制度应当明确各个环节的职责和权限,确保资产在各个环节都能得到妥善的管理和保护。同时,制度还应当具有可操作性和可监督性,以便在实际执行中能够得到有效的落实和执行。

2. 加强资产的监管与清查

除了建立健全的制度外,还需要加强资产的监管和清查工作。这包括对资产使用情况的定期检查和盘点,对资产处置的严格审批和监督,以及对资产损失的及时查明和处理。加强监管和清查,可以及时发现资产管理中存在的问题和风险,并采取相应的措施进行纠正和防范。同时,还可以提高员工对资产管理的重视程度和责任意识,从而减少资产管理中的疏漏和失误。

3. 提升资产管理信息化水平

在信息化时代,提升资产管理信息化水平也是确保企业资产安全和完整的重要途径。通过引入先进的资产管理软件和技术,可以实现对资产的实时监控和追踪,提高资产管理的效率和准确性。同时,还可以利用信息化手段对资产数据进行深入的分析和挖掘,为企业的决策提供更加准确和及时的信息支持。

(二)保证财务信息的真实可靠

财务信息作为企业决策的重要依据,其真实性和可靠性对于企业的运营和发展具有至关重要的意义。内控管理作为企业管理的重要组成部分,其核心使命之一就是保证财务信息的真实性和可靠性。

1. 加强财务会计核算的规范性

财务会计核算是财务信息生成的基础环节,其规范性对于保证财务信息的真实性和可靠性具有至关重要的作用。因此,企业需要加强财务会计核算的规范性,确保会计核算工作按照相关法律法规和会计准则的要求进行。这包括会计科目的设置、会计凭证的填制、账簿的登记以及财务报表的编制等各个环节。

2. 建立健全的财务报告制度

财务报告是企业向外界传递财务信息的主要途径,其质量和准确性对于企业的形象和信誉具有重要影响。因此,企业需要建立健全的财务报告制度,确保财务报告的编制和披露工作按照相关法律法规和会计准则的要求进行。这包括财务报告的内容、格式、披露时间以及审计要求等各个方面。

3. 加强内部审计和监督

内部审计和监督是保证财务信息真实性和可靠性的重要手段。通过内部审计和监督，可以及时发现和纠正财务会计核算和财务报告编制中存在的问题和风险，从而提高财务信息的准确性和可信度。因此，企业需要加强内部审计和监督工作，建立健全的内部审计和监督机制，确保内部审计和监督工作的独立性和客观性。

（三）促进企业合规经营与风险管理

合规经营和风险管理是企业持续发展的重要保障，也是内控管理的重要目标。在日益复杂的市场环境中，企业需要加强合规文化建设，提高员工的合规意识和风险意识，建立健全的风险管理制度和内部控制体系，以确保企业的合规经营和风险管理得到有效实施。

1. 加强合规文化建设

合规文化是企业合规经营的基础和灵魂。企业需要积极倡导和培育合规文化，将合规理念贯穿于企业经营管理的全过程和各个方面。通过加强合规培训、宣传和教育，提高员工的合规意识和风险意识，使员工能够自觉遵守相关法律法规和行业规范，形成良好的合规氛围。

2. 建立健全的风险管理制度

风险管理制度是企业风险管理的基础和保障。企业需要建立健全的风险管理制度，明确风险管理的目标、原则、流程和方法，确保风险管理工作的有序进行。同时，还需要加强风险管理的组织和人员配备，建立专门的风险管理机构或团队，负责风险管理的具体实施和监督。

3. 完善内部控制体系

内部控制体系是企业合规经营和风险管理的重要支撑。企业需要完善内部控制体系，确保内部控制的有效性和可靠性。这包括加强内部控制的设计和执行，确保内部控制能够覆盖企业经营管理的各个方面和环节；加强内部控制的监督和评价，及时发现和纠正内部控制存在的问题和不足；加强内部控制的培训和宣传，提高员工对内部控制的认识和重视程度。

三、内控管理的原则

（一）全面性原则

全面性原则强调内控管理应涵盖企业的所有业务活动和管理部门，确保没有任何一个环节或部门游离于内控管理之外。这一原则的实施，对于构建健全、有效的内控体系，保障企业稳健运营具有重要意义。

1. 确保内控管理的全面覆盖

全面性原则要求企业在制定内控管理制度和措施时，必须充分考虑企业的整体运营环境和业务流程，确保内控管理的全面性和完整性。这意味着，无论是企业的采购、生产、销售等主营业务环节，还是财务、人力资源等管理部门，都应纳入内控管理的范畴。通过全面覆盖，企业可以确保所有业务活动和管理行为都受到有效的监督和制约，从而防范潜在的风险和漏洞。

2. 促进内控管理的系统化与集成化

全面性原则还强调内控管理的系统化和集成化。企业应将内控管理视为一个整体系统，通过整合各个部门和环节的内控要素，形成协同效应。这要求企业在设计内控体系时，注重各部门之间的衔接和配合，确保内控措施能够相互支持、相互补充。通过系统化和集成化的内控管理，企业可以提高管理效率，降低管理成本，实现整体效益的最大化。

3. 提升员工的内控意识和参与度

全面性原则的实施还需要企业注重提升员工的内控意识和参与度。企业应通过培训、宣传等方式，使员工充分认识到内控管理的重要性，并积极参与其中。只有当员工真正成为内控管理的参与者和推动者时，才能确保内控管理的全面性和有效性。同时，企业还应建立相应的激励机制，鼓励员工积极提出内控改进建议，共同推动内控体系的完善和发展。

（二）重要性原则

重要性原则强调内控管理应重点关注企业的重要业务事项和高风险领域。这一原则的实施，对于确保企业关键业务和高风险领域得到有效的控制和管理具有重要意义。

1. 识别并优先处理重要业务事项

重要性原则要求企业在实施内控管理时，首先应对业务的重要性和风险程度进行评估。对于重要业务事项，企业应给予更高的关注度和优先级，确保这些业务得到充分的控制和监督。通过识别并优先处理重要业务事项，企业可以确保关键业务的稳健运营，降低潜在风险对企业整体运营的影响。

2. 加强高风险领域的内控管理

重要性原则还要求企业特别关注高风险领域。这些领域通常涉及企业的重大投资决策、资金运作、合规经营等方面。对于这些高风险领域，企业应建立更为严格的内控措施和监督机制，确保风险得到有效控制。通过加强高风险领域的内控管理，企业可以防范潜在风险的发生，保护企业的资产和声誉。

3. 实现内控管理与业务发展的协同

重要性原则的实施需要企业注重实现内控管理与业务发展的协同。企业在追求业务发展的同时，必须充分考虑内控管理的需求和要求。通过将内控管理嵌入到业务流程中，企业可以确保业务发展的同时不会忽视内控管理的重要性。这种协同的实现有助于企业构建可持续发展的内控体系，为企业的长期稳健发展提供有力支持。

（三）制衡性原则

制衡性原则要求在企业内部建立相互制约、相互监督的机制。这一原则的实施，对于防止权力过度集中、职责不清导致的内控失效具有重要意义。

1. 确保不同部门和岗位之间的制衡关系

制衡性原则要求企业在设置内部控制机构和职责时，应确保不同部门和岗位之间形成有效的制衡关系。这意味着，企业的各个部门和岗位应相互独立、相互监督，避免出现权力过度集中或职责不清的情况。通过确保不同部门和岗位之间的制衡关系，企业可以防范潜在的风险和舞弊行为，保障内控管理的有效性。

2. 建立有效的监督机制

为了实现不同部门和岗位之间的制衡关系，企业需要建立有效的监督机制。这包括内部审计、风险管理、合规监督等多个方面。通过建立这些监督机制，企业可以对各个部门和岗位进行定期的检查和评估，确保其按照内控管理制度和措施的要求进行操作。同时，这些监督机制还可以及时发现和纠正潜在的问题和风险，确保内控管理的持续改进和优化。

（四）适应性原则

适应性原则要求内控管理应与企业的经营规模、业务范围和风险状况相适应。这一原则的实施，对于确保内控管理的针对性和有效性，以及随着企业环境和业务的变化进行相应调整和完善具有重要意义。

1.确保内控管理与企业实际情况的契合

适应性原则强调内控管理应充分考虑企业的实际情况和发展需求。这意味着企业在设计和实施内控管理制度时，需要深入了解企业的业务特点、组织结构、资源状况等，确保内控管理能够与企业实际运营状况相契合。通过与企业实际情况的紧密结合，内控管理可以更加具有针对性和实效性，更好地服务于企业的稳健发展。

2.随着企业环境和业务的变化进行调整

适应性原则还要求内控管理能够随着企业环境和业务的变化进行相应的调整和完善。企业的经营环境和业务状况是不断变化的,内控管理也需要与时俱进,适应新的环境和业务要求。企业应定期对内控管理进行评估和审查,发现存在的问题和不足,并及时进行调整和优化。通过不断的调整和完善,内控管理可以保持其有效性和适应性,为企业的发展提供持续的支持。

3.培养员工的适应性和创新能力

适应性原则的实施还需要企业注重培养员工的适应性和创新能力。内控管理的调整和完善需要员工的积极参与和推动。企业应鼓励员工关注市场和业务的变化,积极提出内控管理的改进建议,并为其提供必要的培训和支持。通过培养员工的适应性和创新能力,企业可以确保内控管理能够不断适应新的环境和业务要求,保持其灵活性和可持续性。

(五)成本效益原则

成本效益原则要求在内控管理的过程中,应在保证控制效果的前提下,尽可能降低控制成本。这一原则的实施,对于确保内控管理的经济性和可行性具有重要意义。

1.进行成本效益分析

成本效益原则要求企业在实施内控管理时,应进行成本效益分析。这意味着企业需要权衡控制成本与预期收益之间的关系,确保内控管理的实施能够带来足够的经济效益。进行成本效益分析,企业可以更加科学地制定内控管理策略和措施,避免不必要的浪费和投入。

2.优化内控管理流程

为了实现成本效益原则,企业需要不断优化内控管理流程。通过简化流程、提高效率、减少重复劳动等方式,企业可以降低内控管理的成本。同时,优化流程还可以提高内控管理的效果和质量,确保其在经济性和可行性方面得到更好的保障。

3.提高信息化水平

成本效益原则的实施还需要企业注重提高信息化水平。信息化技术的应用可以大大降低内控管理的成本,提高管理效率。引入先进的信息化管理系统和工具,企业可以实现内控管理的自动化和智能化,减少人工操作和干预,从而降低管理成本。同时,信息化水平的提高还可以增强内控管理的透明度和可追溯性,提高其经济性和可行性。

第二节　内控管理的基本要素与框架构建

一、内控管理的基本要素

内控管理的核心在于通过一系列的控制活动、程序和措施，确保企业运营的高效性、资产的安全性以及财务信息的真实性。为了实现这一目标，内控管理涵盖了多个基本要素，这些要素共同构成了内控管理的基石。

（一）控制环境

控制环境为企业内控体系的运行提供了必要的氛围和条件。一个健全、有效的控制环境是内控管理成功的关键。

1. 合理的公司治理结构

控制环境的核心在于企业是否具备合理的公司治理结构。这包括清晰的组织架构、明确的职责划分以及科学的决策机制。合理的公司治理结构能够确保企业内部的权力分配和制衡，防止权力过度集中或滥用，从而为内控管理的实施提供有力的制度保障。

2. 明确的管理理念和企业文化

控制环境还要求企业具有明确的管理理念和企业文化。管理理念是企业运营的指导思想，它决定了企业的行为方式和价值取向。而企业文化则是企业内部的共同价值观和行为准则，它影响着员工的思维方式和行为习惯。明确的管理理念和企业文化能够引导员工形成正确的内控意识，自觉遵守内控政策，从而为内控管理的实施创造良好的文化氛围。

3. 员工对内控的认同和遵守

控制环境的最终目标是让员工对内控产生认同并自觉遵守。这要求企业在日常运营中不断加强内控宣传和培训，提高员工对内控的认识和理解。同时，企业还需要通过激励机制和约束机制，引导员工积极参与内控管理，自觉遵守内控政策，从而形成全员参与、共同维护内控体系的良好局面。

（二）风险评估

风险评估涉及对企业面临的各种风险的识别、分析和评价。通过风险评估，企业能够前瞻性地识别潜在的风险点，并制定出针对性的控制措施。

1. 风险的识别与分析

风险评估的第一步是风险的识别与分析。这要求企业建立起完善的风险识别机制，通过收集和分析内外部信息，及时发现企业面临的各种风险。同时，企业还需要对识别的风险进行深入的分析，包括风险的性质、来源、影响范围以及可能造成的损失等，以便为后续的风险评价和控制措施制定提供准确的信息支持。

2. 风险的量化与排序

风险评估的第二步是风险的量化与排序。在识别和分析风险的基础上，企业需要对风险进行量化评估，即确定风险的可能性和影响程度。通过量化评估，企业可以对不同风险进行比较和排序，从而确定哪些风险是优先需要关注的。这有助于企业制定出更加有针对性的控制措施，将有限的资源投入到最需要的地方。

3. 控制措施的制定与实施

风险评估的最终目的是制定出针对性的控制措施。在识别和量化风险的基础上，企业需要结合自身的实际情况和发展需求，制定出切实可行的控制措施。这些措施应包括风险规避、风险降低、风险分担和风险承受等。同时，企业还需要确保这些控制措施得到有效实施，并对其进行持续的监控和调整，以确保其能够适应企业内外部环境的变化。

（三）控制活动

控制活动涵盖了企业为了降低风险而采取的一系列行动和措施。这些活动是企业实现内控目标的具体手段和方法。

1. 审批流程的设立与执行

审批流程是控制活动的重要组成部分。通过设立严格的审批流程，企业可以确保业务活动的合规性和合法性。审批流程应包括明确的审批权限、审批程序和审批责任等要素。同时，企业还需要确保审批流程得到有效执行，避免出现审批漏洞或审批不当的情况。

2. 职责分离的实施与监督

职责分离是控制活动的一个重要方面。通过将不同的职责分配给不同的员工或部门，企业可以防止权力过度集中或滥用，从而降低舞弊和错误的风险。同时，企业还需要对职责分离的实施情况进行监督，确保其得到有效执行。

3. 定期盘点的执行与核查

定期盘点是控制活动的重要手段之一。通过定期对企业的资产进行盘点，企业可以及时发现资产损失或异常情况，并采取相应的措施进行处理。同时，企业还需要对盘点的执行情况进行核查，确保其准确性和完整性。

4. 内部审计的开展与改进

内部审计是控制活动的重要组成部分。通过内部审计，企业可以对内控体系的运行情况进行全面的检查和评估，发现存在的问题和不足，并采取改进措施进行完善。同时，企业还需要注重内部审计的质量和效率，确保其能够为内控管理提供有力的支持。

二、内控管理框架的构建

构建一个有效的内控管理框架对于确保企业内控体系的稳健运行至关重要。

（一）内控管理框架的设计原则

内控管理框架的设计是一个系统工程，需要遵循一定的原则，以确保其科学性、实用性和前瞻性。

1. 系统性原则

内控管理框架的设计应遵循系统性原则，即框架应涵盖内控管理的所有基本要素，并确保这些要素之间的协调和配合。这意味着在设计框架时，需要全面考虑内控管理的各个方面，包括控制环境、风险评估、控制活动、信息与沟通以及监督与评价等，确保这些要素在框架中得到充分体现，并且相互之间存在逻辑关联和互动机制。系统性设计可以确保内控管理框架的完整性和一致性，提高内控管理的整体效能。

2. 科学性原则

内控管理框架的设计还应遵循科学性原则，即框架的设计应基于科学的理论和方法，确保内控体系的可行性和有效性。这要求在设计框架时，需要充分借鉴国内外先进的内控管理理念和方法，结合企业的实际情况和需求，进行科学合理的规划和设计。同时，还需要对框架进行不断的测试和完善，确保其在实际应用中能够达到预期的效果。

3. 实用性原则

实用性原则是内控管理框架设计的重要考量因素之一。框架的设计应基于企业的实际情况和需求，确保内控体系能够在企业中得到有效实施和应用。这意味着在设计框架时，需要充分考虑企业的业务特点、组织结构、资源状况等因素，确保框架的设计与企业实际情况相契合。同时，还需要注重框架的可操作性和易理解性，以便企业员工能够轻松理解和应用。

4. 前瞻性原则

内控管理框架的设计还应具有前瞻性，能够预见并应对未来可能出现的挑战和风险。这意味着在设计框架时，需要充分考虑企业未来的发展趋势和外部环境的变化，确保框架具有一定的灵活性和适应性。前瞻性设计可以确保内控管理框架能够随着企业的发展和外部环境的变化进行适时的调整和完善，保持其长期的有效性和适用性。

（二）内控管理框架的层次结构

在层次结构上，内控管理框架可以分为三个层次：基础层、执行层和监控层。

1. 基础层

基础层是内控管理框架的基石，主要包括控制环境和风险评估。这一层次为内控体系的运行提供了必要的氛围和条件,并确定了企业需要关注的主要风险点。通过优化控制环境和加强风险评估,企业可以建立起稳健的内控基础,为后续的内控活动提供有力的支撑。

2. 执行层

执行层是内控管理框架的核心,涵盖了控制活动和信息与沟通。在这一层次中,企业通过实施具体的控制措施和建立有效的信息与沟通系统来降低风险并确保业务流程的合规性。执行层是内控体系的具体实施层面,它要求企业根据风险评估的结果,制定并执行相应的控制措施,同时确保信息的准确传递和有效沟通。

3. 监控层

监控层是内控管理框架的保障,主要包括监督与评价。这一层次通过对内控体系运行情况的持续监控和定期评价来确保内控政策得到有效执行,并及时发现和改进内控体系中的缺陷和不足。监控层是内控体系的最后一道防线,它要求企业建立起完善的监督机制,对内控体系的运行情况进行持续的监控和评价,及时发现并解决问题,确保内控体系的持续有效运行。

第三节 内控管理体系的实施与运行维护

一、内控管理体系的实施

内控管理体系的实施是企业确保业务合规、资产安全、财务信息真实以及提高运营效率的关键步骤。为了成功实施内控管理体系,企业需要遵循一系列明确的步骤与流程,并应对可能出现的关键问题。

(一)内控管理体系的实施步骤与流程

1. 明确内控目标

企业首先需要明确内控的目标,包括确保业务合规、资产安全、财务信息真实等。这些目标将为后续的内控工作提供方向。

2. 评估现有状况

对企业现有的管理状况进行全面评估,识别存在的风险点和薄弱环节,为后续的内控设计提供依据。

3. 设计内控体系

根据内控目标和现有状况,设计适合企业的内控体系,包括制定内控政策、明确内控流程、设定关键控制点等。

4. 实施内控措施

将设计的内控体系转化为具体的控制措施，并在企业中进行实施。这包括制定详细的操作手册、培训员工等。

5. 测试与评估

对实施的内控措施进行测试和评估，确保其有效性和可行性。这一步骤包括内部审计、外部审计等。

6. 反馈与调整

根据测试和评估的结果，对内控体系进行反馈和调整，以确保其持续优化和完善。

（二）内控管理体系实施中的关键问题与应对措施

1. 员工抵触情绪

员工可能对新的内控措施产生抵触情绪，认为其增加了工作负担。企业应通过培训、沟通等方式，使员工理解内控的重要性，并将其融入日常工作中。

2. 资源投入不足

实施内控需要投入大量的人力、物力和财力。企业应确保足够的资源投入，并合理安排资源的使用。

3. 信息沟通不畅

内控实施中可能存在信息沟通不畅的问题，导致控制措施执行不力。企业应建立有效的信息沟通机制，确保内控信息的及时传递和反馈。

4. 管理层重视不足

如果管理层对内控重视不足，可能导致内控措施执行不力。企业应提高管理层对内控的认识和重视程度，并将其纳入企业战略管理。

二、内控管理体系的运行维护

内控管理体系的运行维护是确保内控持续有效、适应企业变化的关键环节。企业需要建立日常运行与维护机制，并持续改进和优化内控体系。

（一）内控管理体系的日常运行与维护机制

1. 定期审计与检查

企业应定期对内控体系进行审计和检查，确保其得到有效执行。这包括内部审计、外部审计以及管理层的定期审查。

2. 风险监控与报告

企业应建立风险监控机制，对可能影响内控目标实现的风险进行持续监控，并及时向管理层报告。

3. 员工培训与意识提升

企业应定期对员工进行内控培训，提高其对内控管理的认识和重视程度。同时，通过企业文化等方式提升员工的内控意识。

4. 信息沟通与反馈

企业应建立有效的信息沟通机制，确保内控信息的及时传递和反馈。这包括员工之间的沟通、部门之间的沟通以及企业与外部利益相关者之间的沟通。

（二）内控管理体系的持续改进与优化策略

1. 定期评估与调整

企业应定期对内控体系进行评估，根据其执行情况和外部环境的变化进行适时的调整和优化。

2. 引入先进技术与工具

企业可以引入先进的信息技术和工具来支持内控体系的运行和维护。例如，使用ERP系统、数据分析工具等来提高内控的效率和准确性。

3. 建立持续改进的文化

企业应建立持续改进的文化氛围，鼓励员工提出改进内控体系的建议和意见。同时，对提出有效改进建议的员工给予奖励和认可。

4. 关注法规与标准的变化

企业应关注相关法规和标准的变化，及时对内控体系进行更新和调整，以确保其合规性。例如，关注会计准则、税法等的变化对财务信息真实性的影响。

第四节　内控管理在企业运营中的作用与价值

一、内控管理在企业运营中的作用

（一）保障企业运营秩序与规范

在现代企业运营中，面对复杂多变的市场环境和日益严格的监管要求，企业必须建立一套科学、有效的内控管理体系，以保障其运营秩序与规范。

首先，内控管理有助于明确企业内部各部门、各岗位的职责与权限，确保各项业务流程按照既定的程序和标准执行。这不仅可以减少人为错误和疏漏，还能提高工作效率，确保企业运营的稳定性和连续性。其次，内控管理强调对关键业务环节和风险点的监控，通过设立相应的控制措施，如审批、复核、审计等，防止舞弊和错误的发生，从而维护企业资产的安全和完整。最后，内控管理还能促进企业文化的建设，通过培养员工的合规意识和责任感，形成全员参与、共同维护企业运营秩序的良好氛围。

（二）提升企业风险管理与应对能力

在市场竞争日益激烈和外部环境不断变化的背景下，企业面临的风险也日益多样化和复杂化。内控管理作为企业风险管理的重要组成部分，对于提升企业风险管理与应对能力具有至关重要的作用。

一方面，内控管理通过风险评估和识别机制，帮助企业及时发现潜在的风险和隐患。通过对企业运营活动的全面梳理和分析，内控管理能够识别出对企业造成不利影响的风险因素，如市场风险、信用风险、操作风险等，为企业采取相应的风险应对措施提供依据。另一方面，内控管理通过制定和实施一系列风险控制措施，如建立风险预警系统、制订应急预案等，提高企业的风险应对能力。当风险事件发生时，企业能够迅速启动应急机制，采取有效措施进行应对和处置，从而减少风险对企业运营的影响和损失。

（三）促进企业合规经营与可持续发展

合规经营是企业长期稳健发展的基石。内控管理通过确保企业运营活动的合规性，促进企业的可持续发展。

首先，内控管理要求企业遵守国家法律法规和监管要求，确保企业的各项业务活动在合法合规的框架内进行。这不仅可以避免企业因违法违规而遭受法律制裁和声誉损失，还能提升企业的社会形象和品牌价值。其次，内控管理强调对企业内部管理制度和流程的完善和优化，确保企业运营活动的规范性和高效性。通过不断改进和优化内部管理，企业能够提升运营效率和质量，增强市场竞争力。最后，内控管理还注重对企业长期发展战略的规划和实施进行监督和评价，确保企业战略目标的合理性和可行性。这有助于企业制定符合自身实际和市场需求的发展战略，实现可持续发展。

二、内控管理在企业运营中的价值

（一）提升企业市场竞争力与品牌价值

内控管理通过保障企业运营秩序与规范、提升企业风险管理与应对能力以及促进企业合规经营与可持续发展，为企业赢得了良好的市场口碑和品牌形象。一个拥有健全内控管理体系的企业，往往能够更好地满足市场需求和客户期望，提供高质量的产品和服务。这不仅能够吸引更多的客户和合作伙伴，还能提升企业在市场上的竞争力和品牌价值。

（二）增强投资者与利益相关者的信任度

内控管理的有效实施，能够增强投资者和利益相关者对企业的信任度。对于投资者而言，他们更加关注企业的盈利能力和风险管理水平。一个拥有完善内控管理体系的企业，能够更好地保障投资者的权益，减少投资风险，从而吸引更多的投资者关注和支持。同时，内控管理还能提升企业与供应商、客户等利益相关者的合作关系，通过规范的业务操作和透明的信息披露，增强彼此之间的信任和合作意愿。

（三）为企业战略决策提供有力支持

内控管理不仅关注企业当前的运营活动，还着眼于企业的长期发展战略。通过内控管理体系的建设和完善，企业能够更加准确地识别和分析市场趋势和竞争态势，为制定科学、合理的战略决策提供依据。同时，内控管理还能对战略实施过程进行监督和评价，确保企业战略目标的顺利实现。这为企业的发展提供了有力的支持和保障，使企业在激烈的市场竞争中保持领先地位并实现可持续发展。

第五节　内控管理的挑战与应对策略

一、内控管理面临的挑战

（一）内外部环境变化带来的挑战

在当今快速变化的市场环境中，企业面临着来自内外部环境的诸多挑战。这些挑战包括经济形势的波动、行业竞争的加剧、技术革新的迅速以及消费者需求的多样化等。这些内外部环境的变化对企业的内控管理提出了更高的要求，需要企业不断调整和优化内控策略以适应新的市场环境。

（二）企业规模与业务复杂性增加的挑战

随着企业规模的扩大和业务复杂性的增加，内控管理面临着更大的挑战。一方面，企业规模的扩大会导致管理层次的增多和管理难度的加大，使得内控管理的实施更加困难。另一方面，业务复杂性的增加会导致企业面临更多的风险和不确定性，需要更加精细化的内控管理来确保业务的稳健运行。

（三）法律法规与监管要求不断变化的挑战

法律法规与监管要求的不断变化是企业内控管理面临的又一重要挑战。随着法律法规的不断完善和监管要求的不断提高，企业需要不断调整和优化内控策略以适应新的法律法规和监管要求。

二、内控管理的应对策略

有效的内控管理不仅可以帮助企业防范风险,还能提升企业的整体运营效率。

(一)加强内控管理的组织与制度建设

内控管理的组织与制度是确保内控体系有效运行的基础。为了应对内控管理面临的挑战,企业必须在组织与制度建设上做出努力。

1. 完善内控管理组织架构

企业应建立一套科学、合理的内控管理组织架构,明确各管理层次的职责和权限。这包括设立专门的内控管理部门或岗位,负责全面协调和监督内控工作。同时,企业还应确保内控管理部门与其他部门之间的有效沟通和协作,以形成内控管理的合力。

2. 制定完善的内控管理制度和流程

企业应制定一套全面、具体的内控管理制度和流程,涵盖财务管理的各个方面,如资金管理、成本核算、预算管理等。这些制度和流程应确保各项业务操作的规范化和标准化,减少人为错误和舞弊的可能性。

3. 加强内控管理制度的执行和监督

企业应建立健全的内控管理制度和监督机制,确保制度得到有效执行。这包括定期对内控管理制度的执行情况进行检查和评估,及时发现和纠正制度执行中的问题。同时,企业还应建立对违反内控管理制度行为的惩处机制,以维护制度的严肃性和权威性。

(二)提升内控管理人员的专业素养与技能水平

内控管理人员的专业素养与技能水平是企业内控管理的重要保障。为了提升内控管理人员的专业素养与技能水平,企业需要从以下几个方面入手。

1. 加强内控管理人员的培训和教育工作

企业应定期对内控管理人员进行专业的培训和教育,提高他们的专业知识和技能水平。培训内容可以包括内控管理的理论知识、实践技能、法律法规等方面。通过培训和教育,内控管理人员能够更好地应对内控管理面临的挑战。

2. 建立激励机制

企业应建立有效的激励机制,鼓励内控管理人员不断学习和提升自己的专业素养和技能水平。这可以通过设立奖励制度、提供晋升机会等方式实现。通过激励机制的引导,内控管理人员能够激发学习和工作热情,不断提升自己的专业素养和技能水平。

3. 注重实践经验的积累

企业还应注重内控管理人员实践经验的积累。内控管理人员参与实际的内控管理工作,能够积累丰富的实践经验,提高自身的实际操作能力。同时,企业还可以鼓励内控管理人员参与行业内的交流和学习活动，拓宽他们的视野和知识面。

（三）强化内控管理的信息化与智能化建设

随着信息技术的不断发展，企业需要强化内控管理的信息化与智能化建设，以提高内控管理的效率和准确性。

1. 引入先进的信息技术工具

企业应积极引入先进的信息技术工具，如大数据、云计算等，用于内控管理的各个方面。这些工具可以帮助企业更加高效地进行数据分析和风险预警，提高内控管理的效率和准确性。

2. 利用大数据技术进行风险预警和监控

通过大数据技术，企业可以对海量的业务数据进行实时分析和监控，及时发现潜在的风险和异常情况。这可以帮助企业提前采取应对措施，防止风险的发生和扩大。

3. 利用人工智能技术进行自动化审计和检查

人工智能技术可以帮助企业实现自动化审计和检查，减少人工操作的成本和错误率。通过设定合理的审计规则和检查程序，人工智能可以对企业的各项业务进行自动化的审计和检查，提高内控管理的效率和准确性。

（四）建立内控管理的持续改进与自我评估机制

为了不断完善和优化内控管理，企业需要建立内控管理的持续改进与自我评估机制。

1. 定期进行内控管理自我评估

企业应定期对内控管理的各个方面进行自我评估，包括组织架构、制度流程、人员素养等方面。通过自我评估，企业可以发现内控管理中存在的问题和不足，并及时进行改进和优化。

2. 借鉴行业内的先进经验

企业应积极关注行业内的先进经验，借鉴其他企业在内控管理方面的成功案例和做法。通过学习和借鉴，企业可以不断完善自己的内控管理体系，提高内控管理的水平和效果。

3. 建立持续改进的文化氛围

企业应建立一种持续改进的文化氛围，鼓励员工积极参与内控管理的改进和优化工作。通过设立改进建议奖励制度、开展改进项目竞赛等方式，激发员工的创新和改进意识，推动内控管理的持续改进和发展。

第十章 财务风险管理

第一节 财务风险的识别与监控

一、财务风险的识别

（一）财务风险的定义与分类

财务风险是企业风险的重要组成部分，贯穿于企业生产经营的整个过程。深入理解和分类财务风险，对于企业制定风险管理策略、保障财务稳健具有重要意义。

1. 财务风险的定义及其特征

财务风险是企业在财务活动中，由于各种不确定因素的影响，导致企业财务状况出现损失的可能性。财务风险的定义揭示了其本质属性，即不确定性带来的潜在损失。这种不确定性可能源自市场环境的变化、政策调整、内部管理决策等多种因素。财务风险的特征主要包括客观性、全面性、不确定性和共存性。客观性意味着财务风险是客观存在的，不以企业的意志为转移；全面性则表明财务风险影响企业的各个方面，包括筹资、投资、资金回收和收益分配等；不确定性强调财务风险的发生和损失程度是难以准确预测的；共存性则指出财务风险与企业的发展相伴相生，是企业经营过程中不可避免的一部分。

2. 财务风险的分类

按照风险来源，财务风险可以分为内部风险和外部风险两大类。内部风险主要与企业内部的财务活动和决策相关，包括筹资风险、投资风险、资金回收风险和收益分配风险等。筹资风险涉及企业筹集资金的过程，如债务筹资可能带来的偿债压力；投资风险则关注企业投资项目的未来收益不确定性；资金回收风险涉及企业销售产品后能否及时收回资金的问题；收益分配风险则关乎企业利润分配政策对股东和债权人利益的影响。

外部风险则主要来源于企业外部的市场环境和政策变化，包括市场风险、政策风险、利率风险和汇率风险等。市场风险涉及市场需求的变化、竞争对手的行为等因素；政策风险则关注政府政策调整对企业经营的影响；利率风险涉及利率变动对企业融资成本和投资回报的影响;汇率风险则关乎汇率波动对跨国企业财务状况的影响。

(二)财务风险识别的方法与技巧

为了有效地识别和管理财务风险,企业需要运用科学的方法和技巧。

1. 财务风险识别的方法

(1)财务报表分析法

财务报表是企业财务状况的重要反映,通过对比不同时期的财务报表,可以发现企业财务状况的变化和潜在的风险点。例如,通过对比资产负债表中的资产和负债项目,可以分析企业的资产结构和偿债能力;通过利润表可以分析企业的盈利能力和收入成本结构。

(2)财务指标分析法

财务指标是衡量企业财务状况和经营成果的重要工具。通过计算和分析财务指标,如流动比率、速动比率、资产负债率、净资产收益率等,可以判断企业的盈利能力、偿债能力、运营效率和成长能力等,从而识别出潜在的财务风险。例如,流动比率和速动比率可以反映企业的短期偿债能力,资产负债率则可以反映企业的长期偿债能力。

(3)风险专家调查列举法

这种方法通过邀请风险管理专家或具有丰富经验的财务人员,对企业可能面临的财务风险进行列举和评估。专家可以根据自身的经验和专业知识,识别出企业忽视的财务风险点。

(4)资产财务状况分析法

这种方法主要关注企业的资产状况和财务结构。通过分析企业的资产质量、资产流动性以及财务杠杆等因素,可以识别出潜在的财务风险。例如,资产质量差或资产流动性不足会导致企业的偿债能力下降。

(5)分解分析法

这种方法将复杂的财务风险问题分解成若干个简单的子问题,然后对每个子问题进行单独分析。通过逐一分析每个子问题,可以更容易地识别出潜在的财务风险点。

(6)失误树分析法

这种方法通过构建失误树模型来识别和分析财务风险。失误树模型可以直观地展示导致财务风险的各种因素和路径,从而帮助企业制定针对性的风险管理策略。

2. 财务风险识别的技巧

(1)全面性与系统性

在识别财务风险的过程中,企业要全面、系统地考虑各种可能影响财务状况的因素。

这包括企业内部和外部的各种因素，如市场环境、政策变化、内部管理决策等。只有全面考虑各种因素，才能避免遗漏重要的风险点。

（2）深入分析与解读

企业要注重对财务报表和财务指标的深入分析和解读。这包括对比不同时期的财务报表、计算和分析财务指标、关注财务报表中的异常和变化趋势等。通过深入分析和解读，可以发现企业财务状况的变化和潜在的风险点。

（3）结合实际情况与行业特点

企业要结合自身的实际情况和行业特点进行财务风险识别。不同行业和不同规模的企业可能面临不同的财务风险。因此，在识别财务风险时，企业要充分考虑自身的实际情况和行业特点，确保识别结果的准确性和实用性。

二、财务风险的监控

（一）风险监控的机制与体系

为了有效地监控财务风险，确保企业财务活动的稳健性和可持续性，企业需要建立完善的风险监控机制和体系。

1. 建立健全的内部控制制度

内部控制制度是企业风险监控机制和体系的基础。它包括了企业内部的各种规章制度、流程和控制措施，旨在确保企业财务活动的合规性和规范性。建立健全的内部控制制度，需要企业从以下几个方面入手：

（1）明确财务职责和权限，确保财务活动的有序进行

企业应该明确各个财务岗位的职责和权限，避免出现职责不清、权限交叉的情况，从而导致财务混乱和风险的发生。

（2）建立财务审批制度，严格控制财务支出

企业应该设立严格的财务审批制度，对每一笔财务支出进行审批和复核，确保支出的合理性和必要性，避免不必要的浪费和损失。

（3）加强财务审计和监督，确保财务活动的合规性

企业应该定期对财务活动进行审计和监督，检查是否存在违规行为或潜在风险，并及时进行整改和处理。

2. 建立风险预警系统

风险预警系统是企业风险监控机制和体系的重要组成部分。它通过设置预警指标和阈值，实时监测企业财务状况的变化和风险水平，当财务状况出现异常或风险水平超过

预警阈值时，及时发出警报并采取相应的应对措施。建立风险预警系统，需要企业关注以下几个方面：

（1）选择合适的预警指标

企业应该根据自身的业务特点和风险状况，选择适合的预警指标，如资产负债率、流动比率、速动比率等，以全面反映企业的财务状况和风险水平。

（2）设定合理的预警阈值

企业应该根据历史数据、行业标准和自身实际情况，设定合理的预警阈值，以确保预警系统的准确性和有效性。

（3）建立实时监测和报告机制

企业应该利用现代信息技术手段，建立实时监测和报告机制，对财务状况和风险水平进行实时跟踪和报告，以便及时发现并应对潜在风险。

3. 建立风险报告制度

风险报告制度是企业风险监控机制和体系的另一个重要组成部分。它要求企业定期向管理层和相关部门报告财务状况和风险水平的变化情况，以便及时做出决策。建立风险报告制度，需要企业关注以下几个方面：

（1）明确报告的内容和格式

企业应该明确报告的内容和格式，包括财务状况、风险水平、风险应对策略和实施效果等，以确保报告的全面性和可读性。

（2）设定合理的报告周期

企业应该根据自身的业务特点和风险状况，设定合理的报告周期，如月度、季度或年度等，以便及时反映财务状况和风险水平的变化情况。

（3）建立反馈和应对机制

企业应该建立反馈和应对机制，对报告中的问题和建议进行及时处理和回应，以确保风险报告制度的有效性和实用性。

（二）风险监控的报告

风险监控报告是企业向管理层和相关部门反映财务状况和风险水平变化情况的重要文件。编制风险监控报告时，企业需要关注以下几个方面。

1. 报告的及时性和准确性

企业应该确保报告的及时性和准确性，以便管理层和相关部门及时了解企业的财务状况和风险状况。

2. 报告内容的全面性和可读性

企业应该确保报告内容的全面性和可读性，包括风险识别、风险评估、风险应对策略和实施效果等，以便管理层和相关部门全面了解企业的财务状况和风险状况。

3. 报告格式的规范性和一致性

企业应该确保报告格式的规范性和一致性，以便管理层和相关部门能够方便地比较和分析不同时期的财务状况和风险水平。

第二节 财务风险的控制与防范策略

一、财务风险的控制策略

企业在面对财务风险时，需要采取一系列的控制策略以确保财务稳健和业务可持续发展。这些策略主要包括风险规避、风险降低、风险分担和风险承受。

（一）风险规避策略

1. 全面风险评估

企业应对投资、筹资、经营等各个环节进行全面的风险评估，识别潜在的风险点和风险因素。评估应涵盖市场风险、信用风险、流动性风险、操作风险等各类财务风险。

2. 风险识别与分析

利用市场调研、技术评估、财务分析等手段，对潜在风险进行深入识别和分析。对风险发生的可能性、影响程度及后果进行量化评估，以便更准确地制定规避措施。

3. 规避措施的实施

对于风险较大的项目或业务，企业可以选择放弃或调整方案，以规避潜在风险。在投资决策中，优先选择风险较小、收益稳定的项目进行投资。

4. 权衡风险与收益

企业在规避风险的同时，也需要考虑风险与收益之间的平衡。确保在规避风险的同时，也能实现企业的战略目标和发展规划。

（二）风险降低策略

1. 优化业务流程

企业应定期审查和优化业务流程，减少不必要的环节和浪费。通过提高工作效率和质量，降低因业务操作不当而引发的财务风险。

2. 完善内部控制制度

建立健全的内部控制体系，确保财务活动的合规性和规范性。通过内部控制制度的执行，减少因内部管理不善而引发的财务风险。

3. 加强风险管理

建立风险预警机制，及时发现潜在的财务风险。制订应急预案，以便在风险发生时迅速应对，降低风险的影响程度。

4. 持续监控与改进

对风险降低策略的实施效果进行持续监控和评估。根据监控结果和外部环境的变化，及时调整和改进风险降低策略。

（三）风险分担策略

1. 多元化投资

通过与其他企业进行联合投资或组建投资基金等方式，共同承担投资风险。多元化投资组合可以降低单一投资项目的风险暴露。

2. 合作经营

与供应商、客户等建立长期稳定的合作关系，共同应对市场风险。通过合作经营，实现资源共享和风险共担。

3. 利用保险市场

购买适当的保险产品，将部分财务风险转移给保险公司承担。保险可以作为企业风险分担策略的重要组成部分，提供额外的风险保障。

4. 建立风险共担机制

与其他企业或机构建立风险共担机制，共同应对潜在的财务风险。通过风险共担协议或合同，明确各方在风险发生时的责任和义务。

（四）风险承受策略

1. 全面的风险评估

对潜在的财务风险进行全面的评估和分析，包括风险的发生几率、影响程度及后果。确保企业对所承受的风险有充分的了解和准备。

2. 增强风险管理能力

加强风险管理团队的建设和培训，提高风险管理水平。建立完善的风险管理体系，确保对风险的有效监控和管理。

3. 寻求风险补偿机制

通过提高产品价格、增加销售量等方式，弥补因承担风险而带来的额外成本。寻求政府补贴、税收优惠等政策支持,降低风险成本。

  4. 建立风险准备金

  设立风险准备金,用于应对潜在的财务风险。确保在风险发生时,企业有足够的资金进行应对和补偿。

二、财务风险的防范策略

  为了有效防范财务风险,确保企业的稳健发展,企业需要采取一系列科学合理的防范策略。

  (一)完善财务管理制度

  完善的财务管理制度是防范财务风险的基础和保障。企业应该根据自身的业务特点和市场环境,制定一套科学合理的财务管理制度,确保各项财务活动都在规范的框架内进行。具体而言,完善财务管理制度需要从以下几个方面入手。

  1. 制定资金管理制度,确保资金的合理运用

  资金是企业运营的血液。企业应该制定严格的资金管理制度,对资金的流入、流出进行严格的监控和管理。通过制定合理的资金预算、审批流程、使用计划等措施,确保资金的合理运用,避免资金浪费和滥用带来的财务风险。

  2. 建立成本控制制度,降低企业运营成本

  成本控制是企业盈利的关键因素之一。企业应该建立完善的成本控制制度,对各项成本进行严格的核算和控制。制定合理的成本预算、成本分析、成本考核等措施,可以降低企业运营成本,提高企业的盈利能力和市场竞争力。

  3. 健全财务分析报告制度,提供决策支持

  财务分析报告是企业财务管理的重要组成部分。企业应该建立健全的财务分析报告制度,定期对财务状况进行分析和评估。通过财务分析报告,企业可以及时了解自身的财务状况、经营成果和现金流量等情况,为企业的决策提供有力的支持。

  (二)加强内部控制与审计

  内部控制与审计是防范财务风险的重要手段。企业应该建立健全的内部控制体系,确保各项财务活动都受到有效的监督和制约。同时,企业还应该定期进行内部审计和外部审计,及时发现和纠正潜在的财务风险。具体而言,加强内部控制与审计需要从以下几个方面入手:

  1. 建立健全内部控制体系,确保财务活动的规范性

  企业应该根据自身的业务特点和市场环境,建立健全的内部控制体系。通过制定合

理的内部控制流程、审批权限、职责分工等措施，确保各项财务活动都在规范的框架内进行。同时，企业还应该加强对内部控制体系的监督和检查，确保其得到有效执行。

2. 定期进行内部审计，及时发现和纠正潜在风险

内部审计是企业自我监督和自我完善的重要手段。企业应该定期进行内部审计，对各项财务活动进行全面的检查和评估。通过内部审计，企业可以及时发现潜在的财务风险和问题，并采取相应的措施进行纠正和改进。同时，企业还应该将内部审计的结果与绩效考核相挂钩，确保内部审计的有效性和权威性。

3. 引入外部审计，提高财务信息的真实性和准确性

外部审计是对企业财务信息进行独立、客观、公正的评价和监督。企业应该积极引入外部审计机构，对自身的财务状况进行定期的审计和评估。通过外部审计，企业可以提高财务信息的真实性和准确性，增强投资者和债权人的信任度。同时，企业还可以根据外部审计的结果和建议，进一步改进和完善自身的财务管理和风险防范工作。

（三）提升财务人员的风险意识与能力

财务人员是企业财务管理和风险防范的主体。企业应该注重提升财务人员的风险意识和能力，使他们能够及时发现和应对潜在的财务风险。具体而言，提升财务人员的风险意识与能力需要从以下几个方面入手：

1. 加强财务人员的风险培训和教育

企业应该定期对财务人员进行风险培训和教育，提高他们的风险意识和风险防范能力。通过培训和教育，财务人员能够充分了解财务风险的特点和危害，掌握风险防范的基本知识和技能。同时，企业还应该鼓励财务人员积极参加各种风险管理和内部控制的培训课程，不断提升自身的专业素养和风险管理能力。

2. 建立激励机制，鼓励财务人员积极参与风险管理活动

企业应该建立激励机制，鼓励财务人员积极参与风险管理活动。设立风险管理奖励、提供晋升机会等措施，激发财务人员参与风险管理的积极性和主动性。同时，企业还应该将风险管理成果与财务人员的绩效考核相挂钩，确保他们在风险管理方面的付出得到应有的回报。

3. 加强财务人员的团队协作和沟通能力

财务风险防范需要财务人员的团队协作和沟通能力。企业应该注重培养财务人员的团队协作精神和沟通能力，使他们能够在团队中相互支持、协作配合，共同应对潜在的财务风险。同时，企业还应该鼓励财务人员与其他部门加强沟通和协作，形成风险防范的合力。

第三节　财务风险应对策略的案例分析

一、成功应对财务风险的案例

（一）案例描述与背景分析

案例：某零售企业在面临双十一等大型促销活动后的资金链紧张问题。双十一期间，该企业销售额激增，订单量巨大，导致短期内资金流出大幅增加，资金链面临严峻考验。如果无法及时支付供应商货款，将严重影响企业的信誉和正常运营。

背景分析：随着电子商务的兴起，双十一等促销活动已成为零售行业的重要营销手段。然而，这类活动也带来了资金流动性压力增大的问题。对于零售企业而言，如何在销售额激增的同时，确保资金链的稳定成为一项重大挑战。

（二）成功应对的策略与措施

1. 优化库存管理

该企业提前规划库存，确保库存量与预期销售额相匹配，避免了过度积压和资金占用。同时，通过加强库存周转，提高了资金的使用效率。

2. 加强与供应商的合作

与供应商建立长期稳定的合作关系，争取更优惠的付款条件和账期。在资金紧张时，通过协商延迟付款时间，缓解了短期内的资金压力。

3. 开展短期融资

利用企业的良好信誉和稳定的经营状况，成功从金融机构获得短期贷款支持。这些资金用于及时支付供应商货款，确保了供应链的稳定运行。

4. 建立完善的资金管理体系

通过优化应收账款回收流程、合理安排债务偿还计划等措施，提高了资金的有效流动性和充足性。同时，加强了对现金流的监控和预测，为企业的稳健运营提供了有力保障。

二、失败应对财务风险的案例

（一）案例描述与问题剖析

案例：某房地产企业在高杠杆率的推动下迅速扩张，但在市场调整时，高负债成为企业的沉重负担，最终导致了资金链断裂。该企业过度依赖债务融资进行快速扩张，忽视了市场风险和自身偿债能力的匹配问题。当市场环境发生变化时，企业无法及时偿还债务，陷入了严重的财务困境。

问题剖析：该企业在扩张过程中，未能充分评估市场风险和自身偿债能力，盲目追求规模和速度。同时，过度依赖债务融资导致企业负债水平过高，财务结构不合理。在市场环境发生变化时，企业无法有效应对资金流动性压力，最终导致了资金链断裂的严重后果。

（二）失败的原因与教训总结

1. 盲目扩张与负债过高

企业在扩张过程中未能充分评估市场风险和自身偿债能力，盲目追求规模和速度。过度依赖债务融资导致企业负债水平过高，增加了财务风险。

2. 财务结构不合理

企业的财务结构未能与自身的经营状况和市场环境相匹配。长期债务和短期债务的比例不合理，导致企业在面临资金流动性压力时无法有效应对。

3. 风险管理意识薄弱

企业在风险管理方面存在明显不足。未能建立健全的风险管理体系和预警机制，导致在风险事件发生时无法及时应对和化解。

第四节 财务风险管理与企业可持续发展的关系

一、财务风险管理与企业发展的关系

在当今复杂多变的商业环境中，企业面临着多方面的财务风险。这些风险的存在，无疑对企业的稳定发展构成了潜在的威胁。因此，财务风险管理成为企业管理中不可或缺的一环，它与企业稳定发展之间存在着密切的联系。

（一）风险管理对企业稳定发展的重要性

1. 识别潜在财务威胁，确保企业稳健运营

财务风险管理的重要任务之一就是识别企业面临的潜在财务威胁。通过对市场、信用、运营、法律等各个方面的深入分析，企业可以及时发现可能存在的风险点，并对这些风险进行评估和监控。这样，企业就可以在风险发生之前做好充分的准备，确保在风险来临时能够保持稳健的运营态势，避免或减少损失。

2. 评估风险可能性和影响程度，制定应对措施

财务风险管理还需要对风险的可能性和影响程度进行评估。通过对风险的量化分析，企业可以更加准确地了解风险的大小和可能带来的损失。在此基础上，企业可以制定相

应的应对措施，如建立风险准备金、制订应急计划等，以确保在风险发生时能够及时、有效地进行应对，保障企业的稳定发展。

3. 建立风险管理体系，提升企业整体抗风险能力

财务风险管理不是一项孤立的工作，而是需要企业建立一套完整的风险管理体系。这个体系包括风险识别、风险评估、风险应对、风险监控等多个环节，并且需要与企业的整体战略和业务流程相结合。通过建立这样一套体系，企业可以更加系统地管理各种财务风险，提升企业整体的抗风险能力，为企业的稳定发展提供有力的保障。

（二）风险管理对企业长期竞争力的影响

在激烈的市场竞争中，企业要想取得长期的优势地位，除了提供优质的产品和服务外，还必须具备出色的风险管理能力。财务风险管理作为企业管理的重要组成部分，对企业的长期竞争力产生着直接而深远的影响。

1. 降低运营成本，提高资金使用效率

有效的财务风险管理能够帮助企业降低运营成本，提高资金使用效率。通过对企业各项财务活动的精心策划和严格控制，企业可以最大限度地减少不必要的开支，避免资金的浪费和损失。同时，通过合理的资金调度和配置，企业可以确保资金在各个环节的有效利用，从而提高整体的资金使用效率。这将为企业在市场竞争中提供有力的财务支持，增强其长期竞争力。

2. 避免不必要的财务损失，创造更多价值

财务风险管理的一个重要作用是帮助企业避免不必要的财务损失。通过对市场、信用、运营等各方面的深入分析和风险评估，企业可以及时发现并应对潜在的财务风险，从而避免或减少因风险事件而导致的财务损失。这将使企业在面对市场波动和不确定性时能够保持稳健的财务状况，为企业的长期发展创造更多的价值。

3. 增强企业在市场上的竞争力

通过有效的财务风险管理，企业可以降低运营成本、提高资金使用效率，从而为企业创造更多的价值。这些优势将转化为企业在市场上的竞争力，使其能够在长期发展中保持领先地位。具体来说，企业可以利用这些优势来扩大市场份额、提高客户满意度、加强品牌建设等，从而进一步增强其在市场上的竞争地位。

二、财务风险管理与企业可持续发展的综合考量

在当今的商业环境中，企业的可持续发展已成为其长期追求的目标。这不仅要求企业在追求经济效益的同时，注重环境保护、社会责任和长期利益，还需要企业具备出色

的风险管理能力,尤其是财务风险管理能力。

为了实现企业可持续发展与风险管理的平衡,企业需要采取一系列有效的策略。

(一)制定长期风险管理规划

企业应将风险管理纳入其长期发展战略中,制定与可持续发展目标相一致的风险管理规划。这将有助于企业在追求长期利益的同时,有效管理各类财务风险。具体来说,企业可以根据自身的业务特点和发展阶段,制定针对性的风险管理策略和措施。例如,在初创期,企业可以注重市场风险和投资风险的管理;在成长期,企业可以加强信用风险和运营风险的管理;在成熟期,企业可以更加关注战略风险和法律风险的管理。通过这样的规划,企业可以确保风险管理与可持续发展目标的协同一致。

(二)加强风险监测与预警

建立健全的风险监测和预警机制是企业实现可持续发展与风险管理平衡的关键。企业应建立完善的风险监测体系,对各类财务风险进行实时监测和评估。同时,企业还应建立风险预警机制,及时发现并应对潜在的财务风险。这将有助于企业在风险事件发生前采取相应的措施,降低其对可持续发展的影响。例如,企业可以利用大数据和人工智能技术,对市场波动、信用状况、运营效率等进行实时监测,以便及时采取措施应对潜在风险。

(三)提升风险管理意识与能力

加强企业员工对风险管理的认识和培训是实现企业可持续发展与风险管理平衡的重要保障。企业应定期开展风险管理培训和教育活动,提高员工的风险管理意识和能力。这将有助于企业在日常运营中更好地识别和管理各类财务风险。例如,企业可以组织员工参加风险管理培训课程、举办风险管理知识讲座、制定风险管理手册等,以提高员工的风险管理素养和应对能力。

(四)整合风险管理与可持续发展战略

企业应将风险管理与可持续发展战略相结合,确保两者在目标、策略和行动上的一致性。例如,在制定投资决策时,企业应考虑项目的财务风险及其对环境和社会的影响,以确保投资决策符合可持续发展的要求。同时,企业还应将风险管理理念融入企业文化和价值观中,使其成为企业可持续发展的重要支撑。

(五)持续改进与创新

随着市场环境和企业内部条件的变化,企业应持续改进其风险管理策略和措施,以适应新的风险挑战。同时,企业还应积极创新风险管理方法和工具,提高其风险管理的效率。例如,企业可以利用先进的信息技术手段优化风险管理流程、提高风险管理数据的准确性和时效性;还可以借鉴行业内的经验教训,不断完善自身的风险管理体系。

第十一章 管理会计报告与信息系统

第一节 管理会计报告的种类与编制技巧

一、管理会计报告的种类

管理会计报告作为企业内部管理的重要工具，旨在为企业各层级的管理者提供决策支持。它通过对财务和非财务信息的整合、分析和解释，帮助管理者更好地了解企业的运营状况、制定和执行战略、优化资源配置以及提高业务效率。根据企业管理的不同层次和需求，管理会计报告可以分为战略层管理会计报告、经营层管理会计报告和业务层管理会计报告三种类型。

（一）战略层管理会计报告

战略层管理会计报告主要服务于企业的高层管理者，如董事会、总经理等。这类报告的关注点在于企业的长期发展战略和整体经营状况。

1. 报告内容及其重要性

战略层管理会计报告的内容通常包括企业整体财务状况分析、市场竞争力评估、长期发展趋势预测以及战略投资项目的可行性分析等。这些内容为高层管理者提供了全面的信息，有助于他们了解企业的整体运营状况、市场地位以及未来的发展方向。通过对这些信息的分析，高层管理者可以更加准确地判断企业的战略定位，以及是否需要调整或优化现有的战略。

2. 编制要求与关键点

在编制战略层管理会计报告时，应注重数据的全面性和准确性。这意味着报告需要包含企业各个方面的财务信息和非财务信息，如市场份额、客户满意度、员工满意度等。同时，报告还需要结合宏观经济环境和行业发展趋势进行深入的分析和预测。这样，高层管理者才能更加准确地了解企业所处的外部环境，以及这些环境对企业未来发展的影响。

（二）经营层管理会计报告

经营层管理会计报告主要面向企业的中层管理者，如部门经理、项目负责人等。这类报告关注企业各业务部门的经营状况和业绩表现。

1. 报告内容及其作用

经营层管理会计报告的内容通常包括业务部门财务状况分析、业绩指标完成情况、成本控制情况以及市场份额变化等。这些信息对于中层管理者来说至关重要，因为它们直接反映了业务部门的运营状况和业绩表现。通过对这些信息的分析，中层管理者可以更加准确地了解业务部门的优势和劣势，以及需要改进的地方。

2. 编制要求与注意事项

在编制经营层管理会计报告时，应注重数据的时效性和可比性。这意味着报告需要包含最新的财务信息和非财务信息，以便中层管理者及时了解业务部门的最新状况。同时，报告还需要对不同时间段的数据进行对比分析，以便中层管理者更加准确地了解业务部门的业绩变化趋势。此外，结合业务部门的实际情况提出具体的改进建议和优化方案也是编制报告时需要考虑的重要因素。

（三）业务层管理会计报告

业务层管理会计报告主要服务于企业的基层管理者和员工，如生产线负责人、销售人员等。这类报告关注企业具体业务环节的执行情况和效率问题。

1. 报告内容及其作用

业务层管理会计报告的内容通常包括生产任务完成情况、销售业绩分析、库存状况以及客户满意度等。这些信息对于基层管理者和员工来说至关重要，因为它们直接反映了具体业务环节的运营状况和效率问题。通过对这些信息的分析，基层管理者和员工可以更加准确地了解业务进展、发现问题并及时采取措施。

2. 编制要求与实现方式

在编制业务层管理会计报告时，应注重数据的实时性和准确性。这意味着报告需要包含最新的、准确的信息，以便基层管理者和员工及时了解业务环节的最新状况。同时，报告还需要结合业务环节的特点和需求提供简洁明了的分析和建议。这样，基层管理者和员工才能更加准确地理解报告的内容，并将其应用于实际工作中。为了实现这一点，企业可以采用实时监控和数据分析等先进的技术手段来收集和处理数据，以确保报告的准确性和实时性。

二、管理会计报告的编制技巧

编制管理会计报告是一个复杂而细致的过程，它要求编制者不仅具备丰富的财务知识和分析能力，还需要掌握一定的编制技巧和方法。

（一）报告目标明确，重点突出

在编制管理会计报告之前，明确报告的目标和受众是至关重要的。不同的受众对信息的需求和关注点不同，因此报告的内容和重点也应有所不同。明确报告目标有助于确定报告的主题和结构，确保报告的内容紧扣主题、重点突出。

1. 识别受众与信息需求

在编制报告之前，首先需要识别报告的受众，即报告将提交给哪些管理者或部门。不同的受众对信息的需求和关注点可能有所不同。例如，高层管理者更关注企业的整体战略和长期发展趋势，而中层管理者更关注业务部门的经营状况和业绩表现。因此，在编制报告时，需要根据受众的信息需求来确定报告的重点和内容。

2. 确定报告主题与结构

在明确了受众和信息需求后，接下来需要确定报告的主题和结构。报告的主题应紧扣受众的信息需求，确保报告的内容与受众的关注点相一致。同时，报告的结构应清晰、有条理，以便受众能够更容易地理解和接受报告的内容。可以按照一定的逻辑顺序来组织报告的内容，如先总体后具体、先重要后次要等。

3. 突出重点与关键信息

在编制报告时，还需要突出重点与关键信息。这可以通过使用标题、段落、列表等方式来实现。标题应简洁明了，能够概括报告的主要内容；段落应围绕一个中心思想展开，避免冗长和离题；列表可以用来列举关键信息或数据，以便受众更容易地把握报告的重点。

（二）数据准确，分析深入

管理会计报告的核心是数据和分析。因此，在编制报告时，必须确保数据的准确性和完整性，并对数据进行深入的分析和解读。

1. 确保数据准确性与完整性

在收集和处理数据时，必须严格遵守相关规范和标准，确保数据的真实性和可靠性。这包括数据的来源、采集方法、处理过程等方面。同时，还需要对数据进行全面的检查和核对，以确保数据的准确性和完整性。如果数据存在错误或遗漏，将严重影响报告的质量和可信度。

2. 运用多种分析方法

在获得准确和完整的数据后，接下来需要对数据进行深入的分析和解读。这可以通过运用多种分析方法来实现，如对比分析、趋势分析、比率分析等。对比分析可以帮助企业了解不同数据之间的差异和关系；趋势分析可以帮助企业揭示数据的变化趋势和规律；比率分析可以帮助企业了解财务状况和经营效率等方面。通过运用这些分析方法，企业可以更深入地了解运营状况和存在的问题。

3. 揭示数据背后的规律与趋势

除了对数据进行基本的分析外，还需要进一步揭示数据背后的规律和趋势。这需要制作人具备丰富的财务知识和分析能力，能够透过数据表面揭示其背后的本质和规律。例如，可以通过分析企业的财务数据来了解其盈利能力、偿债能力、运营效率等方面；还可以通过分析市场数据来了解行业发展趋势和竞争状况等方面。深入的分析和解读，可以为企业提供更有价值的管理会计报告。

（三）图表结合，直观易懂

管理会计报告中的数据和分析往往比较抽象和复杂，这会给管理者带来理解上的困难。为了增强报告的可读性和易理解性，可以采用图表结合的方式呈现数据和分析结果。这种方式能够将抽象的数据转化为直观的图形，帮助管理者更快地把握数据的核心信息。

1. 选择合适的图表类型

在编制管理会计报告时，需要面对各种各样的数据和分析结果。这些数据涉及企业的财务状况、经营成果、市场趋势等多个方面。为了直观地展示这些数据，制作人需要根据数据的特点选择合适的图表类型。

柱状图是一种常用的图表类型，它适用于展示不同数据之间的对比关系。例如，可以使用柱状图来比较不同产品线的销售额或不同地区的市场份额。通过柱状图，管理者可以清晰地看到各个数据点之间的差异和对比关系。

折线图则适用于展示数据的变化趋势。例如，可以使用折线图来展示企业过去几年的销售收入或利润增长情况。折线图能够清晰地反映出数据随时间的变化趋势，帮助管理者把握数据的动态特征。

饼图则适用于展示数据的占比情况。例如，可以使用饼图来展示企业不同业务单元的收入占比或不同成本项目的支出占比。饼图能够将数据转化为直观的扇形区域，帮助管理者快速了解数据的分布和占比情况。

除了柱状图、折线图和饼图之外，还有许多其他类型的图表可供选择，如散点图、雷达图、热力图等。在选择图表类型时，需要根据数据的特点和报告的需求进行综合考虑，选择最适合的图表类型来展示数据。

2. 设计简洁明了的图表布局

选择了合适的图表类型之后，还需要注意图表的布局和样式设计。一个好的图表布局应该简洁明了，避免过于复杂和拥挤。同时，还需要注意图表的颜色、字体、大小等样式问题，以确保图表的清晰度和易读性。

在图表布局方面，制作人可以采用一些基本的设计原则来提升图表的美观度和易读性。例如，可以保持图表的对齐和平衡，确保各个元素之间的间距和排列整齐有序。还可以使用对比和强调的手法来突出图表中的重点信息，如使用不同的颜色或字体来突出重要的数据点或趋势线。

在图表样式方面，需要注意颜色的选择和搭配。颜色可以影响图表的整体效果和读者的阅读体验。可以选择一些清晰、鲜艳的颜色来增强图表的可视化效果，同时还需要注意颜色的搭配和对比，以确保图表的清晰度和易读性。

此外，需要注意图表中的字体和大小选择。字体应该清晰易读，大小适中，以确保管理者能够轻松地阅读和理解图表中的信息。同时，还需要注意图表中的标题、标签、图例等元素的字体和大小选择，以确保这些元素与图表的整体风格和布局相协调。

3. 添加必要的注释与说明

在图表中添加了合适的数据和可视化元素之后，制作人还需要考虑如何帮助管理者更好地理解图表中的信息。这时，可以添加必要的注释和说明来辅助读者理解图表中的数据和分析结果。

注释和说明应该简洁明了，能够准确地解释图表中的数据和分析结果。例如，可以在图表中添加数据标签来显示具体的数据值或百分比；还可以在图表的下方或旁边添加简短的说明文字来解释图表的主题、数据来源、分析方法等。

添加必要的注释和说明，可以使管理者更加容易地理解图表中的信息和分析结果。同时，这些注释和说明还可以增强报告的专业性和可信度，使管理者更加信任报告中的数据和分析结果。

（四）语言精练，逻辑清晰

管理会计报告作为企业内部决策的重要参考，其语言与逻辑的质量直接关系到报告的有效性和实用性。一个精练、准确、易懂的报告，不仅能够帮助决策者迅速把握问题的核心，还能够提高决策的效率和质量。因此，在编制管理会计报告时，必须高度重视语言的运用和逻辑的组织。

1. 避免使用过于专业或复杂的术语

管理会计报告的目的是为企业的决策者提供有用的信息，帮助他们做出明智的决策。因此，报告的语言必须易于理解，避免使用过于专业或复杂的术语。这些术语可能会让决策者感到困惑或无法理解，从而降低报告的有效性。

为了实现这一目标，在编写报告时，应尽量采用简洁明了的语言来表述复杂的概念和分析结果。例如，对于"财务杠杆系数"这样的专业术语，可以解释为"企业利用债务进行融资时，债务对股东收益的影响程度"。这样的解释既保留了术语的核心意义，又使其更易于理解。

同时，还可以通过使用图表、示例等方式来辅助说明复杂的概念。这些方式能够将抽象的概念具体化，帮助决策者更好地理解和吸收报告的内容。

2. 按照逻辑顺序组织报告内容

除了语言的选择外，逻辑的组织也是管理会计报告编制中的重要一环。一个逻辑清晰、条理分明的报告，能够让决策者更容易地把握报告的主旨和重点。

在编写报告时，可以按照一定的逻辑顺序来组织报告的内容。例如，可以先总体描述企业的财务状况和经营成果，然后再具体分析各个业务单元或产品的表现。或者，可以先阐述问题的背景和重要性，然后再提出解决方案和建议。

3. 使用标题、段落、列表等方式划分报告结构

为了使管理会计报告更加易于阅读和理解，还可以使用标题、段落、列表等方式来划分报告的结构和内容。

标题是报告的重要组成部分，它应该简洁明了，能够概括报告的主要内容。一个好的标题能够让决策者在第一眼就了解报告的核心议题，从而激发他们阅读的兴趣。

段落则是报告的主体部分，每个段落都应该围绕一个中心思想展开。在编写段落时，应尽量避免冗长和离题的情况。每个段落都应该有一个明确的主题句，并围绕这个主题句进行详细的阐述和解释。

列表则可以用来列举关键信息或数据。通过将重要的信息或数据以列表的形式呈现，可以帮助决策者更容易地把握报告的重点和关键信息。同时，列表还可以使报告更加简洁明了，提高可读性。

第二节　管理会计信息系统的构建与应用实践

一、管理会计信息系统的构建

管理会计信息系统作为现代企业管理的重要工具，其构建过程涉及多个环节，包括系统需求分析、系统设计原则、系统架构与模块设计，以及数据采集与处理机制。

（一）系统需求分析

系统需求分析是管理会计信息系统构建的第一步，也是确保系统成功实施和满足企

业需求的关键。这一过程要求对企业现有的管理流程、数据结构、信息需求等进行全面而深入的调研和分析。

1. 明确系统的目标用户和使用场景

需要识别系统的主要使用者，如财务部门、管理层等，并了解他们在日常工作中的信息需求和使用习惯。通过访谈、问卷调查等方式收集用户反馈，确保系统能够满足他们的实际需求。

2. 分析企业现有的管理流程和数据结构

对企业现有的管理流程进行梳理，识别出存在的痛点和瓶颈。分析现有的数据结构，了解数据的来源、流向和存储方式，以便在系统中进行优化。

3. 确定系统需要实现的功能模块

根据用户需求和企业目标，确定系统需要包含的功能模块，如预算管理、成本控制、绩效评价、决策支持等。对每个功能模块进行详细的描述和定义，确保开发团队能够准确理解并实现。

4. 制定系统的性能指标

根据企业的实际需求和使用场景，制定系统的性能指标，如响应时间、数据处理能力等。确保这些性能指标能够满足企业的日常运营和决策需求。

（二）系统设计原则

系统设计原则是指导管理会计信息系统构建的重要准则，它应确保系统能够满足企业的实际需求，同时具备良好的可扩展性和可维护性。

1. 实用性原则

系统应紧密围绕企业的实际需求进行设计，提供实用的功能和性能。避免过度复杂化，确保系统易于使用和操作。

2. 可靠性原则

系统应具备良好的稳定性和可靠性，确保在长时间运行中不会出现故障或数据丢失等问题。采用成熟的技术和架构，确保系统的健壮性和容错能力。

3. 可扩展性原则

系统应具备良好的可扩展性，以便在后续的发展中能够方便地添加新的功能和模块。采用模块化设计思想，确保系统各部分之间的独立性和可替换性。

4. 可维护性原则

系统应具备良好的可维护性，以便在出现问题时能够及时地进行修复和优化。提供完善的日志记录和错误处理机制，方便维护人员进行故障排查和修复。

（三）系统架构与模块设计

系统架构与模块设计是管理会计信息系统构建的核心环节，它涉及系统的整体结构和各个功能模块的设计。

1. 系统架构

采用分层设计思想，将系统划分为表示层、业务逻辑层和数据访问层。表示层负责与用户进行交互，展示系统的功能和数据；业务逻辑层负责处理用户的请求和业务逻辑；数据访问层负责与数据库进行交互，存储和检索数据。通过分层设计，可以降低系统各部分的耦合度，提高系统的可维护性和可扩展性。

2. 模块设计

根据系统需求分析的结果，将系统划分为多个功能模块，如预算管理模块、成本控制模块、绩效评价模块、决策支持模块等。每个模块应具有明确的功能和接口定义，以便与其他模块进行交互和集成。采用模块化设计思想，可以提高系统的可重用性和可替换性，降低系统的开发和维护成本。

（四）数据采集与处理机制

数据采集与处理机制是管理会计信息系统的重要组成部分，它涉及数据的采集、存储、处理和分析等环节。

1. 数据采集

数据采集可以通过多种方式进行，如手工录入、自动采集等。无论采用哪种方式，都应确保数据的准确性和完整性。对采集到的数据进行预处理操作，如清洗、转换等，以便后续的分析和使用。预处理操作可以去除数据中的噪声和冗余信息，提高数据的质量和可用性。

2. 数据存储

数据存储应采用合适的数据库管理系统（DBMS），如关系型数据库（RDBMS）、非关系型数据库（NoSQL）等。根据系统的实际需求和数据特点选择合适的数据库类型。数据库的设计应满足系统的性能需求，并确保数据的安全性和可靠性。采用合适的数据加密和备份策略，防止数据泄露和丢失。

3. 数据处理与分析

数据处理与分析是管理会计信息系统的核心功能之一。通过对采集到的数据进行处理和分析，可以生成各种管理报告和图表，为企业的决策提供支持。

数据处理与分析可以采用多种技术和方法，如数据挖掘、机器学习等。这些技术和方法可以帮助企业发现数据中的规律和趋势，提取有价值的信息，并做出更加明智的决策。例如，可以使用数据挖掘技术来识别成本超支的原因或预测未来的销售趋势；使用机器学习技术来构建预测模型或分类模型等。

二、管理会计信息系统的应用实践

管理会计信息系统在企业的应用实践中发挥着重要的作用，它可以帮助企业实现预算管理、成本控制、绩效评价和决策支持等多种功能。

（一）系统在预算管理中的应用

预算管理是企业管理的重要组成部分，它涉及企业资源的分配和使用。管理会计信息系统在预算管理中的应用，极大地提高了预算管理的效率和准确性。

1. 预算编制的自动化与智能化

管理会计信息系统可以根据企业的历史数据和业务规则，自动生成预算计划。这不仅大大减轻了预算编制人员的工作负担，还提高了预算编制的准确性和效率。系统还可以根据市场环境的变化和企业内部业务的发展，实时调整预算计划，确保预算的时效性和合理性。

2. 预算控制的实时监控与预警

管理会计信息系统可以实时监控企业的预算执行情况，对每一项支出进行跟踪和记录。当支出超出预算时，系统会立即发出预警信号，提醒相关部门和人员进行控制。这有助于确保预算的严格执行，防止超支现象的发生。

3. 预算分析的深入与全面

系统可以对企业的预算执行情况进行深入的分析和比较，包括预算与实际支出的差异、预算执行的进度等。通过生成预算分析报告，企业可以更加清晰地了解自身的财务状况和经营成果，为后续的决策提供有力的支持。

（二）系统在成本控制中的应用

成本控制是企业盈利的关键因素之一。管理会计信息系统在成本控制中的应用，帮助企业实现了成本的精细化管理。

1. 成本核算的自动化与准确性提升

系统可以自动计算企业的各项成本，包括直接成本、间接成本等。这避免了手工计算可能出现的错误和遗漏，提高了成本核算的准确性。同时，系统还可以对成本进行分摊和归集，生成详细的成本报表，为企业的成本管理提供全面的数据支持。

2. 成本分析的深入与潜力挖掘

管理会计信息系统可以对企业的成本结构进行深入的分析和比较，包括成本构成、成本变动趋势等。通过分析，企业可以识别出成本节约的潜力和机会，进而采取相应的措施进行改进和优化。

（三）系统在绩效评价中的应用

绩效评价是企业激励员工、提高绩效的重要手段。管理会计信息系统在绩效评价中的应用，使得绩效评价更加客观、公正和有效。

1. 绩效指标设置的科学性与合理性

系统可以根据企业的业务规则和管理需求，设置合理的绩效评价指标和权重。这确保了绩效评价的科学性和合理性，使得评价结果更加客观和公正。

2. 绩效评价实施的自动化与高效性

管理会计信息系统可以自动采集和分析企业的绩效数据，包括员工的工作效率、工作质量、客户满意度等。通过生成绩效评价报告，企业可以更加清晰地了解员工的绩效状况，为后续的激励和改进提供依据。

3. 绩效改进建议的针对性与实用性

系统还可以根据绩效评价结果，提出绩效改进的建议和措施。这些建议通常针对员工的具体问题和不足，因此更加具有针对性和实用性。通过实施这些建议，企业可以帮助员工不断提升绩效水平，进而实现企业的整体目标。

（四）系统在决策支持中的应用

在快速变化的商业环境中，企业需要准确、及时的信息来做出明智的决策。管理会计信息系统（MAIS）作为一种先进的信息管理工具，为企业提供了全面、科学的决策支持。

1. 数据支持的全面性与及时性

管理会计信息系统作为企业的数据中心，能够为企业提供全面的数据支持。这些数据不仅包括传统的财务数据，如收入、成本、利润等，还涵盖了业务数据和市场数据。业务数据涉及企业的生产、销售、库存等各个环节，而市场数据则包括竞争对手的动态、市场趋势、消费者行为等。这些数据共同构成了企业的信息基石，为企业的决策提供了坚实的基础。

更为重要的是，管理会计信息系统能够实时更新这些数据。在信息化时代，数据的时效性至关重要。系统通过自动化的数据采集和处理流程，确保企业能够随时获取到最新的市场信息和内部状况。这使得企业在做出决策时能够依据最新的数据，而不是过时的或不准确的信息。例如，当市场出现新的竞争态势或消费者需求发生变化时，企业可以迅速调整策略，以应对这些变化。

2. 模型分析的先进性与准确性

管理会计信息系统不仅提供了全面的数据支持,还利用先进的数据分析技术和模型,对企业的经营状况和市场环境进行分析和预测。这些技术和模型包括数据挖掘、机器学习、人工智能等,它们能够深入挖掘数据背后的规律和趋势,为企业提供有价值的洞察。

通过数据挖掘技术,企业可以从海量的数据中提取出有用的信息,如消费者的购买偏好、产品的热销时段等。这些信息对于企业的市场定位和营销策略制定具有重要意义。而机器学习和人工智能技术的应用,则使得系统能够自动学习和优化分析模型,提高分析的准确性和效率。

通过这些先进的分析技术和模型,企业可以更加准确地了解自身的竞争优势和劣势,以及市场的发展趋势和机遇。例如,系统可以分析出企业的哪些产品或服务在市场上具有竞争力,哪些需要改进或淘汰。同时,系统还可以预测市场的未来走向,如消费者需求的变化、竞争对手的策略调整等。这为企业的战略规划和决策提供了科学依据,使得企业能够更加精准地把握市场机遇和应对挑战。

3. 决策模拟与优化的科学性与实用性

除了提供数据支持和模型分析外,管理会计信息系统还具有决策模拟和优化的功能。这一功能使得企业可以在实际执行决策之前,先对决策方案进行模拟和评估。

通过模拟不同的决策方案,企业可以比较它们的优劣和可行性。例如,当企业考虑进入一个新的市场时,可以先在系统中模拟不同的市场进入策略,如价格战、品牌宣传等,然后评估这些策略的预期效果和风险。这样,企业就可以在选择最佳决策方案时更加有据可依。

同时,管理会计信息系统还可以对决策方案进行优化。系统可以根据企业的目标和约束条件,自动调整决策参数或改进决策流程,以提高决策的效果和效率。例如,当企业需要制订一个生产计划时,系统可以考虑生产成本、库存水平、市场需求等多个因素,然后生成一个最优的生产计划方案。

这种决策模拟和优化的功能不仅提高了企业决策的科学性和合理性,还增强了企业决策的实用性和可行性。它使得企业能够在做出决策之前充分考虑各种可能性和风险,从而制订出更加稳健和有效的决策方案。

第三节 大数据与人工智能在管理会计中的应用探索

一、大数据在管理会计中的应用

（一）大数据对管理会计的影响

随着信息技术的飞速发展，大数据已成为当今时代的重要特征。在管理会计领域，大数据的应用正逐渐改变着传统的管理模式和决策方式，为企业的精细化管理提供了前所未有的机遇。

1. 丰富信息来源，提升决策科学性

大数据具有数据量大、数据类型多、处理速度快等特点，这为管理会计提供了更为丰富、全面的信息来源。传统的管理会计主要依赖有限的结构化数据，如财务报表、预算数据等，进行决策和分析。然而，在大数据时代，企业可以获取和存储更多的非结构化数据，如社交媒体评论、客户反馈、市场趋势等。这些数据为管理会计提供了更全面的视角，使其能够更准确地把握市场动态，更科学地制定和执行预算，更有效地进行成本控制和绩效评价。

2. 优化资源配置，提高企业运营效率

通过对大数据的深入挖掘和分析，管理会计能够更精确地预测未来的市场趋势和业务需求，从而为企业的发展提供更有力的支持。例如，大数据可以帮助企业识别潜在的市场机会，优化产品组合，制定更精准的营销策略。同时，大数据还可以帮助企业优化资源配置，提高运营效率。通过对生产、销售等各个环节的数据进行实时分析，企业可以及时发现运营中的问题，并采取相应的措施进行改进。

3. 增强风险防控能力，保障企业稳健发展

大数据在管理会计中的应用还有助于增强企业的风险防控能力。通过对历史数据的分析和挖掘，企业可以发现潜在的风险因素，并制定相应的应对措施。例如，在财务风险管理方面，大数据可以帮助企业识别潜在的财务危机，如现金流短缺、应收账款坏账等，从而提前采取应对措施，保障企业的稳健发展。

（二）大数据在管理会计中的具体应用案例

1. 预算管理

在预算管理方面，大数据的应用可以帮助企业更准确地预测未来的市场趋势和业务需求。通过对历史数据的分析和挖掘，企业可以发现业务发展的规律和趋势，从而制订出更为合理的预算计划。例如，一家零售企业可以利用大数据分析顾客的购买行为、市

场趋势等信息，以更准确地预测未来的销售额和利润，进而制订更合理的预算计划。同时，大数据还可以实时监控企业的预算执行情况，对超出预算的支出进行及时预警和控制，确保企业预算的有效执行。

2. 成本控制

在成本控制方面，大数据的应用可以帮助企业更精细地进行成本核算和分析。通过对生产、销售等各个环节的数据进行采集和分析，企业可以准确地计算出各项成本，并找出成本节约的潜力和机会。例如，一家制造企业可以利用大数据分析生产过程中的原材料消耗、能源消耗等信息，以更准确地核算产品成本，并找出成本节约的机会。此外，大数据还可以实时监控企业的成本支出情况，对异常支出进行及时预警和控制，确保企业成本的有效控制。

3. 绩效评价

在绩效评价方面，大数据的应用可以提供更为客观、公正的评价依据。通过对员工的工作数据、客户满意度等数据进行分析和挖掘，企业可以更准确地了解员工的绩效状况，并制定出更为合理的激励措施。例如，一家服务企业可以利用大数据分析员工的客户服务记录、客户满意度等信息，以更准确地评价员工的绩效表现，并制定相应的激励措施。同时，大数据还可以帮助企业发现绩效改进的机会和措施，从而不断提升企业的整体绩效水平。通过对绩效数据的深入分析，企业可以发现潜在的改进点，如培训需求、流程优化等，进而采取相应的措施进行改进。

（三）大数据应用面临的挑战与应对策略

尽管大数据在管理会计中的应用具有诸多优势，但也面临着一些挑战。为了应对这些挑战，企业需要采取一系列策略。

1. 高昂成本与技术支持的挑战及应对策略

大数据的采集、存储和处理需要高昂的成本和技术支持。为了应对这一挑战，企业需要加大技术投入，提升大数据的处理能力和分析能力。企业可以引进先进的大数据处理技术和工具，提高数据处理效率和质量。同时，企业还可以培养或引进具备大数据分析能力的人才，为大数据的应用提供技术支持。

2. 数据质量与准确性的挑战及应对策略

大数据的质量和准确性也需要得到保障。为了应对这一挑战，企业需要建立完善的数据治理体系，确保数据的质量和准确性。企业可以制定严格的数据采集、存储和处理规范，确保数据的准确性和完整性。同时，企业还可以利用数据清洗、数据校验等技术手段提高数据的质量。

3. 隐私与安全问题的挑战及应对策略

大数据的应用还可能涉及隐私和安全问题，如客户信息的泄露、恶意攻击等。为了应对这一挑战，企业需要加强隐私和安全保护，确保大数据的应用不会侵犯到他人的合法权益。企业可以建立完善的信息安全管理体系，制定严格的信息安全政策和规范。同时，企业还可以利用加密技术、访问控制等技术手段保护数据的安全性和隐私性。

二、人工智能在管理会计中的应用

（一）人工智能对管理会计的变革

人工智能作为新一代信息技术的代表，正在对管理会计产生深远的影响。其强大的计算能力和学习能力，使得它能够模拟人类的思维和决策过程，从而在管理会计领域发挥巨大作用。

1. 提升管理效率与决策准确性

传统的管理会计在处理大量数据和信息时，往往需要耗费大量的人力和时间。而人工智能的应用，可以极大地提高管理效率。通过机器学习、深度学习等算法，人工智能能够快速处理和分析海量的财务数据和业务数据，为管理会计提供及时、准确的信息支持。同时，借助人工智能的预测和分析能力，管理会计能够更准确地预测未来的市场趋势和业务需求，从而制订出更为科学的决策方案。

2. 优化资源配置与成本控制

人工智能在管理会计中的应用，还有助于优化企业的资源配置和成本控制。通过对历史数据的分析和学习，人工智能可以识别出企业运营中的瓶颈和浪费环节，从而提出相应的改进措施。例如，在预算管理方面，人工智能可以根据企业的历史数据和业务需求，自动调整和优化预算计划，确保资源的合理配置。在成本控制方面，人工智能可以实时监控企业的成本支出情况，对异常支出进行及时预警和控制，从而有效降低企业的运营成本。

3. 增强风险防控能力

人工智能还具有强大的风险防控能力。通过对企业的财务数据和业务数据进行实时监控和分析，人工智能可以及时发现潜在的风险和问题，并为企业提供相应的应对措施。例如，在财务风险预警方面，人工智能可以根据企业的财务报表和市场数据，预测出潜在的财务风险，并提前采取应对措施，确保企业的财务稳健。在业务风险防控方面，人工智能可以分析企业的业务流程和数据，识别出潜在的业务风险点，并提出相应的改进建议，降低业务风险的发生几率。

（二）人工智能应用的前景与展望

随着人工智能技术的不断发展和完善，其在管理会计中的应用前景将越来越广阔。未来，人工智能将进一步深化与管理会计的融合，为企业提供更加智能化、高效化的管理服务。

1. 深化技术应用，提升预测准确性

未来，随着深度学习等技术的不断发展，人工智能将能够更准确地预测市场趋势和业务需求。通过构建更为复杂的神经网络模型和算法，人工智能可以更好地捕捉和利用数据中的非线性关系和模式，从而提高预测的准确性和可靠性。这将为管理会计提供更为精准的市场和业务分析支持，帮助企业更好地把握市场机遇和应对挑战。

2. 拓展数据处理范围，提高分析效率

除了深化技术应用外，未来人工智能还将拓展其在管理会计中的数据处理范围。通过自然语言处理等技术，人工智能将能够更快速地处理和分析大量的非结构化数据，如文本、图像、音频等。这将使得管理会计能够更全面地了解企业的运营情况和市场环境，提高分析的效率和准确性。同时，通过实时处理和分析这些数据，人工智能还可以为企业提供更为及时、准确的决策支持。

3. 强化学习优化决策制定与执行

未来人工智能还将通过强化学习等技术，优化管理会计的决策制定和执行过程。通过模拟人类的决策过程和学习机制，强化学习可以使得人工智能在不断地试错和学习中优化其决策策略。这将使得管理会计能够更科学地制定和执行预算和成本控制计划，提高企业的运营效率和盈利能力。同时，通过强化学习等技术，人工智能还可以帮助企业发现潜在的改进点和优化机会，推动企业的持续发展和创新。

第四节　管理会计报告与信息系统的优化改进方向

一、管理会计报告的优化方向

管理会计报告作为企业内部管理的重要工具，其质量直接影响着企业的决策效率和效果。在当前经济环境下，企业需要不断优化管理会计报告，以适应市场的快速变化和内部管理的精细化需求。

（一）报告内容的丰富与深化

为了提升管理会计报告的实用性和决策支持能力，企业需要在报告内容上进行丰富

与深化，确保报告能够全面、深入地反映企业的经营状况。

1. 增加非财务信息

传统的管理会计报告主要关注财务信息，如收入、成本、利润等。然而，在当前的商业环境中，非财务信息对于企业的决策同样至关重要。因此，管理会计报告应增加市场趋势、客户满意度、员工绩效等非财务信息。这些信息能够帮助企业更全面地了解市场环境、客户需求以及内部运营状况，从而为制定更科学的决策提供有力支持。例如，通过分析客户满意度数据，企业可以发现产品或服务中的不足，进而采取改进措施，提升客户体验和市场竞争力。

2. 深化成本分析

成本是企业经营的核心要素之一，对于企业的盈利能力和市场竞争力具有决定性影响。因此，管理会计报告应深化对成本的分析，包括成本结构、成本动因以及成本效益等。通过深入分析成本，企业可以发现降低成本、提高效益的潜力所在。例如，通过对成本结构的分析，企业可以识别出哪些成本项目占比较高，进而采取针对性措施进行成本控制。通过对成本动因的分析，企业可以了解成本发生的原因和驱动因素，从而为制定更有效的成本控制策略提供依据。

3. 引入预测与风险评估

在当前充满不确定性的商业环境中，企业需要对未来经营状况进行预测，并对潜在风险进行评估。因此，管理会计报告应引入预测与风险评估的内容。通过对未来市场趋势、客户需求以及竞争对手的分析，企业可以预测未来的经营状况，并制定相应的应对策略。同时，通过对潜在风险的评估，企业可以提前识别出可能面临的风险和挑战，从而采取预防措施，降低不确定性带来的损失。

（二）报告形式的创新与多样化

除了丰富和深化报告内容外，企业还需要在报告形式上进行创新与多样化，以提升报告的吸引力和易用性。

1. 定制化报告

不同部门、不同层级的企业管理者对于管理会计报告的需求会存在差异。因此，可以根据不同受众的关注点和需求，定制化的管理会计报告。定制化报告可以根据特定受众的关注点，提供更为精准、有用的信息。例如，对于销售部门的管理者，报告可以重点关注销售额、市场占有率等销售相关的指标；而对于生产部门的管理者，报告则可以重点关注生产成本、生产效率等生产相关的指标。

2. 图表与可视化工具的应用

大量的数据和文字可能会使管理会计报告显得冗长而乏味，降低决策者的阅读兴趣和理解效率。因此，可以利用图表、可视化工具等直观展示数据，使管理会计报告更加易于理解。例如，通过柱状图、折线图等图表形式展示销售数据、成本数据等，可以让决策者更加直观地了解数据的变化趋势和关键信息。同时，利用可视化工具还可以将数据转化为地图、热力图等形式，帮助决策者更好地理解和分析数据。

3. 交互式报告

随着信息技术的不断发展，企业可以开发交互式的管理会计报告。这种报告允许用户根据自己的需求进行数据筛选、挖掘和分析，从而提高报告的实用性和灵活性。例如，用户可以通过交互式报告选择特定的时间段、地区或产品类别进行数据分析，以获取更加个性化的信息。同时，交互式报告还可以提供数据钻取功能，允许用户深入探索数据的细节和背后的原因。

（三）报告时效性的提升策略

在市场竞争日益激烈的今天，企业需要及时掌握经营状况并做出决策。因此，提升管理会计报告的时效性至关重要。

1. 实时数据采集与处理

为了确保管理会计报告的数据及时、准确，企业需要建立实时数据采集和处理机制。通过实时采集企业的财务和业务数据，并进行处理和分析，可以确保报告中的数据是最新的、准确的。这有助于企业把握市场动态和客户需求的变化，及时做出响应。

2. 自动化报告生成

利用信息技术自动化生成管理会计报告可以大大提高报告的时效性。通过预设的报告模板和数据源，企业可以自动化地生成定期的管理会计报告，如月度报告、季度报告等。自动化报告生成可以减少人工操作的时间和错误率，同时提高报告的频率和准确性。

3. 预警机制的建立

为了在经营状况出现异常时能够及时发现并采取应对措施，企业需要在管理会计报告中建立预警机制。通过设置关键指标的阈值和预警规则，当实际数据超过或低于预设的阈值时，系统可以自动触发预警机制，向决策者发送预警信号。这有助于企业及时发现潜在问题并采取应对措施，避免问题进一步扩大和恶化。例如，当企业的库存周转率低于预设的阈值时，系统可以发送预警信号提醒决策者关注库存问题并采取相应的解决措施。

二、管理会计信息系统的改进方向

管理会计信息系统是企业实现精细化管理的重要支撑。随着信息技术的不断发展和企业管理需求的不断变化，管理会计信息系统也需要不断优化和改进。

（一）系统功能的完善与扩展

1. 增加决策支持功能

MAIS 的核心价值在于其为企业决策提供有力支持的能力。因此，增加决策支持功能是完善与扩展 MAIS 的首要任务。数据分析是决策支持的基础，MAIS 应提供强大的数据分析工具，帮助企业深入挖掘数据背后的信息和规律。例如，通过趋势分析，企业可以预测市场走向；通过关联分析，企业可以发现不同业务之间的内在联系。模拟预测是另一种重要的决策支持功能。它允许企业在不同的假设条件下进行模拟运算，从而评估不同决策的可能结果。这有助于企业在面对不确定性时做出更加明智的决策。例如，在制定产品价格策略时，企业可以利用模拟预测功能来评估不同价格水平对销售量和利润的影响。除了数据分析和模拟预测，MAIS 还应提供其他决策支持功能，如绩效评价、风险管理等。这些功能可以帮助企业更加全面地评估自身的经营状况和市场竞争力，为制定更加科学的决策提供有力支持。

2. 整合业务流程

在现代企业中，业务流程的复杂性和多样性日益增加。为了更好地满足企业的管理需求，MAIS 必须与其他业务系统实现无缝整合。将 MAIS 与企业的其他业务系统（如 ERP、CRM 等）进行整合，可以实现数据的共享和业务的协同。这有助于提高企业的整体运营效率和管理水平。例如，通过与 ERP 系统的整合，MAIS 可以实时获取企业的财务和业务数据，从而进行更加准确和及时的分析和报告。同时，通过与 CRM 系统的整合，MAIS 可以更好地了解客户的需求和行为，为企业的市场营销策略提供有力支持。业务流程的整合还可以帮助企业实现更加精细化的管理。例如，通过整合供应链管理系统，企业可以实时跟踪库存和物流信息，从而更加准确地制定生产计划和采购策略。这种精细化的管理不仅可以提高企业的运营效率，还可以降低企业的运营成本和风险。

3. 支持多维度分析

企业的经营状况是复杂而多维的，要想全面、深入地了解企业的经营状况，MAIS 必须支持多维度分析。多维度分析允许企业从不同的角度和层面来审视自身的经营状况。例如，企业可以按照产品、客户、地区等维度进行数据分析，从而更加全面地了解不同产品、不同客户和不同地区的业绩表现和市场竞争力。支持多维度分析还可以帮助企业发现潜在的机会。例如，通过对比不同地区的销售业绩，企业可以发现哪些地区的市场潜力尚未充分挖掘；通过对比不同客户的购买行为，企业可以发现哪些客户的需求尚未得到充分满足。这些潜在的机会对于企业的战略制定和市场拓展具有重要意义。

（二）系统性能的优化与提升

随着企业业务的不断发展和数据量的不断增加，MAIS 的性能优化与提升变得尤为重要。

1. 提高数据处理速度

在数据量庞大的情况下，MAIS 的数据处理速度直接影响到企业的决策效率。因此，提高数据处理速度是优化 MAIS 性能的关键。优化数据库结构是提高数据处理速度的有效手段。通过对数据库表进行合理设计和索引优化，可以显著提高数据查询和处理的效率。采用更高效的数据处理算法也是提升数据处理速度的重要途径。例如，通过引入并行计算和分布式计算等技术，可以充分利用多核处理器和集群服务器的计算能力，从而显著提高数据处理速度。

2. 增强系统稳定性

系统的稳定性是确保 MAIS 持续运行和数据安全的重要保障。为了增强系统的稳定性，企业可以从硬件和软件两个方面入手。在硬件方面，企业可以采用高性能的服务器和存储设备，以确保系统的运行效率和数据存储的安全性。同时，建立完善的备份和恢复机制也是必不可少的。通过定期对系统进行备份，并在系统出现故障时及时进行恢复，可以确保数据的完整性和系统的连续性。在软件方面，企业可以采用成熟的软件架构和编程技术，以减少系统的漏洞和故障点。同时，建立完善的错误处理和日志记录机制也是非常重要的。通过及时捕获和处理系统中的错误，并记录详细的日志信息，可以帮助企业快速定位和解决系统中的问题。

（三）系统安全性的加强措施

在当今的数字化时代，MAIS 的安全性是企业运营中不可忽视的一环。为了确保企业数据的安全性和保密性，必须加强 MAIS 的安全性。

1. 加强数据加密与访问控制

数据加密是保护 MAIS 中数据不被未经授权访问和修改的关键技术。通过采用先进的数据加密技术，如 AES、RSA 等，可以确保数据在传输和存储过程中的安全性。即使数据被窃取或泄露，加密也能保证数据不会被轻易解读和利用。访问控制是另一项重要的安全措施。通过实施严格的访问控制机制，如基于角色的访问控制（RBAC）或基于属性的访问控制（ABAC），可以确保只有经过授权的人员才能访问和修改 MAIS 中的数据。这有助于防止未经授权的访问和恶意修改，从而保护企业的商业机密和敏感信息。

为了进一步加强数据加密与访问控制，企业还可以考虑采用多因素身份验证、生物识别技术等先进手段，以提高系统的安全性。

2. 定期进行安全审计与漏洞扫描

安全审计和漏洞扫描是发现和修复 MAIS 中潜在安全隐患的重要手段。通过定期对 MAIS 进行安全审计，企业可以评估系统的安全性，并发现可能存在的安全漏洞和风险。这有助于企业及时采取补救措施，提高系统的安全性。漏洞扫描则是一种自动化的安全测试方法，通过扫描 MAIS 中的漏洞和弱点，可以发现潜在的安全隐患。企业可以利用专业的漏洞扫描工具，定期对 MAIS 进行扫描，并及时修复发现的漏洞，以防止黑客利用这些漏洞进行攻击。除了定期进行安全审计和漏洞扫描外，企业还应建立完善的安全管理制度和流程，确保系统的持续性和安全性。

3. 建立应急响应机制

尽管企业可以采取多种措施来加强 MAIS 的安全性，但安全事件仍然可能发生。因此，建立应急响应机制是必不可少的。应急响应机制包括制订应急预案、组建应急响应团队、进行应急演练等多个方面。通过制订详细的应急预案，企业可以在安全事件发生时迅速做出响应，降低损失和影响。应急预案应包括事件报告流程、应急处理措施、恢复计划等内容。组建专业的应急响应团队也是非常重要的。这个团队应具备丰富的安全知识和实践经验，能够在安全事件发生时迅速进行分析和处理。通过定期进行应急演练，企业可以测试应急预案的有效性，并提高应急响应团队的反应能力和协作效率。这有助于企业在实际安全事件发生时更加从容地应对。

（四）系统用户体验的改善策略

MAIS 的用户体验对于系统的使用率和用户满意度至关重要。一个易于使用、界面友好的 MAIS 可以显著降低用户的学习成本和使用难度，从而提高系统的实用性和用户满意度。

1. 界面友好性设计

MAIS 的界面设计应简洁明了，易于操作。通过合理的布局、清晰的提示和直观的图标等方式，可以降低用户的学习成本和使用难度。例如，可以采用直观的导航菜单和工具栏，使用户能够快速找到所需的功能和操作。同时，界面中的提示信息应清晰明了，能够帮助用户理解并正确操作系统。直观的图标和可视化元素也可以提高用户的操作效率和使用体验。

2. 个性化定制服务

为了满足不同用户的需求和偏好，MAIS 应提供个性化的定制服务。例如，允许用户自定义报表格式、设置常用功能快捷键等。这有助于提高系统的实用性和用户满意度。通过提供个性化的定制服务，MAIS可以更好地适应不同用户的工作习惯和需求，从而提高系统的使用率和用户满意度。例如，一些用户可能更喜欢以图表形式展示数据，而另一些用户则可能更喜欢详细的表格数据。MAIS应提供灵活的配置选项，以满足这些不同的需求。

3. 用户培训与支持

为用户提供必要的培训和支持是改善MAIS用户体验的重要策略之一。通过提供在线教程、视频演示、客服支持等方式，可以帮助用户更好地了解和使用MAIS。这有助于降低用户的使用难度和提高系统的使用率。例如，可以在线提供详细的操作指南和教程，帮助用户快速掌握系统的基本功能和操作技巧。同时，提供实时的客服支持也是非常重要的。当用户在使用过程中遇到问题时，能够及时获得帮助和解决方案，从而提高用户的满意度和使用体验。为了进一步加强用户培训与支持，企业还可以考虑定期举办线下培训课程或研讨会，邀请用户参加并分享使用经验和技巧。这不仅可以提高用户的使用水平，还可以促进用户之间的交流和合作。

第十二章 绩效评价与激励机制

第一节 绩效评价体系的构建与实施策略

一、绩效评价体系的概述

绩效评价作为企业管理的重要组成部分,对于企业的发展和员工个人成长都具有深远的影响。

(一)绩效评价的定义与重要性

绩效评价,简而言之,就是运用特定的评价方法、量化指标及评价标准,对组织或员工在一定时期内的工作行为、工作效果及其对企业的贡献或价值进行客观、公正的评价。这一过程不仅关注员工的工作结果,还关注其工作过程中的行为表现,以此全面反映员工的工作状况。

1. 绩效评价是企业人力资源开发与管理的基石

绩效评价为企业提供了关于员工工作表现和工作效果的详细信息,这些信息是企业进行人力资源决策的重要依据。无论是员工的薪酬调整、晋升、降级、调动还是培训,都需要以绩效评价的结果作为参考。通过绩效评价,企业可以更加科学、合理地进行人力资源管理,确保人力资源的有效利用。

2. 绩效评价有助于优化企业的人力资源配置

通过绩效评价,企业可以清晰地了解到每个员工的工作能力和潜力,从而将其安排在最适合的岗位上,实现人尽其才、才尽其用。这样不仅可以提高员工的工作满意度和积极性,还可以提高企业的整体业绩。

3. 绩效评价能够增强企业内部的竞争意识

绩效评价通过对比员工的工作表现和工作效果,可以明确员工之间的差距和不足。这种差距和不足会激发员工的竞争意识,促使他们努力提升自己的工作技能和业绩,以在绩效评价中取得更好的成绩。这种竞争意识的增强不仅有助于员工个人的成长,还有助于推动企业的整体发展。

4. 绩效评价是推动企业持续改进和发展的重要工具

通过绩效评价，企业可以及时发现自身在管理和运营方面存在的问题和不足。这些问题和不足是企业改进和发展的方向和目标。企业可以根据绩效评价的结果进行针对性的改进和优化，以提高自身的竞争力和适应能力。同时，绩效评价还可以帮助企业制定更加科学、合理的发展战略和目标，为企业的长远发展提供有力的支持。

（二）绩效评价体系的目标与原则

绩效评价体系作为企业管理的重要工具，其构建和实施需要明确的目标和原则来指导。

1. 绩效评价体系的目标

绩效评价体系的主要目标包括以下几个方面：

（1）确保评价结果的客观性和公正性

绩效评价体系应该采用科学、合理的评价方法和标准，确保评价结果能够真实、准确地反映员工的工作表现和工作效果。同时，评价过程应该公开、透明，避免主观判断和偏见的影响。

（2）为企业管理提供科学的决策依据

绩效评价体系应该为企业提供关于员工工作表现和工作效果的全面、准确的信息，以便企业进行科学的人力资源管理决策。这些信息应该包括员工的工作能力、潜力、优点和不足等方面。

（3）激发员工的工作积极性和创造力

绩效评价体系应该通过激励和约束机制，激发员工的工作积极性和创造力，提高他们的工作满意度和忠诚度。同时，评价体系还应该鼓励员工积极参与企业的发展和创新活动，为企业的长远发展贡献力量。

（4）促进企业内部沟通，增强团队协作和凝聚力

绩效评价体系应该注重企业内部沟通的重要性，通过评价过程中的反馈和沟通机制，增强员工之间的团队协作和凝聚力。这样不仅可以提高员工的工作效率和业绩，还可以营造积极、健康的企业文化氛围。

2. 绩效评价体系应遵循的原则

为了实现上述目标，绩效评价体系在构建和实施过程中应遵循以下原则：

（1）公开性原则

评价过程应公开透明，确保员工对评价标准和结果有清晰的了解。这样可以增强员工对评价体系的信任感和认同感，提高评价的公正性和有效性。

（2）客观性原则

评价应以事实为依据，避免主观判断和偏见。评价体系应该采用客观、量化的评价指标和标准，确保评价结果能够真实、准确地反映员工的工作表现和工作效果。

（3）公正性原则

评价应公平合理，确保所有员工在相同的条件下接受评价。评价体系应该遵循公正、公平的原则，确保每个员工都有平等的机会接受评价和获得公正的待遇。

（4）灵活性原则

评价体系应具有一定的灵活性，以适应企业内外部环境的变化。随着企业的发展和市场环境的变化，评价体系也应该进行相应的调整和优化，以确保其与时俱进、符合实际。

（5）反馈性原则

评价结果应及时反馈给员工，以便他们了解自己的工作表现并做出改进。评价体系应该注重反馈机制的建设，确保员工能够及时了解到自己的评价结果和不足之处，并据此进行改进和提升。同时，企业也应该为员工提供必要的培训和支持，帮助他们提高工作技能和业绩水平。

二、绩效评价体系的构建

绩效评价体系的构建是企业人力资源管理中的重要环节，它关乎员工的激励、发展与组织的整体效能。一个科学、合理的绩效评价体系能够准确反映员工的工作表现，为企业的决策提供有力依据。

（一）评价指标的选择与设计

评价指标是绩效评价体系的基础和核心，它们的选择与设计直接关系到评价的有效性和准确性。在选择和设计评价指标时，企业应遵循以下原则：

1. 战略导向性

评价指标应与企业的战略目标紧密相连，反映企业期望员工达到的工作成果和表现。通过将战略目标层层分解，企业可以确定各部门、各岗位的关键绩效指标，从而确保员工的工作方向与企业的发展目标保持一致。

2. 全面性与具体性

评价指标应涵盖员工的工作成果、工作态度、工作能力、团队合作等多个方面，以全面反映员工的工作表现。同时，每个指标都应具有具体、明确的定义和衡量标准，避免模糊和主观性。

3. 可操作性与可衡量性

评价指标应具有可操作性和可衡量性，便于评价者进行观察和评价。企业可以通过设定具体的量化指标或行为标准，使评价更加客观、准确。

4. 差异化与个性化

不同岗位、不同层级的员工在工作中承担着不同的职责和任务，因此评价指标应具有差异化和个性化。企业应根据员工的岗位职责和能力素质要求，设计符合其工作特点的评价指标。

（二）评价标准的设定与调整

评价标准是衡量员工工作表现优劣的尺度，它具有明确性、可衡量性和可达成性等特点。在设定评价标准时，企业应遵循以下原则：

1. 合理性

评价标准应具有合理性，既不过高也不过低，能够真实反映员工的工作表现。过高的评价标准可能导致员工感到无法达到而失去动力，过低的标准则可能使员工缺乏挑战性。

2. 灵活性

随着企业的发展和市场环境的变化，评价标准也应适时进行调整和优化。企业应定期对评价标准进行审查和修订，确保其与时俱进、符合实际。

3. 一致性

评价标准应在企业内部保持一致性和公平性。不同部门、不同岗位的评价标准应具有可比性，避免员工因评价标准不同而产生不公平感。

（三）评价方法的选用与实施

评价方法的选择对于绩效评价体系的成败具有至关重要的影响。企业在选用评价方法时，应遵循以下原则：

1. 适用性

评价方法应适用于企业的实际情况和需求。不同企业、不同岗位可能适合不同的评价方法，企业应选择最适合自己的方法。

2. 客观性

评价方法应具有客观性，能够真实反映员工的工作表现。企业应尽量避免主观性和偏见对评价结果的影响。

3. 综合性

评价方法应具有综合性，能够全面评价员工的工作成果、工作态度、工作能力等多个方面。企业应选择能够涵盖多个评价维度的方法。

在实施评价方法时,企业应注重以下方面:

1. 评价者的培训

确保评价者了解评价方法的原理、步骤和注意事项,提高其评价能力和准确性。

2. 评价过程的规范

制定详细的评价流程和操作指南,确保评价过程的规范性和严谨性。

3. 评价结果的反馈与应用

及时将评价结果反馈给员工,并与其进行沟通和讨论。同时,将评价结果应用于员工的薪酬调整、晋升决策、培训发展等方面,以发挥绩效评价的激励和引导作用。

三、绩效评价体系的实施策略

绩效评价体系的实施并非一蹴而就,而是一个涉及多个环节、需要持续优化的复杂过程。

(一) 实施前的准备与沟通

1. 制订详细的实施计划

在实施绩效评价体系之前,企业必须制订一份详细而周密的实施计划。这份计划应明确评价体系的实施目标、时间表、责任分配以及所需的资源支持等关键要素。通过制订实施计划,企业可以确保评价体系的引入是一个有序、可控的过程,从而避免可能出现的混乱和无效。

2. 明确评价的目的和意义

企业需要向全体员工明确绩效评价的目的和意义,使员工理解评价体系是如何与企业战略目标和个人发展相联系的。这样,员工就能更加积极地参与到评价过程中,而不是将其视为一种额外的负担。

3. 培训评价人员

评价人员的专业素养和技能水平直接影响到评价体系的公正性和有效性。因此,在实施前,企业应对评价人员进行系统的培训,确保他们充分理解评价标准和流程,并具备进行公正、客观评价的能力。

4. 与被评价员工进行充分的沟通

沟通是消除疑虑、建立信任的关键。在实施前,企业应与被评价员工进行充分的沟通,解释评价体系的具体内容和运作方式,听取他们的意见和建议,并解答他们的疑问。通过有效的沟通,企业可以消除员工的抵触情绪,增强他们对评价体系的认同感和参与度。

（二）实施过程中的监控与调整

1. 密切关注评价进展情况

在绩效评价体系实施过程中，企业应密切关注评价的进展情况，包括评价进度、员工反馈、数据收集与分析等。通过定期的监控和检查，企业可以及时发现并解决可能出现的问题和挑战。

2. 及时发现并解决问题

在实施过程中，企业会遇到各种预期之外的问题和挑战。例如，员工可能对某些评价标准产生误解或抵触情绪，或者数据收集和分析过程中可能出现技术障碍。企业需要建立一套有效的问题反馈和解决机制，确保这些问题能够得到及时的处理和解决。

3. 根据反馈进行必要的调整和优化

绩效评价体系并非一成不变，而是需要根据实施过程中的反馈和意见进行不断的调整和优化。企业可以定期收集员工对评价体系的反馈意见，分析评价数据的合理性和有效性，并根据这些信息对评价体系进行相应的调整和优化。

（三）实施后的反馈与改进

1. 及时向员工反馈评价结果

绩效评价体系的实施结束后，企业应及时向员工反馈评价结果。这包括员工的绩效得分、优点和不足、改进建议等。通过及时的反馈，员工可以了解自己的绩效表现，明确自己的优点和不足，并制定相应的改进计划。

2. 对员工的优点和不足进行客观的分析和评价

在反馈评价结果时，企业应确保对员工的优点和不足进行客观的分析和评价。这要求企业避免主观偏见和情绪化的评价，而是基于事实和数据进行客观的判断和评价。

3. 鼓励员工提出对评价体系的意见和建议

为了不断完善和优化绩效评价体系，企业应鼓励员工提出对评价体系的意见和建议。企业可以设立一个专门的反馈渠道或定期召开员工座谈会等方式来收集员工的意见和建议。

4. 对评价体系进行持续的改进和完善

根据员工的反馈意见和建议以及企业自身的战略调整和发展需求，企业应对绩效评价体系进行持续的改进和完善。这包括调整评价标准、优化评价流程、更新评价工具和方法等。通过不断的改进和完善，企业可以确保绩效评价体系始终与企业的战略目标和员工发展需求保持一致。

第二节 激励机制的设计与优化方法

一、激励机制的设计

激励机制的设计是组织管理中的一项重要任务,它关乎员工的积极性、组织的效率和长期发展目标。一个科学、合理的激励机制能够有效地激发员工的工作热情,提升组织的整体绩效。

(一)激励对象的确定与分类

在设计激励机制时,首要任务是明确激励的对象。这些对象可以涵盖组织内的全体员工,也可以特定于某个部门或团队的成员。

1. 细分激励对象的必要性

细分激励对象有助于更深入地了解员工的需求和期望,从而制定更加贴近实际的激励措施。不同的员工群体有着不同的关注点和激励需求,因此,细分激励对象是提高激励机制有效性的关键。

2. 激励对象的分类方法

根据员工的需求、职位、绩效等因素,可以将激励对象进行细分。常见的分类方法包括按照职位层级划分,如高层管理者、中层管理者、基层员工;按照入职时间划分,如新员工、老员工;还可以按照工作性质、专业技能等因素进行划分。

3. 不同激励对象的特点与需求

不同类型的激励对象有着不同的特点和需求。例如,高层管理者更关注组织的长远发展和战略目标的实现,他们需要的是与长期绩效挂钩的激励措施;中层管理者则更注重职业生涯的发展和晋升空间的提升;基层员工更关心薪资、福利等直接与经济利益相关的因素;新员工可能更看重成长机会和培训资源;而老员工则可能更注重工作稳定性和组织归属感。

(二)激励方式的选择与组合

在设计激励机制时,应根据激励对象的特点和需求选择合适的激励方式,并进行有效的组合。多元化激励方式能够满足员工的不同需求,提高激励机制的整体效果。

1. 物质激励与精神激励并重

物质激励和精神激励是激励机制中的两大基石。物质激励主要包括薪资、奖金、福利等直接与经济利益相关的激励方式;而精神激励则包括晋升、表彰、培训机会等与员工职业发展和个人成长相关的激励方式。在设计激励机制时,应充分考虑员工的实际需求和心理预期，将物质激励和精神激励有效地结合起来。

2. 选择合适的激励方式

不同的员工对激励方式的需求和偏好是不同的。因此，在选择激励方式时，应根据员工的个人特点、职位需求和工作绩效等因素进行综合考虑。例如，对于追求职业发展的员工，可以提供更多的晋升机会和培训资源；对于注重工作生活平衡的员工，可以提供灵活的工作时间和额外的休假福利等。

3. 有效组合激励方式

为了最大化激励效果，需要将不同的激励方式进行有效的组合。例如，可以将绩效奖金与晋升机会相结合，以同时满足员工对经济利益和职业发展的需求；或者将表彰奖励与培训机会相结合，以同时提升员工的荣誉感和专业能力等。通过多元化的激励组合，可以更全面地满足员工的需求，提高激励机制的整体效果。

（三）激励力度的设定与调整

激励力度的设定是激励机制设计中的关键环节。过低的激励力度可能无法达到预期的效果，而过高的激励力度则可能导致组织成本的增加和员工之间的不公平感。因此，在设定激励力度时，需要综合考虑多种因素，并保持动态平衡。

1. 综合考虑多种因素

在设定激励力度时，需要综合考虑组织的经济状况、员工的期望以及市场薪酬水平等多种因素。一方面，要确保激励力度足够吸引员工并激发其工作积极性；另一方面，也要避免过高的激励成本给组织带来经济压力或引发员工之间的不公平感。因此，需要在进行充分的市场调研和内部评估的基础上，科学合理地设定激励力度。

2. 保持动态平衡

激励机制并非一成不变，而是需要随着组织的发展和员工需求的变化进行适时的调整和优化。例如，在组织快速发展阶段，可以适当提高激励力度以吸引和留住更多优秀人才；而在组织稳定发展阶段，则可以更加注重激励方式的多元化和个性化以满足员工的不同需求。同时，也要定期评估激励机制的效果并根据反馈进行必要的调整和优化以保持其科学性和有效性。

3. 注重长期激励与短期激励的平衡

在设定激励力度时，还需要注重长期激励与短期激励的平衡。短期激励能够迅速激发员工的工作积极性和创造力，但可能无法持续激发员工的潜力；而长期激励则能够引导员工关注组织的长期发展和战略目标，但可能无法迅速产生效果。因此，在设计激励机制时，应将短期激励与长期激励相结合，既注重当前的绩效提升也关注未来的持续发展。例如，可以设立长期股权激励计划以鼓励员工为组织的长期发展做出贡献，同时设立短期绩效奖金以激励员工完成当前的绩效目标。

二、激励机制的优化方法

激励机制并非一成不变，它需要根据组织环境、员工需求以及市场状况等因素进行不断的优化和调整。

（一）激励机制的评估与反馈

评估与反馈是激励机制优化过程中的关键环节，它们为激励机制的改进提供了重要的数据支持和方向指引。

1. 评估机制的重要性与实施方法

评估机制对于确保激励机制的有效性至关重要。通过定期的评估，组织可以了解激励机制的实际运行效果，识别存在的问题，并为后续的改进提供依据。评估可以通过多种方式进行，如员工满意度调查、绩效数据分析、员工访谈等。这些评估方法可以从不同角度反映激励机制的运行状况，为组织提供全面的反馈。

2. 员工反馈的收集与利用

员工是激励机制的直接受众，他们的反馈对于激励机制的优化具有重要价值。组织应鼓励员工提供对激励机制的反馈意见，这可以通过设立反馈渠道、开展员工座谈会等方式实现。收集到的员工反馈应及时整理和分析，以便发现激励机制中的不足之处，并为后续的改进提供方向。

3. 评估与反馈的循环机制

评估与反馈应形成一个持续的循环机制。组织应定期对激励机制进行评估，并根据评估结果和员工反馈进行及时的调整和改进。同时，组织还应将评估与反馈的结果与员工进行沟通，以增强员工对激励机制的理解和认同感。

（二）激励机制的调整与完善

根据评估和反馈的结果，组织需要对激励机制进行必要的调整和完善，以确保其更加符合员工的需求和组织的发展目标。

1. 修改不合理的激励标准

在激励机制的运行过程中，可能会发现某些激励标准不合理或过时。这些不合理的激励标准可能会降低员工的积极性或引发员工的不满。因此，组织应根据评估和反馈的结果，及时修改这些不合理的激励标准，以确保激励机制的公平性和有效性。

2. 增加新的激励方式

随着组织的发展和员工需求的变化，原有的激励方式可能无法满足员工的需求。为了保持激励机制的吸引力，组织应不断探索和增加新的激励方式。例如，可以引入员工股权激励、弹性工作制度、员工参与决策等新型激励方式，以进一步激发员工的积极性和创造力。

3. 调整激励力度

激励力度的设定对于激励机制的效果具有重要影响。过低的激励力度可能无法激发员工的积极性，而过高的激励力度则可能增加组织的成本负担。因此，组织应根据评估和反馈的结果，适时调整激励力度，以确保其既能激发员工的积极性，又不会给组织带来过大的经济压力。

（三）激励机制的创新与发展

除了常规的调整和完善外，组织还应注重激励机制的创新与发展。通过引入新的激励理念、借鉴其他企业的成功经验以及结合最新的科技手段等方式，组织可以不断探索和尝试新的激励机制，以进一步激发员工的潜力和创造力。

1. 引入新的激励理念

随着管理理论和实践的发展，新的激励理念不断涌现。组织应积极关注这些新的激励理念，并将其引入到自己的激励机制中。例如，可以引入"员工价值主张"理念，强调员工与组织之间的价值共鸣和共同成长；或者引入"游戏化"理念，将游戏元素融入激励机制中，以增加其趣味性和吸引力。

2. 借鉴其他企业的成功经验

不同企业在激励机制方面有着不同的成功经验和创新做法。组织应积极借鉴这些成功经验，并根据自己的实际情况进行改编和应用。例如，可以学习行业领先企业的股权激励计划、员工发展计划等激励措施，并根据自己的组织文化和员工需求进行定制化设计。

3. 结合最新的科技手段

科技的发展为激励机制的创新提供了无限可能。组织可以结合最新的科技手段，如人工智能、大数据分析等，来优化和改进激励机制。例如，可以利用人工智能技术进行员工绩效评估和激励方案制定；或者利用大数据分析来识别员工的激励偏好和需求，以提供更加个性化的激励措施。

第三节　绩效评价与激励机制的整合应用实践

一、绩效评价与激励机制的整合思路

在企业管理实践中，绩效评价与激励机制是两个核心要素，它们相互关联、相互影响，共同作用于企业目标的实现和员工的成长。为了进一步提升企业管理效能，有必要将绩效评价与激励机制进行整合。

（一）整合的必要性与可行性分析

绩效评价与激励机制的整合不仅是企业管理理论的发展趋势，更是实践中的迫切需求。这一整合的必要性主要体现在以下几个方面。

1. 提升企业绩效的准确性

绩效评价是对员工工作成果的客观衡量，它提供了员工工作表现的具体数据和信息。而激励机制则通过奖励和惩罚来引导员工的行为，使其更加符合企业的期望。将绩效评价与激励机制进行整合，可以使奖励和惩罚更加公平、合理，从而激发员工的工作积极性和创造力，进而提升企业绩效的准确性。

2. 促进员工的个人成长和职业发展

激励机制不仅关注员工的工作成果，更关注员工的个人成长和职业发展。通过整合绩效评价与激励机制，企业可以为员工提供更加个性化的激励措施，如培训、晋升等，以满足员工的不同需求。这将有助于提升员工的满意度和忠诚度，促进员工的个人成长和职业发展。

3. 构建完善的人力资源管理体系

绩效评价与激励机制是人力资源管理体系的重要组成部分。将这两者进行整合，可以形成更加完善、系统的人力资源管理体系，提升企业的整体管理水平。这将有助于企业更好地应对市场挑战，实现可持续发展。

（二）整合的基本原则与策略选择

在整合绩效评价与激励机制时，需要遵循一定的基本原则，以确保整合工作的顺利进行和整合效果的实现。同时，还需要选择合适的策略来推进整合工作。

1. 整合的基本原则

（1）公平性原则

公平性是整合绩效评价与激励机制的核心原则。整合后的体系应对所有员工都是公平、公正的，避免出现任何形式的歧视和偏见。这要求企业在整合过程中要充分考虑员工的意见和利益，确保整合方案的合理性和可接受性。

（2）一致性原则

整合后的体系应与企业的战略目标和文化保持一致。这要求企业在整合过程中要明确企业的战略目标和核心价值观，并将其贯穿于整合工作的始终。同时，还需要确保整合后的体系能够与企业的其他管理体系相协调、相配合。

（3）灵活性原则

整合后的体系应具有一定的灵活性，以适应企业内外部环境的变化。这要求企业在整合过程中要充分考虑市场环境和内部条件的变化，为整合方案预留一定的调整空间。同时，还需要建立相应的反馈机制，以便及时发现并纠正整合过程中出现的问题。

2. 整合的策略选择

（1）明确整合的目标和预期效果

在整合绩效评价与激励机制之前，企业需要明确整合的目标和预期效果。这将有助于企业更加有针对性地推进整合工作，并确保整合效果的实现。同时，还需要对整合过程进行充分的规划和准备，以确保整合工作的顺利进行。

（2）梳理和分析现有的绩效评价和激励机制

在整合之前，企业需要对现有的绩效评价和激励机制进行全面的梳理和分析。这将有助于企业发现存在的问题和不足之处，并为后续的整合工作提供有力的支持。同时，还需要对员工的需求和期望进行充分的调研和了解，以确保整合方案能够满足员工的实际需求。

（3）制订具体的整合方案并实施

根据分析结果和整合目标，企业需要制订具体的整合方案。这将包括整合的步骤、时间节点、责任人等具体内容。在制订整合方案时，企业需要充分考虑员工的意见和利益，并确保方案的合理性和可行性。同时，还需要建立相应的监督机制来跟踪整合方案的实施情况，并及时发现并纠正问题。

二、绩效评价与激励机制的整合实施

在企业管理中，绩效评价与激励机制的整合实施是一项复杂而重要的任务。为了确保整合工作的顺利进行并实现预期效果，企业需要遵循科学的步骤与流程，并应对可能出现的关键问题。

（一）整合实施的步骤与流程

整合绩效评价与激励机制的实施步骤是确保整合工作有序进行的关键。以下是具体的实施步骤。

1. 成立整合工作小组

为了确保整合工作的顺利进行,企业需要成立专门的整合工作小组。该小组应由企业高层领导、人力资源部门负责人、绩效评价和激励机制的相关人员以及员工代表组成。小组的主要职责是负责整合工作的具体推进,包括制订整合方案、协调各方资源、监督实施进度等。

2. 全面诊断和评估现有体系

在整合之前,企业需要对现有的绩效评价和激励机制进行全面的诊断和评估。这包括了解当前体系的运行状况、存在的问题、员工的反馈意见等。通过诊断和评估,企业可以更加准确地找出体系中的问题和改进点,为后续的整合工作提供有力的支持。

3. 制订具体的整合方案

根据诊断和评估的结果,企业需要制定具体的整合方案。该方案应包括整合的目标、原则、方法、步骤等具体内容。在制订方案时,企业需要充分考虑员工的意见和利益,确保方案的合理性和可行性。同时,方案还需要明确时间节点和责任分工,以便更好地推进实施工作。

4. 讨论和修订整合方案

在制订完整合方案后,企业需要组织相关人员进行充分的讨论和修订。这包括与高层领导的沟通、与员工代表的协商等。通过讨论和修订,企业可以进一步完善整合方案,确保其更加符合企业的实际情况和员工的需求。

5. 实施整合方案

按照整合方案的时间节点和责任分工,企业需要开始进行具体的实施工作。这包括调整绩效评价的标准和方法、优化激励机制的设计和实施等。在实施过程中,企业需要注重与员工的沟通和交流,确保他们充分理解整合的目的和意义,并积极参与到整合工作中来。

(二)整合实施中的关键问题与应对措施

在整合实施过程中,企业可能会遇到一些关键问题。以下是针对这些问题的应对措施。

1. 员工对整合的抵触情绪

员工对整合的抵触情绪是整合实施过程中常见的问题之一。为了应对这一问题,企业可以采取以下措施:首先,通过培训和宣传等方式增强员工对整合的认知和接受度;其次,积极与员工进行沟通和交流,了解他们的疑虑和关注点,并给予及时的解答和关注;最后,通过建立公正的绩效评价和激励机制,让员工看到整合带来的实际利益和好处,从而增强他们对整合的支持和认可度。

2. 整合过程中的信息不对称

在整合过程中,由于信息传递和反馈的不及时或不准确,可能会导致信息不对称的问题。为了应对这一问题,企业可以采取以下措施:首先,建立有效的沟通机制,确保信息的及时传递和反馈;其次,加强对整合过程的监督和管理,确保各方信息的准确性和一致性;最后,通过建立信息共享平台或系统,实现信息的实时更新和共享,提高整合过程的透明度和公正性。

3. 整合后的体系适应性问题

整合后的体系需要适应企业内外部环境的变化,否则可能会导致体系失效或无法达到预期效果。为了应对这一问题,企业可以采取以下措施:首先,在整合过程中充分考虑企业内外部环境的变化因素,制订具有灵活性和适应性的整合方案;其次,加强对整合后体系的监控和评估,及时发现并解决问题;最后,通过建立持续改进机制,不断优化和完善整合后的体系,提高其适应性和有效性。

三、绩效评价与激励机制的整合效果评估

绩效评价与激励机制的整合是企业提升管理效能、激发员工潜能的重要手段。然而,整合后的效果如何,是否达到了预期的目标,需要通过科学、客观的评估来验证。

(一)评估指标与方法的选择

1. 评估指标体系的构建

为了全面、准确地评估绩效评价与激励机制的整合效果,企业需要构建一套科学、合理的评估指标体系。该体系应涵盖多个维度,包括员工的满意度、绩效提升情况、企业整体竞争力等。

(1)员工满意度

员工是绩效评价与激励机制的直接对象,他们的满意度是衡量整合效果的重要指标。可以通过问卷调查、面对面访谈等方式,了解员工对整合后的绩效评价与激励机制的认可程度、满意度以及改进建议。

(2)绩效提升情况

绩效评价与激励机制的整合旨在提升员工的工作绩效。因此,绩效提升情况是评估整合效果的关键指标。可以通过对比整合前后的员工绩效数据,分析绩效提升的程度和趋势。

（3）企业整体竞争力

绩效评价与激励机制的整合不仅关乎员工个体，更关乎企业的整体发展。因此，企业整体竞争力的提升也是评估整合效果的重要指标。可以通过市场份额、客户满意度、品牌影响力等方面来评估企业整体竞争力的变化。

2. 评估方法的选择与应用

评估方法的选择应根据评估指标体系的特点和评估目的来确定。常用的评估方法包括问卷调查、数据分析、案例研究等。

（1）问卷调查

问卷调查是一种广泛应用的评估方法，适用于收集员工对整合效果的反馈意见。通过设计科学合理的问卷，可以全面了解员工对整合后的绩效评价与激励机制的看法和建议。

（2）数据分析

数据分析是一种客观、准确的评估方法，适用于对绩效提升情况和企业整体竞争力进行量化评估。通过对比整合前后的相关数据，可以直观地分析出整合效果的好坏。

（3）案例研究

案例研究是一种深入、细致的评估方法，适用于对整合过程中的典型事件或案例进行分析。通过选取具有代表性的案例，可以深入挖掘整合过程中的成功经验和存在的问题，为后续的改进提供有益的参考。

（二）评估结果的反馈与应用

1. 评估结果的及时反馈

评估结束后，企业需要及时将评估结果反馈给相关部门和员工。这不仅可以让他们了解整合的实际效果，还可以激发他们参与改进的积极性。反馈方式可以多样化，如召开评估结果通报会议、发布评估报告等。在反馈过程中，应注重客观、公正地呈现评估结果，同时鼓励员工提出自己的意见和建议。

2. 评估结果的应用与改进

评估结果的应用是整合效果评估的最终目的。企业应将评估结果应用到实际的管理工作中，如调整绩效评价的标准和方法、优化激励机制的设计和实施等。通过不断的改进和完善，可以进一步提升绩效评价与激励机制的整合效果。

（1）调整绩效评价的标准和方法

根据评估结果，企业可以发现绩效评价过程中存在的问题和不足。因此，可以对绩效评价的标准和方法进行调整和优化，使其更加符合企业的实际情况和员工的需求。

（2）优化激励机制的设计和实施

激励机制是激发员工潜能、提升工作绩效的重要手段。根据评估结果，企业可以对激励机制的设计和实施进行优化，如调整奖励幅度、增加激励方式等，以更好地激发员工的工作热情和创造力。

3. 持续改进与长期发展

绩效评价与激励机制的整合是一个持续的过程，需要不断地进行改进和完善。因此，企业应将评估结果作为持续改进的重要依据，不断推动绩效评价与激励机制的整合向更高水平发展。同时，还应将整合效果评估与企业的长期发展战略相结合，确保整合工作始终围绕企业的核心目标和愿景展开。

第四节 绩效评价与激励机制的挑战与应对策略

一、绩效评价与激励机制面临的挑战

在当今的商业环境中，企业面临着前所未有的复杂性和不确定性。这种环境对企业的绩效评价与激励机制提出了严峻的挑战。

（一）外部环境变化带来的挑战

外部环境的变化，如市场需求、技术革新和政策法规的变动，对企业的战略和业务模式产生了深远影响。这种影响进一步传导到企业的绩效评价与激励机制上，使其面临以下挑战：

（1）市场需求变化

市场需求的快速变化要求企业不断调整产品和业务策略。然而，传统的绩效评价与激励机制往往较为僵化，难以迅速适应这些变化，可能导致评价结果的失真和激励效果的减弱。

（2）技术革新

新技术的不断涌现对企业的生产方式、业务流程和市场竞争格局产生了重大影响。这就要求绩效评价与激励机制能够准确反映员工在新技术环境下的工作表现和价值创造。

（3）政策法规变动

政策法规的变动可能对企业的经营环境、市场准入和竞争态势产生直接影响。企业需要确保绩效评价与激励机制符合新的法规要求，以避免法律风险。

（二）企业内部因素导致的挑战

企业内部因素，如组织结构的复杂性、企业文化的差异和员工队伍的多元化，对绩效评价与激励机制构成了以下挑战：

（1）组织结构复杂性

在大型企业中，不同部门或业务单元之间可能存在显著的业绩差异和工作环境差异。这使得制定统一的绩效评价标准和激励机制变得困难。

（2）企业文化差异

企业文化的差异可能导致员工对绩效评价和激励机制的接受度和认同感存在差异。一些员工可能更注重团队合作和企业文化氛围，而另一些员工则可能更看重个人业绩和物质奖励。

（3）员工队伍多元化

员工队伍的多元化要求绩效评价与激励机制能够考虑不同员工的背景、技能和价值观。然而，传统的绩效评价往往侧重于员工的业绩指标，而忽视了员工的个体差异和需求。

（三）员工个体差异带来的挑战

员工个体差异是绩效评价与激励机制面临的另一个重要挑战。每个员工都有其独特的背景、技能、价值观和工作动机，这导致他们对绩效评价和激励机制的反应和需求也各不相同。这种差异性可能带来以下挑战：

（1）需求多样性

不同员工对激励的需求各不相同。一些员工可能更注重物质奖励，如薪资和奖金；而另一些员工则可能更看重职业发展和学习机会等非物质奖励。

（2）动机差异

员工的工作动机也各不相同。一些员工可能由内在动机驱动，如追求个人成长和满足感；而另一些员工则可能由外在动机驱动，如追求薪资晋升和职位升迁。

（3）反应差异

员工对绩效评价和激励机制的反应也各不相同。一些员工可能积极回应激励措施并表现出更高的工作动力；而另一些员工则可能对激励措施持怀疑态度或表现出抵触情绪。

二、绩效评价与激励机制的应对策略

为了有效应对这些挑战，企业需要采取一系列策略来加强和优化其绩效评价与激励机制。

（一）加强绩效评价体系与激励机制的适应性

1. 建立灵活的绩效评价标准

为了应对外部环境的变化，企业需要建立更加灵活和动态的绩效评价标准。这意味着绩效评价标准不能一成不变，而是要随着市场环境、业务需求和企业战略的变化而调整。例如，当市场出现新的竞争态势或客户需求发生变化时，企业应及时调整绩效评价标准，以确保其能够准确反映当前的市场环境和业务目标。

2. 优化激励机制以适应外部变化

激励机制也需要根据外部环境的变化进行调整和优化。传统的激励机制往往侧重于物质奖励，但在新的市场环境下，员工可能更加关注职业发展、学习机会和工作氛围等非物质因素。因此，企业需要关注员工的多元化需求，并设计更加全面和个性化的激励机制。

3. 内部因素与绩效评价的整合

为了应对这些挑战，企业需要将内部因素纳入绩效评价与激励机制的考虑范围。例如，不同部门或业务单元之间的业绩差异和工作环境差异可以通过制定差异化的绩效评价标准来应对。同时，激励机制也应考虑员工的个体差异和需求，提供更加个性化和多样化的激励方案。

（二）提升绩效评价与激励机制的公平性与透明度

在当今的商业环境中，企业面临着日益激烈的竞争和不断变化的市场需求。为了保持竞争力和持续发展，企业必须确保其绩效评价与激励机制既公平又透明。这不仅有助于激发员工的工作积极性和创造力，还能增强员工对企业的信任感和归属感。

1. 制定清晰的绩效评价标准

公平性和透明度是绩效评价与激励机制的核心要素。为了提升公平性，企业需要制定清晰、明确的绩效评价标准。这些标准应该具体、可衡量，并且与企业的战略目标和业务需求紧密相关。通过制定清晰的标准，企业可以确保所有员工都了解并接受这些标准，从而消除员工对绩效评价的疑虑和不满。

在制定绩效评价标准时，企业应考虑以下几个方面：

（1）标准的明确性：绩效评价标准应该具体、明确，避免模糊和歧义。员工应该能够清楚地了解他们需要达到什么样的绩效水平才能获得特定的评价。

（2）标准的可衡量性：绩效评价标准应该是可衡量的，以便企业能够对员工的绩效进行客观、准确的评估。这可以通过使用具体的绩效指标和量化数据来实现。

（3）标准的与战略目标的一致性：绩效评价标准应该与企业的战略目标保持一致，

以确保员工的努力能够推动企业实现其长期目标。

2. 公开透明的激励机制

激励机制也需要公开、透明。企业应确保员工清楚了解他们的努力将如何得到回报，以及不同绩效水平对应的奖励差异。这有助于激发员工的工作动力，因为他们能够明确看到自己的工作成果与奖励之间的关联。

为了实现激励机制的公开透明，企业可以采取以下措施：

（1）明确奖励制度：企业应制定明确的奖励制度，包括奖励的种类、标准、发放方式等。这些制度应该向所有员工公开，以便他们了解自己的努力将如何得到回报。

（2）及时沟通与反馈：企业应定期与员工沟通他们的绩效状况和奖励情况，以便员工及时了解自己的工作成果和奖励之间的关联。这可以通过定期的绩效评价会议、奖励发放通知等方式实现。

（3）建立公平的奖励分配机制：企业应确保奖励的分配是公平的，避免出现某些员工得到过高或过低的奖励的情况。这可以通过建立公正的绩效评价过程和奖励分配机制来实现。

3. 建立公正的绩效评价过程

为了确保绩效评价的公正性，企业需要建立严格的绩效评价过程。这包括明确的评价周期、评价方法和评价者等。通过建立公正的评价过程，企业可以确保员工的绩效评价是客观、准确的，从而维护员工的权益。

在建立公正的绩效评价过程时，企业应考虑以下几个方面：

（1）明确的评价周期：企业应制定明确的评价周期，以便员工了解他们的绩效将在何时被评估。这有助于员工规划自己的工作进度和目标。

（2）客观的评价方法：企业应使用客观、可衡量的评价方法对员工的绩效进行评估。这可以通过使用具体的绩效指标、360度反馈等方法来实现。

（3）专业的评价者：企业应确保评价者具备专业的评价能力和公正的评价态度。这可以通过对评价者进行培训和监督来实现。

4. 增强员工的信任感与认同感

通过提升公平性和透明度，企业可以增强员工对绩效评价和激励机制的信任感和认同感。当员工认为绩效评价是公正、透明的，并且激励机制能够准确反映他们的工作成果时，他们更有可能对绩效评价和激励机制产生积极的态度和行为。

为了增强员工的信任感与认同感，企业可以采取以下措施：

（1）加强沟通与解释：企业应加强与员工的沟通，解释绩效评价和激励机制的目的、标准和运作方式。这有助于消除员工的疑虑和误解，增强他们对这些制度的信任感。

（2）鼓励员工参与：企业应鼓励员工积极参与绩效评价和激励机制的制定和实施过程。这可以让员工感到他们的意见和建议被重视，从而增强他们对这些制度的认同感。

（3）及时回应员工反馈：企业应及时回应员工的反馈和投诉，解决他们在绩效评价和激励机制中遇到的问题。这可以让员工感到他们的权益得到保障，从而增强他们对企业的信任感。

（三）强化绩效评价与激励机制的沟通与反馈机制

在当今快速变化的商业环境中，企业为了保持竞争力和持续发展，必须确保其绩效评价与激励机制既有效又公正。而沟通与反馈机制作为这一体系中的关键环节，对于提升员工满意度、激发工作积极性以及促进企业整体发展具有不可估量的价值。

1. 建立健全的沟通机制

有效的沟通是绩效评价与激励机制成功的基石。为了确保员工能够充分理解并积极参与这一体系，企业必须建立健全的沟通机制。这不仅包括正式的沟通渠道，如定期的绩效评价会议，还应涵盖员工手册、在线平台等多样化的沟通方式。

定期的绩效评价会议是沟通机制的重要组成部分。这些会议为员工和管理层提供了一个面对面交流的平台，有助于确保双方对绩效评价的标准、过程和结果有共同的理解。在会议上，管理层可以详细解释绩效评价的目的、方法和时间表，同时鼓励员工提出疑问和分享他们的看法。

员工手册和在线平台也是沟通机制的有效补充。员工手册应详细阐述绩效评价与激励机制的各个方面，包括标准、流程、奖励和晋升机会等。而在线平台则可以为员工提供随时随地的访问权限，使他们能够方便地获取相关信息、提交反馈或参与讨论。

2. 鼓励员工提供反馈意见

一个成功的绩效评价与激励机制不仅需要企业的精心设计和实施，还需要员工的积极参与和反馈。因此，企业应积极鼓励员工提供他们的反馈意见和建议。

为了实现这一目标，企业可以采取多种方法。定期的员工满意度调查是一个有效的工具。通过调查，企业可以了解员工对绩效评价与激励机制的满意度、存在的问题以及改进的建议。这些反馈对于企业来说是无价之宝，可以帮助它们及时发现问题并进行调整。

企业可以设立意见箱或提供在线反馈平台。这些渠道为员工提供了一个随时表达意见和建议的途径。无论是对绩效评价过程的疑问还是对激励机制的改进建议，员工都可以通过这些渠道进行反馈。

此外，面对面的反馈会议也是鼓励员工提供反馈意见的重要方式。在这些会议上，员工可以直接与管理层交流他们的想法和感受。这种直接的沟通方式有助于建立信任和理解，从而推动绩效评价与激励机制的不断完善。

3. 建立反馈与改进机制

为了确保沟通与反馈机制的有效性，企业必须建立反馈与改进机制。这意味着企业需要定期收集和分析员工的反馈意见，并根据这些反馈进行必要的调整和优化。

企业应设立一个专门的团队或部门来负责收集和分析员工的反馈意见。这个团队可以定期审查员工满意度调查的结果、意见箱中的留言以及在线反馈平台上的评论。通过对这些反馈的深入分析，企业可以识别出绩效评价与激励机制中存在的问题和不足。

一旦发现了问题或不足，企业应立即采取行动进行改进。这可能包括调整绩效评价的标准、优化激励机制的设计或改进沟通方式等。无论采取何种措施，企业都应确保这些改进能够真正解决员工所关心的问题，并提升他们的满意度和工作积极性。

企业应向员工传达改进的结果和未来的计划。这可以通过内部通信、员工大会或在线平台等方式实现。通过向员工展示他们的反馈如何被认真对待并转化为实际的改进措施，企业可以增强他们对绩效评价和激励机制的信心和期待。这种透明和开放的沟通方式有助于建立更加紧密和信任的员工关系，从而推动企业的长期发展。

（四）不断创新绩效评价与激励机制以适应企业发展需求

在当今这个日新月异、竞争激烈的市场环境中，企业若要保持持续的竞争优势并实现长远发展，就必须不断创新其绩效评价与激励机制。这是因为，传统的绩效评价与激励机制可能已经无法完全适应企业新的发展需求和市场环境的变化。

1. 探索新的绩效评价方法

随着企业的发展和市场环境的变化，传统的绩效评价方法可能逐渐暴露出其局限性，无法满足企业新的需求。因此，企业必须积极探索新的绩效评价方法，以确保能够准确、全面地评估员工的工作表现和价值创造。

其中，360度反馈是一种值得尝试的新的绩效评价方法。这种方法通过多个维度（如上级、下级、同事、客户等）来全面评估员工的工作表现，从而提供更加客观、准确的绩效评价。与传统的单一上级评价方式相比，360度反馈能够更全面地反映员工的工作情况，有助于企业更准确地了解员工的优点和不足，进而制定更加针对性的培训和发展计划。

另外，关键绩效指标（KPI）也是一种有效的绩效评价方法。KPI是衡量员工工作成效的具体量化指标，与企业战略目标紧密相连。通过设定明确的KPI，企业可以更加清晰地了解员工的工作重点和目标，从而对员工的工作表现进行更加准确的评估。同时，KPI 还可以激励员工更加努力地工作，以实现个人和企业的共同目标。

此外，企业还可以尝试其他新的绩效评价方法，如目标管理法（MBO）、平衡计分卡（BSC）等。这些方法各有其独特的优点和适用场景，企业可以根据自身的发展需求和实际情况选择适合的方法进行尝试和应用。

2. 尝试新的激励机制

除了绩效评价方法外，企业还应尝试新的激励机制以适应新的发展需求。传统的薪酬激励和晋升激励已经无法满足员工日益多样化的需求，企业必须探索更加创新、有效的激励机制来激发员工的工作动力和创造力。

股权激励是一种新型的激励机制，通过让员工持有企业的股份，使他们成为企业的"主人翁"，从而更加积极地参与到企业的发展中来。这种激励机制可以将员工的利益与企业的利益紧密地结合在一起，形成共同的愿景和目标，进而激发员工的工作热情和创造力。

另外，员工发展计划也是一种值得尝试的激励机制。通过为员工提供个性化的职业发展规划和培训机会，企业可以帮助员工实现个人职业成长的同时，也为企业培养更多的优秀人才。这种激励机制不仅可以提高员工的工作满意度和忠诚度，还可以增强企业的核心竞争力和可持续发展能力。

此外，企业还可以尝试其他新的激励机制，如弹性工作制度、员工福利计划、创新奖励等。这些机制可以根据企业的实际情况和员工的需求进行灵活设计和调整，以达到最佳的激励效果。

3. 保持机制的先进性与有效性

通过不断创新和优化，企业可以保持绩效评价与激励机制的先进性和有效性。这意味着企业需要密切关注市场动态和行业发展趋势，及时调整和改进绩效评价与激励机制以适应新的发展需求。

企业应建立一个灵活的机制调整体系。这个体系应该能够敏锐地捕捉到市场动态和行业发展趋势的变化，并及时对这些变化做出响应。例如，当市场出现新的竞争态势或行业发展趋势发生变化时，企业应及时调整其绩效评价与激励机制，以确保这些机制能够继续有效地激励员工并推动企业的发展。

企业应注重员工的反馈和需求变化。员工是企业绩效评价与激励机制的直接参与者，他们的反馈和需求变化对于机制的改进和优化具有重要的指导意义。因此，企业应定期收集员工的反馈意见，了解他们对绩效评价与激励机制的看法和需求，并根据这些反馈进行及时的调整和优化。

企业应保持对绩效评价与激励机制的持续投入和创新。这意味着企业需要不断地投入资源和精力来完善这些机制，并积极探索新的方法和技术来提高机制的先进性和有效性。例如，企业可以引入先进的信息技术来优化绩效评价流程，或者探索新的激励方式来更好地满足员工的需求和期望。

第十三章　管理会计与成本管理的未来趋势

第一节　管理会计与成本管理的创新路径与发展方向

一、管理会计的创新路径

（一）管理会计理念的创新

在传统观念中，管理会计主要聚焦于成本核算与控制，然而，在现代企业管理的广阔舞台上，管理会计的角色与功能已经实现了质的飞跃，其创新理念主要体现在以下几个方面：

1. 战略导向

管理会计的创新首先体现在其战略导向性上。这意味着管理会计不再仅仅局限于日常的财务操作，而是更加注重与企业战略目标的深度结合。它要求从战略的高度去审视和规划企业的财务活动，确保企业的每一项资源配置都能与战略目标保持高度一致。这种战略导向的管理理念，如同指南针一般，引导企业在复杂多变的市场环境中保持正确的方向，实现长期的可持续发展。

2. 价值创造

价值创造是管理会计创新的另一个重要维度。在现代企业管理中，管理会计被赋予了创造经济价值的重任。它通过各种手段，如优化资源配置、提升运营效率、降低成本等，为企业创造更多的经济价值。同时，管理会计的视野也扩展到了非财务指标，如客户满意度、市场份额等，以更加全面的视角来衡量企业的价值创造能力。这种以价值创造为核心的管理理念，使得管理会计在企业中的地位更加凸显，成为推动企业发展的重要力量。

3. 决策支持

在决策支持方面，管理会计也展现出了其独特的创新价值。它不再是简单的数据提供者，而是成为企业决策的重要支撑力量。通过提供准确、及时的财务信息和非财务信息，管理会计帮助企业管理层做出更加科学、合理的决策。它如同企业的智囊团，为企业的每一个重要决策提供有力的数据支持和智慧引领。

（二）管理会计方法的创新

管理会计方法的创新是提升其效能的关键所在。随着信息技术的快速发展和企业管理实践的深入探索，管理会计方法也在不断推陈出新，为企业的发展注入了新的活力。

1. 作业成本法

通过这种方法，企业可以清晰地识别出成本动因，进而优化作业流程、降低成本。这种以作业为基础的成本管理方法，为企业提供了更加精准的成本信息，有助于企业在市场竞争中占据有利地位。

2. 目标成本法

目标成本法是一种以市场需求为导向的成本管理方法。它要求企业根据市场需求和竞争状况来设定目标成本，然后通过产品设计、生产流程优化等方式来实现这一目标。这种方法使得企业在成本管理上更加主动和灵活，有助于企业开发出更具市场竞争力的产品。

3. 平衡计分卡

平衡计分卡是一种创新的绩效评价体系，它将企业战略转化为可衡量的指标。通过财务、客户、内部流程、学习与成长四个维度来评价企业的绩效，平衡计分卡帮助企业全面关注战略执行过程中的关键因素。这种方法使得企业在绩效管理上更加科学和全面，有助于推动企业战略的有效实施。

（三）管理会计工具的创新

管理会计工具的创新是其实践的具体体现。随着大数据、人工智能等技术的广泛应用，管理会计工具也在不断升级换代，为企业的财务管理带来了前所未有的变革。

1. 大数据分析工具

大数据分析工具是管理会计创新的重要武器。它能够帮助企业从海量数据中挖掘出有价值的信息，为管理会计提供更加精准的数据支持。通过大数据分析工具，企业可以进行市场趋势预测、客户行为分析等，为制定更加科学的决策提供依据。这种以数据为驱动的管理方式，使得企业的决策更加精准和有效。

2. 人工智能辅助决策系统

人工智能辅助决策系统是管理会计创新的又一重要成果。它能够模拟人类专家的思维过程，为管理会计提供更加智能化的决策支持。通过人工智能辅助决策系统，企业可以进行财务风险预警、成本优化方案设计等，提高决策的准确性和效率。这种智能化的管理方式，使得企业在面对复杂多变的市场环境时更加从容和自信。

3. 云计算平台

云计算平台为管理会计提供了更加灵活、高效的信息处理和服务方式。通过云计算平台，企业可以将管理会计系统部署在云端，实现数据的实时共享和协同处理。这种方式不仅提高了管理会计工作的效率和准确性，还使得企业能够更加便捷地获取和利用财务信息。云计算平台的广泛应用，标志着企业财务管理进入了一个全新的智能化时代。

二、成本管理的创新方向

（一）成本管理模式的创新

成本管理模式的创新是企业在成本管理领域取得突破性进展的关键。传统的成本管理模式往往局限于事后核算和控制，这种被动的管理方式已经无法满足现代企业在复杂多变市场环境中的竞争需求。因此，成本管理模式的创新势在必行，其中全生命周期成本管理和供应链成本管理是两种具有代表性的创新模式。

1. 全生命周期成本管理

全生命周期成本管理是一种将产品从设计、生产、销售到报废整个生命周期内的成本进行综合考虑的成本管理模式。这种模式突破了传统成本管理只关注生产阶段成本的局限性，将视野扩展到产品的全生命周期。通过全生命周期成本管理，企业可以更加全面地了解产品的成本构成和变化规律，从而制定出更加科学的成本控制策略。这种模式有助于企业在产品设计阶段就充分考虑成本因素，避免在后续生产阶段出现成本超支的情况。

2. 供应链成本管理

供应链成本管理是一种将企业与供应商、客户等上下游企业之间的成本进行协同管理的模式。在传统的成本管理模式下，企业往往只关注自身内部的成本控制，而忽视了与上下游企业之间的成本协同。而供应链成本管理则强调企业与上下游企业之间的信息共享和协同作业，通过共同降低成本来实现整个供应链的成本优化。这种模式有助于企业建立更加紧密的供应链合作关系，提高供应链的整体竞争力。

（二）成本管理技术的创新

成本管理技术的创新是提升成本管理效能的重要手段。随着信息技术的快速发展和应用普及，成本管理技术也在不断推陈出新。数字化成本管理和精益成本管理是两种具有代表性的技术创新方向。

1. 数字化成本管理

数字化成本管理是利用数字化技术进行成本管理的模式。通过数字化成本管理，企业可以实现成本数据的实时采集、处理和分析，提高成本管理的准确性和效率。数字化成本管理技术的应用使得企业能够更加精准地掌握成本动态，及时发现成本异常并采取相应的控制措施。例如，企业可以利用 ERP 系统进行成本核算和控制工作，实现成本数据的自动化处理和分析；利用智能化制造系统降低生产过程中的物料浪费和能源消耗等。这些数字化技术的应用极大地提升了企业成本管理的效能。

2. 精益成本管理

精益成本管理是一种将精益生产理念应用于成本管理的模式。精益生产理念强调消除生产过程中的浪费现象、优化生产流程、提高生产效率和质量水平。将这种理念应用于成本管理，企业可以更加关注生产过程中的成本浪费现象，并通过优化生产流程、提高生产效率和质量水平来降低产品成本。精益成本管理技术的应用使得企业能够在保证产品质量的前提下，实现成本的最大化降低。

（三）成本管理策略的创新

成本管理策略的创新是企业在激烈市场竞争中取得优势的重要途径之一。传统的成本管理策略往往侧重于成本的绝对降低，而忽视了成本与效益之间的平衡关系。因此，成本管理策略的创新需要更加注重差异化与持续改进的并重。

1. 差异化成本管理

差异化成本管理是一种根据产品特点和市场需求制定差异化成本控制策略的模式。在激烈的市场竞争中，企业需要根据不同产品的成本构成和市场需求情况制定出更加灵活的成本控制方案。差异化成本管理策略的应用使得企业能够更加精准地把握市场需求变化，及时调整成本控制策略，提高产品的市场竞争力和盈利能力。

2. 持续改进成本管理

持续改进成本管理是一种不断寻求成本降低机会并付诸实践的管理模式。在成本管理过程中，企业需要不断发现生产过程中存在的问题和不足之处，并采取相应的措施进行改进和优化。持续改进成本管理策略的应用使得企业能够建立起一种持续改进的文化氛围，鼓励员工积极参与成本管理活动，不断提出改进意见和建议。通过这种持续改进的方式，企业可以不断降低生产成本、提高产品质量和客户满意度，从而实现效益的持续提升。

三、管理会计与成本管理的融合发展

（一）两者融合的必要性与可行性

在当今激烈的市场竞争环境中，企业为了保持持续发展和竞争优势，必须不断探索和创新财务管理模式。管理会计与成本管理的融合发展，正是这一背景下的必然要求和可行选择。

1. 融合发展的必要性

两者在目标上具有高度的一致性，都是为了提高企业的经济效益和市场竞争力。然而，在传统的企业管理实践中，管理会计与成本管理往往被视为两个独立的领域，缺乏有效的融合和协同。这导致了企业在财务管理过程中可能出现信息孤岛、决策失误、资源浪费等问题，严重影响了企业的整体效益和竞争力。

因此，将管理会计与成本管理进行融合发展，实现两者在理念、方法、系统等方面的有机融合，对于提升企业的财务管理水平和市场竞争力具有重要的意义。这种融合发展有助于企业更加全面地掌握自身的财务状况和经营成果，更加准确地制定和执行企业战略，更加有效地控制和优化成本，从而实现企业的可持续发展和竞争优势。

2. 融合发展的可行性

管理会计与成本管理在方法和工具上也存在很多相似之处和互补之处。例如，作业成本法既是管理会计的重要方法，也是成本管理的重要工具之一。这使得两者在融合发展上具有天然的契合度和可行性。

此外，随着信息技术的快速发展和应用普及，企业财务管理的信息化水平不断提高。这为管理会计与成本管理的融合发展提供了有力的技术支持和保障。通过构建一体化的财务管理信息系统，企业可以实现管理会计与成本管理的数据共享和协同作业，大大提高财务管理工作的效率和准确性。

（二）融合发展的路径与策略

为了实现管理会计与成本管理的融合发展，企业需要采取一系列有效的路径和策略。这些路径和策略应围绕理念融合、方法融合和系统融合三个方面展开，以构建一体化的财务管理体系为目标。

1. 理念融合

理念融合是管理会计与成本管理融合发展的基础。企业需要在财务管理过程中树立价值创造和成本控制的双重理念，将两者贯穿于企业的整个财务管理过程中去。这要求企业在制定和执行财务战略时，既要考虑如何提高经济效益和市场竞争力，也要考虑如何降低成本和优化资源配置。

2. 方法融合

方法融合是管理会计与成本管理融合发展的关键。企业需要在财务管理过程中综合运用管理会计和成本管理的各种方法和工具，实现两者之间的协同增效。例如，可以将作业成本法与平衡计分卡相结合来评价企业的绩效水平;将目标成本法与精益生产理念相结合来降低产品成本等。

3. 系统融合

系统融合是管理会计与成本管理融合发展的保障。企业需要构建一体化的财务管理信息系统,实现管理会计与成本管理的数据共享和协同作业。这要求企业在信息系统建设过程中,充分考虑管理会计与成本管理的需求,实现两者在数据采集、处理、分析等方面的无缝对接。

第二节 数字化与智能化对管理会计的深刻影响与变革

一、数字化对管理会计的影响

(一)数字化技术的发展现状

在信息技术的迅猛浪潮下,数字化技术已成为推动各行各业变革的核心动力。特别是在企业管理领域,数字化技术正以前所未有的速度渗透到各个层面,对管理会计产生了深远的影响。数字化技术,这一涵盖大数据、云计算、人工智能等前沿科技的集合体,不仅为管理会计提供了更为丰富、准确的数据支持,更为其决策过程注入了科学、高效的全新活力。

大数据技术的崛起,使得管理会计能够轻松应对海量、复杂的数据处理任务。通过实时获取、存储和分析企业经营过程中的各种数据,大数据技术为管理会计提供了前所未有的数据洞察力,使其能够在数据洪流中捕捉到有价值的商业信息,为企业的战略决策提供坚实的数据支撑。

云计算技术的普及,则为管理会计带来了数据存储和处理的便捷性。借助云计算平台,管理会计可以实现数据的实时共享和协同处理,打破了传统数据处理的时空限制,极大地提高了工作效率。同时,云计算的弹性计算能力和按需付费模式,也使得管理会计能够更加灵活地应对企业业务的变化和发展。

人工智能技术的融入,更是为管理会计的智能化发展开辟了广阔的道路。通过机器学习、深度学习等先进算法,人工智能可以帮助管理会计实现自动化的数据分析、预测和决策,从而减轻其工作负担,提高其决策效率和准确性。

(二)数字化对管理会计的推动作用

数字化技术的发展,无疑为管理会计带来了前所未有的推动作用。这种推动作用主要体现在数据处理能力的提升、决策过程的优化以及风险控制能力的增强三个方面。

数字化技术极大地提升了管理会计的数据处理能力。通过大数据技术,管理会计可以轻松处理更大规模、更复杂的数据集,从而深入挖掘数据背后的商业规律和趋势。这种数据处理能力的提升,不仅提高了数据分析的准确性和时效性,更为企业的战略决策提供了更加全面、深入的数据支持。

数字化技术优化了管理会计的决策过程。借助预测分析、优化算法等先进的决策模型和方法,管理会计可以更加准确地预测市场趋势、评估经营风险,从而制定出更加科学、合理的经营策略。这种决策过程的优化,不仅提高了管理会计的决策效率和准确性,更为企业的可持续发展奠定了坚实的基础。

数字化技术增强了管理会计的风险控制能力。通过实时监控和预警机制,数字化技术可以帮助管理会计及时发现并解决潜在问题,降低企业经营风险。这种风险控制能力的提升,不仅保障了企业的稳健运营,更为企业的长远发展提供了有力的保障。

二、数字化与智能化背景下管理会计的应对策略

(一)加强数字化与智能化技术的应用能力

在数字化与智能化的时代背景下,管理会计作为企业管理和决策的重要支撑,正面临着前所未有的变革和挑战。为了适应这一趋势,管理会计必须积极拥抱新技术,不断提升自身在数字化与智能化领域的应用能力。这不仅是时代的要求,更是管理会计自身发展的需要。

1. 掌握先进技术工具

在数字化与智能化的浪潮中,大数据、云计算、人工智能等先进技术正以前所未有的速度改变着企业的运营方式和决策模式。对于管理会计而言,掌握这些先进技术工具,意味着能够更深入地挖掘数据价值,为企业的决策提供更加科学、准确的依据。

大数据技术使得管理会计能够实时分析企业的销售数据、财务数据等海量信息,发现其中的关联性和趋势。通过大数据技术,管理会计可以更加精准地预测市场需求,优化产品定价策略,从而提高企业的市场竞争力。同时,云计算技术为管理会计提供了强大的数据存储和处理能力,使得其能够更加高效地处理和分析数据,为企业的决策提供及时、准确的信息支持。

人工智能技术的引入,更是为管理会计带来了前所未有的变革。通过机器学习算法,管理会计可以构建预测模型,对企业的未来现金流进行精准预测,从而帮助企业更好地规划资金运作,降低财务风险。此外,人工智能还可以辅助管理会计进行风险评估和内

部控制，提高企业的风险管理水平。

2. 运用技术优化决策过程

传统的决策方式往往依赖于经验和直觉，而在数字化与智能化的背景下，这种决策方式已经难以满足企业发展的需要。管理会计应学会运用数字化与智能化技术来处理和分析数据，优化决策过程。

通过模拟和预测技术，管理会计可以评估不同决策方案的效果，从而选择最优方案。这种基于数据的决策方式不仅提高了决策效率，还降低了决策风险。例如，在制定市场策略时，管理会计可以利用大数据技术对市场数据进行深入分析，了解消费者的需求和偏好，从而制定出更加精准的市场策略。同时，通过智能化技术，管理会计还可以实时监控市场变化，及时调整策略，确保企业始终保持在市场的前沿。

此外，数字化与智能化技术还可以帮助管理会计更好地进行成本控制和预算管理。通过实时分析企业的成本数据，管理会计可以发现成本超支的原因，并提出有效的改进措施。同时，利用智能化技术，管理会计还可以实现预算的自动编制和调整，提高预算管理的效率和准确性。

3. 创新技术应用场景

除了传统的数据分析和决策支持外，管理会计还应积极探索新的技术应用场景，以丰富工作内容，为企业的发展带来新的机遇。

例如，可以利用机器学习算法来预测企业的未来现金流。通过构建现金流预测模型，管理会计可以更加准确地预测企业的资金状况，从而帮助企业更好地规划资金运作和投资策略。这种创新的应用场景不仅提高了管理会计的工作价值，还为企业的发展提供了有力的支持。

另外，管理会计还可以利用自然语言处理技术来分析客户的反馈和意见。通过收集和分析客户的社交媒体评论、在线客服对话等数据，管理会计可以了解客户的需求和偏好，从而为企业提供更好的产品和服务。这种创新的应用场景不仅提升了企业的客户满意度，还为企业的市场拓展提供了新的思路。

除了上述应用场景外，管理会计还可以探索更多的技术创新点。例如，利用区块链技术来提高企业财务数据的透明度和安全性；利用虚拟现实技术来进行企业的风险评估和内部控制等。这些创新的应用场景不仅丰富了管理会计的工作内容，还为企业的发展带来了更多的可能性。

（二）提升管理会计人员的数字化与智能化素养

为了适应数字化与智能化环境的变化，管理会计人员需要不断提升自己的数字化与智能化素养。这是管理会计人员适应新环境、迎接新挑战的关键。

1. 参加培训与学习活动

管理会计人员应积极参加相关培训和学习活动,掌握最新的数字化与智能化技术知识和技能。这些培训和学习活动可以帮助他们了解新技术的发展趋势和应用场景,提高他们在工作中的实际应用能力。

2. 培养跨界合作能力

在数字化与智能化的背景下,管理会计人员需要具备跨界合作的能力。他们应与其他部门紧密合作,共同推动企业的创新发展。例如,与管理层合作制定企业的数字化战略,与IT部门合作开发新的数据分析工具等。这种跨界合作的能力不仅有助于管理会计人员更好地履行自己的职责,还能提升他们在企业中的地位和影响力。

3. 注重创新思维培养

创新是推动管理会计发展的重要动力。在数字化与智能化的背景下,管理会计人员需要注重创新思维的培养。他们应积极探索新的应用场景和商业模式,为企业的创新发展贡献力量。例如,可以提出利用大数据技术进行客户细分和个性化营销的建议,或者探索利用人工智能技术进行财务风险预警的方法。

(三)构建适应数字化与智能化环境的管理会计体系

为了适应数字化与智能化的环境变化,企业需要积极构建适应新环境的管理会计体系。这是企业发挥管理会计作用、实现长远发展的重要保障。

1. 优化管理流程

企业应优化管理会计的工作流程,使其更加适应数字化与智能化的要求。例如,可以引入自动化的数据收集和处理工具,减少人工操作环节;或者建立实时的数据监控和预警机制,提高企业对市场变化的响应速度。

2. 完善数据治理机制

在数字化与智能化的背景下,数据的质量和安全性对于企业的决策至关重要。因此,企业应完善数据治理机制,确保数据的准确性和完整性。例如,可以建立数据质量监控体系,定期对数据进行清洗和校验;或者加强数据的安全管理,防止数据泄露和滥用。

3. 建立科学的决策机制

科学的决策机制是企业实现长远发展的关键。在数字化与智能化的背景下,企业应建立基于数据和算法的决策机制,提高决策的准确性和效率。例如,可以利用机器学习算法来预测企业的未来发展趋势,或者利用优化算法来制定最优的生产计划和市场策略。

第三节　可持续发展视角下的管理会计与成本管理策略

一、可持续发展对管理会计的要求

在全球可持续发展议题日益凸显的背景下，企业正面临着前所未有的转型压力。作为企业内部管理和决策的重要支柱，管理会计也迎来了新的挑战与机遇。

（一）可持续发展理念对管理会计的挑战

在可持续发展的浪潮下，管理会计面临着多方面的挑战，这些挑战要求管理会计在理念、方法和实践上进行全面的革新。

1. 理念层面的挑战

传统的管理会计体系主要关注企业的财务数据和经济效益，而可持续发展理念则要求企业在追求经济效益的同时，必须兼顾环境保护和社会责任。这种理念上的转变，对管理会计提出了更高的要求。管理会计需要摆脱传统的单一经济效益观念，将环境和社会因素纳入考量范围，以更全面的视角来评估企业的绩效和潜力。这就要求管理会计人员具备更广阔的视野和更综合的素养，能够深刻理解可持续发展理念的内涵和要求，并将其融入日常的工作中。

2. 方法层面的挑战

为了实现可持续发展的目标，管理会计需要在方法上进行创新。传统的管理会计方法往往侧重于短期的财务分析和预测，而忽视了长期的环境和社会影响。在可持续发展的视角下，管理会计需要开发新的方法和工具，来评估企业的环境成本、社会成本以及长期效益。例如，可以采用生命周期成本法来评估产品在整个生命周期内的环境成本，或者采用社会影响评估方法来衡量企业的社会活动对社会福利的贡献。这些方法的应用，需要管理会计人员具备跨学科的知识和技能，能够熟练运用经济学、环境科学、社会学等多学科的理论和方法。

3. 实践层面的挑战

在实践层面，管理会计面临着如何将可持续发展理念融入企业日常管理和决策中的挑战。这要求管理会计人员不仅要在理念和方法上进行革新，还要在实践中不断探索和创新。例如，可以在企业的预算制定、成本控制、绩效评价等环节中，引入环境和社会因素，以确保企业的决策和行动符合可持续发展的要求。同时，管理会计人员还需要与企业的其他部门进行紧密的沟通和协作，共同推动企业的可持续发展进程。

（二）可持续发展视角下管理会计的目标与原则

在可持续发展的视角下，管理会计的目标和原则发生了根本性的变化。这些变化体现了企业对经济、环境和社会综合效益的追求，以及对企业长期发展的关注。

1. 管理会计的目标

在可持续发展的视角下，管理会计的目标从单一的追求经济效益转变为实现经济、环境和社会的综合效益最大化。这意味着管理会计需要在决策过程中充分考虑环境成本、社会成本以及长期效益。例如，在企业的投资决策中，管理会计不仅需要评估项目的经济效益，还需要考虑其对环境的影响和对社会的贡献。只有在确保项目符合可持续发展要求的前提下，才能进行投资。这样的目标设定，要求管理会计人员具备更高的专业素养和更强的综合能力，能够全面、准确地评估企业的各项决策和行动。

2. 管理会计的原则

为了实现可持续发展的目标，管理会计需要遵循一系列原则。这些原则包括全面性原则、长期性原则、透明性原则和利益相关者参与原则。全面性原则要求管理会计在提供信息、制定策略和评估绩效时，必须全面考虑各种因素，包括经济、环境和社会因素。长期性原则强调管理会计需要关注企业的长期发展，而不仅仅是短期的经济效益。透明性原则要求管理会计保持信息的透明度，确保企业的决策和行动公开、公正、公平。利益相关者参与原则则要求管理会计在制定策略和评估绩效时，充分听取利益相关者的意见，确保企业的决策符合社会各界的期望和要求。

在可持续发展的视角下，管理会计还需要不断创新和完善。例如，可以开发新的管理会计工具和模型，来更好地评估企业的环境和社会绩效。同时，还可以加强与其他学科的交叉融合，如与环境科学、社会学的结合，来形成更具综合性的管理会计体系。此外，管理会计人员还需要不断学习和提升自己的专业素养和综合能力，以适应可持续发展对企业管理和决策的新要求。

二、可持续发展视角下的成本管理策略

（一）绿色成本管理策略

在当今社会，随着环保意识的日益增强和可持续发展理念的深入人心，企业面临着前所未有的环境挑战。为了在追求经济效益的同时，充分考虑环境因素，绿色成本管理策略应运而生。这一策略不仅关注企业的经济效益，更强调通过减少资源消耗、降低污染排放等措施来降低企业的环境成本，从而实现环境与经济的双重优化。

1. 绿色设计

绿色设计是绿色成本管理策略的重要组成部分，它强调在产品设计阶段就充分考虑环保因素，以实现从源头减少环境成本的目标。为了实现这一目标，企业需要采取一系列具体的措施。

选择环保材料和可回收材料是关键。在产品设计过程中，企业应优先考虑使用那些对环境影响小、可回收利用率高的材料。这不仅可以减少资源消耗，还能降低产品在生命周期结束时的处理成本。例如，一些电子产品制造商已经开始采用可回收的塑料和金属材料，以减少对原生资源的依赖。

优化产品结构是绿色设计的重要一环。通过改进产品设计，减少不必要的材料使用，提高产品的耐用性和可维修性，可以进一步降低环境成本。例如，一些汽车制造商通过轻量化设计，减少了车辆的燃油消耗和排放，同时也降低了材料成本。

减少资源消耗和废弃物产生是绿色设计的最终目标。在产品设计阶段，企业应充分考虑产品的整个生命周期，包括生产、使用、维护和废弃等环节。通过优化产品设计，减少资源消耗和废弃物产生，可以实现环境成本的显著降低。例如，一些包装企业采用可重复使用的包装设计，减少了废弃物的产生和处理成本。

2. 清洁生产

清洁生产是绿色成本管理策略在生产环节的具体体现。它强调采用先进的生产工艺和技术，减少生产过程中的能源消耗和污染排放，以降低企业的环境成本。为了实现这一目标，企业需要采取一系列有效的措施。

引进和应用先进的生产工艺和技术是关键。通过采用高效、节能的生产设备和技术，企业可以显著降低生产过程中的能源消耗和污染排放。例如，一些化工企业采用先进的催化技术和反应条件优化技术，提高了生产效率，同时减少了废弃物的产生。

建立严格的环境管理体系是必不可少的。企业应制定详细的环境管理计划和标准操作程序，确保生产过程的环保合规性。通过定期监测和评估生产过程中的环境影响，企业可以及时发现并解决潜在的环境问题。例如，一些制造企业建立了完善的环境监测体系，对生产过程中的废水、废气和固体废弃物进行实时监测和处理。

提高生产效率和产品质量是清洁生产的重要目标。通过优化生产流程、提高设备利用率和减少生产故障等方式，企业可以降低生产成本和环境成本。同时，提高产品质量也可以减少因产品缺陷而产生的废弃物和返修成本。例如，一些食品企业采用先进的生产技术和严格的质量控制体系，提高了产品的合格率和市场竞争力。

3. 绿色营销

绿色营销是绿色成本管理策略在销售环节的应用。它强调通过宣传环保理念和绿色产品，提升品牌形象和市场认知度，以满足消费者对环保产品的需求。为了实现这一目标，企业需要采取一系列创新的营销策略。

宣传环保理念和绿色产品是绿色营销的核心。企业应通过广告、公关、社交媒体等多种渠道，向消费者传递企业的环保理念和绿色产品的优势。通过强调产品的环保特性、节能效果和可持续性等方面的优势，企业可以吸引更多关注环保的消费者。例如，一些家电企业宣传其产品的能效等级和环保材料使用情况，以吸引注重节能和环保的消费者。

开拓绿色市场也是绿色营销的重要一环。企业应积极寻找和开拓那些对环保产品有需求的绿色市场。通过市场调研和消费者分析，企业可以了解消费者对环保产品的需求和偏好，并据此开发适销对路的产品。例如，一些汽车企业针对消费者对新能源汽车的需求，推出了多款电动汽车和混合动力汽车产品。

提升市场份额和盈利能力是绿色营销的最终目标。通过绿色营销策略的实施，企业可以吸引更多关注环保的消费者，提高市场份额和盈利能力。同时，绿色营销也可以帮助企业树立良好的品牌形象和社会责任感形象，进一步提升企业的市场竞争力。例如，一些零售企业通过推广环保购物袋和减少塑料包装的使用，赢得了消费者的广泛好评和忠诚度提升。

（二）循环经济管理策略

在当今资源日益紧张、环境污染问题日益严重的背景下，循环经济管理策略作为一种创新的成本管理方法，逐渐受到企业的广泛关注。循环经济管理策略的核心在于实现资源的高效利用和循环利用，通过减少废弃物的产生、回收再利用等方式，降低企业的原材料成本，同时减少环境污染和生态破坏。

1. 建立循环经济产业链

循环经济产业链的构建是循环经济管理策略的重要组成部分，它要求企业在生产过程中与供应商、客户以及废弃物处理企业等合作伙伴建立紧密的合作关系，共同推动资源的循环利用。通过循环经济产业链的建立，企业可以实现资源的高效利用和循环利用，降低原材料成本，提高资源利用效率，同时减少废弃物对环境的污染。

为了实现这一目标，企业需要采取一系列具体的措施。首先，企业应积极寻求与供应商的合作，选择那些能够提供可循环利用原材料的供应商，并建立长期的合作关系。这样不仅可以确保原材料的稳定供应，还可以降低原材料成本，因为循环利用的原材料往往价格更低。其次，企业应与客户合作，了解他们对循环利用产品的需求，并根据需求进行产品设计和生产。通过满足客户的环保需求，企业可以开拓新的市场，提高市场份额。最后，企业应与废弃物处理企业合作，将生产过程中产生的废弃物进行回收和处理，实现废弃物的再利用。这样可以减少废弃物对环境的污染，同时降低企业的废弃物处理成本。

在循环经济产业链的构建过程中，企业还需要注重技术创新和产业升级。通过引进先进的生产技术和设备，企业可以提高资源利用效率，减少废弃物的产生。同时，企业还应关注产业升级带来的机遇，积极调整产品结构和生产方式，以适应循环经济发展的需求。

2. 推广循环经济技术

循环经济技术的推广是循环经济管理策略在生产环节的具体体现。它要求企业积极采用先进的生产工艺和设备，提高资源利用效率；开发新产品和新技术，实现废弃物的再利用和资源化；以及建立废弃物分类和回收体系，确保废弃物的有效回收和利用。

为了实现这一目标，企业需要加大技术创新力度。首先，企业应关注国内外循环经济技术的最新发展动态，积极引进和应用先进的生产工艺和设备。通过采用高效、节能的生产技术，企业可以降低能源消耗和废弃物产生，提高资源利用效率。其次，企业应注重新产品和新技术的开发。通过研发可循环利用的新产品和新技术，企业可以实现废弃物的再利用和资源化，降低原材料成本。例如，一些企业已经成功开发出可循环利用的包装材料和建筑材料，不仅降低了成本，还减少了对环境的污染。最后，企业应建立废弃物分类和回收体系。通过对生产过程中产生的废弃物进行分类和回收，企业可以实现废弃物的再利用和资源化。这不仅可以减少废弃物的排放，还可以降低企业的废弃物处理成本。

在推广循环经济技术的过程中，企业还需要注重员工的培训和技能提升。通过开展技术培训和交流活动，企业可以提高员工对循环经济技术的认识和应用能力，推动技术创新和产业升级。

3. 强化循环经济意识

强化循环经济意识是循环经济管理策略在企业文化层面的重要体现。它要求企业注重培养员工的环保意识，让员工充分认识到循环经济的重要性，并积极参与循环经济的实践活动。

为了实现这一目标，企业需要采取一系列具体的措施。首先，企业应开展环保教育和培训活动。通过组织专题讲座、研讨会等活动，企业可以向员工传授环保知识和循环经济理念，提高员工对环保问题的认识和重视程度。其次，企业应建立环保激励机制。

通过设立环保奖项、提供环保津贴等方式，企业可以鼓励员工积极参与循环经济的实践活动，如废弃物分类、节能减排等。这样可以激发员工的环保热情和创新精神，推动循环经济的发展。最后，企业应加强与政府、社会组织和消费者的沟通与合作。通过参与政府组织的环保活动、与社会组织合作开展环保项目、向消费者宣传循环经济理念等方式，企业可以扩大循环经济的影响力，推动社会各界共同参与循环经济的发展。

在强化循环经济意识的过程中，企业还需要注重企业文化的建设。通过将循环经济理念融入企业文化中，企业可以培养员工的环保责任感和使命感，让员工自觉遵守环保规定和循环经济要求。同时，企业还可以通过企业文化活动等方式，向员工传递环保信息和循环经济成果，增强员工的环保意识和归属感。

（三）长期价值导向的成本管理策略

在当今竞争激烈的商业环境中，企业面临着巨大的成本压力。为了在市场中立足并持续发展，企业不仅需要关注短期成本降低，还需要注重长期价值的创造。长期价值导向的成本管理策略便是在这种背景下应运而生，它要求企业在成本管理过程中，既要追求短期成本效益，又要考虑企业的长期发展战略和市场趋势，以实现短期利益与长期价值的平衡。

1. 平衡短期成本与长期投资

在成本管理过程中，企业常常面临着短期成本降低与长期投资之间的矛盾。为了追求短期利润最大化，企业可能会削减研发、技术创新、员工培训等方面的投入，然而这种做法往往会损害企业的长期竞争力。因此，平衡短期成本与长期投资，成为长期价值导向的成本管理策略的重要一环。

要实现这一平衡，企业需要在制定成本策略时，充分考虑长期发展战略。首先，企业应明确自己的核心竞争力所在，并在此基础上进行有针对性的长期投资。例如，在研发和技术创新方面，企业应持续投入资金和资源，以开发新产品、新工艺，提高生产效率，降低长期成本。在员工培训方面，企业应注重提升员工的专业技能和综合素质，以提高工作效率和创新能力，为企业的长期发展提供人才保障。

同时，企业在追求短期成本降低时，也需要遵循合理的原则和方法。例如，可以通过优化生产流程、提高资源利用效率、降低废弃物排放等方式来降低成本，而不是简单地削减必要的长期投资。此外，企业还可以采用先进的成本管理工具和方法，如作业成本法、目标成本法等，来更精确地控制成本，实现短期成本与长期投资的平衡。

2. 注重创新与质量提升

创新和质量提升是长期价值导向的成本管理策略的核心内容。在日益激烈的市场竞争中，企业只有不断创新、提升产品质量，才能满足市场的不断变化和消费者的多样化需求，从而增强市场竞争力。

要实现创新和质量提升，企业需要注重研发和技术创新。通过加大研发投入，引进先进技术和设备，企业可以开发出更具竞争力的新产品和新技术，提高产品的附加值和市场占有率。同时，企业还应注重产品质量的提升。通过建立完善的质量管理体系、加强质量检测和控制、提高员工的质量意识等方式，企业可以确保产品和服务的稳定性和可靠性，赢得消费者的信任和口碑。

在创新和质量提升的过程中，企业还需要注重市场需求的调研和预测。通过深入了解消费者的需求和偏好、分析市场趋势和竞争态势、预测未来市场的变化和发展方向等，企业可以更有针对性地进行产品创新和质量提升，以满足市场的不断变化和消费者的多样化需求。

3. 对接市场趋势与长期战略

对接市场趋势与长期战略是长期价值导向的成本管理策略的重要保障。在制定成本策略时，企业需要充分考虑市场趋势和长期发展战略，以确保成本策略的科学性和合理性。

要实现这一对接，企业首先需要密切关注市场动态和行业发展趋势。通过收集和分析市场数据、参加行业会议和研讨会、与同行和专家交流等方式，企业可以及时了解市场的最新动态和趋势，为制定成本策略提供有力的依据。

同时，企业还需要将长期发展战略与成本策略相结合。在制定成本策略时，企业应充分考虑长期发展战略的目标和要求，确保成本策略与长期发展战略的一致性和协同性。例如，如果企业的长期发展战略是拓展国际市场，那么成本策略就需要考虑国际市场的竞争态势和价格水平等因素。

此外，企业还需要保持成本策略的灵活性。由于市场环境和竞争态势的不断变化，企业需要不断调整和优化成本策略以适应市场的变化。例如，当原材料价格上涨时，企业可以通过调整采购策略、寻找替代材料等方式来降低成本；当市场需求发生变化时，企业可以通过调整生产计划和销售策略等方式来适应市场的变化。

三、管理会计与成本管理在可持续发展中的角色与实践

在当今全球化的经济背景下，可持续发展已成为企业不可忽视的重要议题。为了实现经济、环境和社会三方面的平衡，企业必须在管理会计与成本管理策略上进行革新。

（一）管理会计在可持续发展中的支持作用

管理会计作为企业内部管理的重要工具，在可持续发展中扮演着至关重要的支持角色。其通过提供全面的绩效评估体系、运用先进的预测和分析工具以及制定激励机制和考核体系，为企业实现可持续发展目标提供了有力保障。

1. 提供全面的绩效评估体系，识别和改进薄弱环节

管理会计通过构建全面的绩效评估体系，帮助企业识别在可持续发展方面的薄弱环节。这一体系不仅关注企业的经济效益，还注重环境和社会责任的表现。通过对各项指标的量化分析，管理会计能够为企业提供清晰、直观的绩效评估报告，从而帮助企业发现自身在可持续发展方面的不足，并制定相应的改进措施。

2. 运用预测和分析工具，评估决策对环境和社会的影响

管理会计运用先进的预测和分析工具，对企业不同决策对环境和社会的影响进行评估。这些工具能够模拟不同决策下的各种可能结果，帮助企业预测决策的长期影响。通过这一评估过程，企业能够更加科学地制定可持续发展战略，确保决策符合可持续发展的要求。

3. 制定激励机制和考核体系，推动员工积极参与

管理会计通过制定激励机制和考核体系，推动企业内部各部门和员工积极参与可持续发展实践。这一体系将可持续发展目标与企业员工的个人利益相结合，通过设立奖励机制、提供培训和发展机会等方式，激发员工参与可持续发展实践的积极性。同时，管理会计还通过定期的考核和评估，确保各部门和员工在可持续发展方面的表现得到及时反馈和改进。

（二）成本管理在可持续发展中的实践探索

成本管理作为企业管理的重要组成部分，在可持续发展中也具有广泛的实践探索空间。通过实施绿色成本管理和循环经济管理策略，以及采用长期价值导向的成本管理策略，企业能够在降低环境成本和社会成本的同时，提高资源利用效率，并实现短期经济效益和长期可持续发展目标之间的平衡。

1. 实施绿色成本管理和循环经济管理策略

企业可以通过实施绿色成本管理和循环经济管理策略来降低环境成本和社会成本。绿色成本管理策略要求企业在产品设计、生产、销售等各个环节都注重环保和节能，以减少对环境的负面影响。而循环经济管理策略则强调资源的循环利用，通过减少废弃物的产生和回收再利用等方式，实现资源的最大化利用。这些策略的实施不仅有助于企业降低成本，还能提升企业的环保形象和社会责任感。

2. 采用长期价值导向的成本管理策略

企业还可以通过采用长期价值导向的成本管理策略来平衡短期经济效益和长期可持续发展目标之间的关系。这种策略要求企业在制定成本策略时充分考虑企业的长期发展战略和市场趋势，以确保成本策略与企业的长期目标相一致。同时，长期价值导向的成本管理还要求企业注重创新和质量提升，通过提高产品或服务的附加值来增强企业的市场竞争力，从而实现短期经济效益和长期可持续发展目标的双赢。

（三）管理会计与成本管理共同推动可持续发展的路径

管理会计与成本管理在推动可持续发展方面具有互补性和协同性。两者都需要关注企业的长期发展目标和社会责任，运用先进的管理工具和方法来提高决策的科学性和有效性，并在企业内部建立完善的激励机制和考核体系来推动可持续发展的实践。因此，企业可以将管理会计与成本管理相结合，共同构建一套完整的可持续发展管理体系。

1. 制定可持续发展目标，明确发展方向

企业首先需要制定明确的可持续发展目标，包括环境、社会和经济三方面的指标。这些目标应该与企业的长期发展战略相一致，并能够反映企业在可持续发展方面的愿景和承诺。通过制定这些目标，企业可以为员工提供清晰的发展方向和动力。

2. 建立绩效评估体系，监测进展与成效

企业需要建立一套完善的绩效评估体系来监测可持续发展目标的进展和成效。这一体系应该包括定量和定性的指标，能够全面反映企业在环境、社会和经济三方面的表现。管理会计可以提供数据支持和分析工具来帮助企业建立和优化这一绩效评估体系。

3. 优化成本结构，实现资源高效利用

在成本管理方面，企业需要不断优化成本结构以实现资源的高效利用。这包括采用先进的生产技术和设备、优化生产流程、减少废弃物和排放等方式来降低环境成本和社会成本。同时，企业还可以通过采用长期价值导向的成本管理策略来平衡短期经济效益和长期可持续发展目标之间的关系。

4. 推广环保技术，创新生产方式

为了实现可持续发展目标，企业还需要积极推广环保技术并创新生产方式。这包括采用清洁能源、开发新产品和新技术、建立循环经济产业链等方式来减少对环境的影响并提高资源利用效率。

参考文献

[1]朱莹. 管理会计在企业财务管理中的应用[J]. 合作经济与科技, 2024(18): 146-148.

[2]眭梦琦. 管理会计视角下的财务大数据框架构建分析[J]. 中国集体经济, 2024(16): 173-176.

[3]李菊容. 管理会计在建筑企业成本管理中的应用[J]. 工程抗震与加固改造, 2024, 46(3): 185.

[4]程潇潇. 大数据在成本管理中的应用与挑战[J]. 商业观察, 2024, 10(15): 57-60.

[5]章大猷. 火电企业经营风险管理中的管理会计方法研究[J]. 财经界, 2024(14): 42-44.

[6]常月. 浅析管理会计报告在我国建筑企业管理中的运用[J]. 河北企业, 2024(5): 58-60.

[7]李厚元. 预算管理一体化助推行政事业单位管理会计应用的思考[J]. 预算管理, 2024(5): 50-54.

[8]孔英华. 管理会计在医院运营管理中的应用[J]. 经济师, 2024, (5): 96-97.

[9]贾英, 张娜娜, 刘三昌. 管理会计指引体系内含逻辑探析[J]. 合作经济与科技, 2024(14): 153-155.

[10]张川, 聂洪迪, 朱晓怀, 等. 业财融合驱动重型装备制造企业成本高质量管理——以N公司为例[J]. 中国管理会计, 2024(2): 50-59.

[11]章丽萍, 熊恺琦, 蒋尧明. "双碳"目标约束下的ESG管理会计理论框架研究[J]. 中国管理会计, 2024(2): 60-70.

[12]李佳妍. 双循环新格局下管理会计在供应链管理中的应用研究[J]. 财会通讯, 2024(7): 166-170, 176.

[13]罗银芹. 管理会计在国有企业成本控制中的运用[J]. 纳税, 2024, 18(10): 40-42.

[14]陆岩. 公立医院运营管理中应用管理会计的思考[J]. 商讯, 2024(7): 65-68.

[15]史灿楠. 管理会计在财务共享中心中的角色与功能研究[J]. 财会学习, 2024(9): 94-96.

[16]葛婧宸, 胡晓辉. 管理会计在中小企业应用中存在的问题及对策分析[J]. 企业改革与管理, 2024(5): 143-145.

[17]吕航, 石孟磊. 经济新常态背景下饲料企业管理会计发展路径探究[J]. 中国饲料, 2024(6): 149-152.

[18]乔艳肖. 管理会计在我国高校成本管理中的应用研究[J]. 财会学习, 2024(8): 86-88.

[19]牟明珠. 公立医院管理会计应用现状与对策探析[J]. 投资与创业, 2024, 35(5): 176-178.

[20]何甜. 青海油田管理会计应用探析[J]. 合作经济与科技, 2024(10): 149-151.

[21]江静. 人工智能时代财务会计向管理会计的转型[J]. 营销界, 2024(5): 20-22.

[22]肖晋超. 基于管理会计视角国有油气企业经营效益分析与提升路径研究[J]. 活力, 2024, 42(4): 151-153.

[23]王丽媛. 管理会计视角下供水企业成本管理研究——以杭州 S 公司为例[J]. 商业 2.0, 2024(6): 108-110.

[24]尤诗柯. 战略管理会计在电子信息产业发展中的应用研究[J]. 产业创新研究, 2024(3): 147-149.

[25]王飞强. 管理会计在物业企业成本控制中的实施[J]. 商讯, 2024(4): 57-60.

[26]张辰. 在企业成本控制中管理会计工具的应用[J]. 财经界, 2024(5): 138-140.

[27]丁月辰. 关于管理会计在建筑企业成本管理中应用的研究[J]. 现代营销(上旬刊), 2024(2): 19-21.

[28]黄晓瀛. 现代背景下记账会计转型管理会计的具体策略[J]. 市场瞭望, 2024(3): 104-106.

[29]丁海峰. 引入管理会计促进汽车企业财务转型升级[J]. 商讯, 2024(3): 12-15.

[30]陈亚晶, 谢晓慧. 中小企业管理会计应用研究[J]. 商讯, 2024(3): 115-118.

[31]赵玉婷. 基于多维精益管理会计的电力企业成本控制优化策略[J]. 上海企业, 2024(2): 72-74.

[32]张士标. 浅析公立医院管理会计与内部控制的融合措施[J]. 现代商业研究, 2024(2): 140-142.

[33]李贤逢. 管理会计工具在企业成本控制中的应用研究[J]. 老字号品牌营销, 2024(2): 183-185.

[34]冯圆. 管理会计报告的内涵、体系结构及未来发展[J]. 商业会计, 2024(2): 25-30.

[35]区燕结. 作业成本法在制造业企业管理会计中的应用分析[J]. 活力, 2024, 42(1): 100-102.

[36]李绍霆. 企业成本管理中管理会计工具的运用探析[J]. 中国管理信息化, 2024, 27(2): 34-36.

[37]张博雅. 关于管理会计在企业财务管理中应用的思考[J]. 西部财会, 2024(1): 24-26.

[38]牛红琴. 管理会计视角下企业财务管理转型分析[J]. 老字号品牌营销, 2024(1): 117-119.

[39]覃王上威. 以目标成本为导向的钢铁企业成本管理优化研究——以 LG 集团为例[J]. 中国市场, 2024(1): 90-93.

[40]李隆. 财务价值创造理念下的施工企业管理会计应用[J]. 财经界, 2024(1): 123-125.